鹿鸣集

鹿纪林 著

中国海洋大学出版社
CHINA OCEAN UNIVERSITY PRESS

·青岛·

图书在版编目（CIP）数据

鹿鸣集／鹿纪林著. -- 青岛：中国海洋大学出版
社，2020.10
ISBN 978-7-5670-2615-5

Ⅰ.①鹿… Ⅱ.①鹿… Ⅲ.①教育工作－文集 Ⅳ.
①G4-53

中国版本图书馆CIP数据核字(2020)第206927号

出版发行	中国海洋大学出版社			
社　　址	青岛市香港东路23号		**邮政编码**	266071
出版人	杨立敏			
网　　址	http://pub.ouc.edu.cn			
电子信箱	502169838@qq.com			
订购电话	0532-82032573（传真）			
责任编辑	由元春		**电　　话**	15092283771
印　　制	淄博新海教育印务有限公司			
版　　次	2020年12月第1版			
印　　次	2020年12月第1次印刷			
成品尺寸	185 mm×260 mm			
印　　张	20.25			
字　　数	481千			
印　　数	1~1000			
定　　价	59.00元			

若发现印装质量问题，请致电0533-8354045，由印刷厂负责调换。

2007 年，在全国"十一五"教育技术研讨会上介绍办学经验

2009 年，学校鼓号操表演获淄博市特等奖

2010 年，学校师生到中国香港圣公会油塘基显小学进行教育交流

2010 年，学校与中国香港圣公会油塘基显小学校际合作签字仪式

2010 年，学校与中国香港圣公会油塘基显小学签订校际合作协议

2011 年，玉树职业技术学校给学校献哈达

2011 年，淄川区委区政府领导在学校调研

2012 年，接受淄川区电视台"四德建设"栏目专访

2012 年，为淄博市副市长韩国祥颁发少先大队校外辅导员聘书

2012 年，淄博市副市长韩国祥和雷锋生前班长薛三元为雷锋小学揭牌

2012 年，全市"爱心同在"大型公益晚会，学生与五音戏表演艺术家霍俊萍老师同台演出《爱心之歌》等节目

2012 年，与少先队员学习中国少年先锋队知识

2012 年，淄川区委宣传部副部长、文明办主任祝长海为学校四德讲堂揭牌

2012 年，学校聘请五音戏表演艺术家霍俊萍为校外辅导员

2012 年，淄博市庆祝少先队建队 63 周年主题队会在学校举行

2012 年，淄川区直机关、淄博师专附小新年联欢会

2013 年，韩国国际青少年文化学术交流协会访问学校

2013 年， 荣获淄博市"先进工作者"称号

2013 年，与学校师生在美国犹他大学
校门前合影

2013 年，学校少先队员在淄博市第十
四次团代会上献词

2013 年，市关工委副主任郭玉兰、淄博师
专王久亮校长为学校五音戏娃娃剧社揭牌

2013 年，淄博市电教馆李光良馆长率
专家到校指导工作

2014 年，荣获"富民兴鲁"劳动奖章

2014 年，与少先队员一起读书

2014 年，赠送礼品给澳大利亚可雷菲尔学校

2014 年，淄博市关工委副主任康寿美、淄博师专党委书记王维华为新落成的雷锋铜像揭幕

2015 年，淄博师专王久亮校长参加六一儿童节游园活动

2016 年，马来西亚友好协会到学校考察

2016 年，淄博师专王维华书记到校参加六一儿童节庆祝活动

2017 年，"传承经典，爱我中华"经典诵读展演活动

2017 年，和嘉宾一起参观校史馆

2017 年，在庆祝建校 30 周年暨"传承经典，爱我中华"经典诵读展演活动中致辞

2017 年，社会主义核心价值观组歌合唱比赛

2018 年，淄博师专周巧玲副校长到校调研

序　一

鹿纪林先生的教育论述专著——《鹿鸣集》书稿，寄来已有些时日。稍有空闲，我就阅读几篇，每当翻开那一页页文字，眼前就浮现出一个基层学校校长在教书育人过程中的心路历程和忙碌身影。

纪林先生工作经历比较单纯，从淄博师范学校毕业留校，到附属小学工作，再到淄博师专附属学校，一干就是30多年，从普通教师到学校领导，从教学业务管理到行政管理，从小学到中学，一路红红火火，干得风生水起，取得了骄人成绩。他先后获得过"淄博市先进工作者""淄博市师德标兵""淄博市优秀校长""淄博市名校长""山东省优秀少先队工作者""山东省富民兴鲁劳动奖章"等称号。他主政的学校，也先后荣获"山东省文明单位""山东省文明校园""山东省规范化学校""山东省依法治校示范学校""山东省教学示范学校""山东省艺术教育示范学校""山东省电化教育示范学校""山东省首批少先队工作规范化学校""全国雏鹰大队"等近百项荣誉称号。

纪林先生是一位具有教育情怀的人，一直工作在教育教学第一线，担任过数学、体育、科学、品德等学科的教学工作。走上领导岗位后，也一直兼任文化课教学。在30多年教育实践中，他充分认识到强教必先强师，倾心着力打造一支"有理想信念、有道德情操、有扎实学识、有仁爱之心"的教师队伍，担负起"传播知识、传播真理、塑造灵魂、塑造生命、塑造新人"的时代重任，短短几十年，学校先后培养出五位山东省特级教师。在做好学校管理工作的同时，他还积极投身于教育科研工作，先后参与和主持了中央电化教育馆"十一五"全国教育技术研究重点课题——《基于交互白板的混合式学习研究》、淄博市教育科学"十二五"规划课题——"关于小学生习字育人教学与实践研究"等多项国家级、省级、市级教研课题，先后有《心理健康教育与学困生转化》《让"知情意行"走在快乐旅程上》等二十多篇论文在各级报纸杂志发表。

纪林先生收录在本书的内容比较广泛，分别是学校管理研究、教学研究与探索、德育与心理健康教育、教学科研等编目。这些内容全部是他在实际教学与管理中实践探索的结果，对新时代背景下搞好教育改革、创新学校管理、提高教育质量和教学管理水平等方面有较好的借鉴作用。

学校的根本任务是教书育人，安全稳定的校园环境是一切工作的基础。纪林先生认为：安全工作是学校所有工作的重心和中心，为学生创造安全稳定的学习环境，让学生在优良环境中快乐健康成长是学校持之以恒的追求。适时对学生进行安全教育是学校管理的重要内容，而交通安全教育是其中非常重要的内容之一。

近些年来，我国的交通运输发展迅速，各种车辆迅速增长，道路交通压力很大，恶性事故频发。尤其是学校周边，人员密集，交通拥挤。学生在上学、放学途中的交通安全问题非常突出。淄博师专附属小学，坐落在城市老生活区内，周边既有早市又有夜市，还有固定的市场，学生交通安全问题成为首要任务。纪林先生针对这一客观问题，开动脑筋，创新思路，把交通安全工作纳入学校工作的重要议程。其采取了一系列切实可行的措施，持之以恒地坚持了20多年，取得了明显效果。从1996年开始，学校就与淄川交警大队建立了警校共建关系，建立了广泛的联席会议和信息沟通制度。1998年3月，学校又与淄川交警大队联合成立了"小交通警察学校"，学生全员参与交通安全教育。学校还普及交警韵律操学习，开展了"交通安全雏鹰争章活动"。通过"警校手拉手"，大大培养了学生的交通安全意识，提高了自身素质，得到了社会的高度赞扬。自开展警校共建以来，学校周边从未发生过大小交通事故，有力保障了学生的生命安全和学习、活动安全。学生不仅做到了自己能够模范遵守交通安全法规，而且发现有人违章能够及时制止。学校积极引导学生开展家庭和社会交通安全宣传教育活动，学生自觉监督自己家长和亲戚是否遵守交通安全秩序，是否有违章现象，很多家长正是通过同学们才了解和掌握了更多的交通法规，也正是在同学们的帮助下，很多家长杜绝了"乱闯红灯""超速驾驶"等违章现象，自觉遵守交通秩序，真正收到了"小手拉大手"的良好社会效果。

受当前高考招生制度影响，全国各地普遍重视智育培养，而对体育、美育等工作重视不足，高校招录的新生中，高分低能现象不在少数。而纪林先生却提出了"突出素质教育，提升学校教学质量，走特色办学之路，将学校办成省、市知名的品牌学校"鲜明的办学目标。他认为艺术教育是实施美育的重要途径，是实施素质教育的突破口。学校大力开展艺术教育，使之成为学校的名片之一。所以，他们学校克服各种困难，争取多方支持，先后投资30万元，配备和购置了钢琴、风琴、电子琴、铜管乐器、鼓号服、全套音乐教学器材、美术教学器材和电教设备等，大大拓宽了艺术教育的路子。

课堂教学是向学生传授知识和技能的主渠道，也是面向全体学生提高素质的主阵地。因此，学校牢牢把握住这一有力阵地，提倡新颖活泼的教学形式，对学生进行艺术教育。他们在语文课上，进行课本剧、小品文表演，进行绘画作文，引入讲故事、配乐诗歌朗诵等手段烘托气氛，创设情景；数学课中的有关几何知识结合美术教学进行，体现形体美；音乐课中引入律动练习，小型乐器进课堂，让声、乐、舞有机结合；美术课中采取创设情境，激发欲望、鼓励标新立异，打破常规、启发联想与经验转移等方式进行教学，彻底改变那种"依葫芦画瓢"的课堂教学模式，让学生真正感受美、欣赏美、创造美、体现美。课堂教学的艺术化，大大激发了学生兴趣，附小的孩子们没有过重课业负担和学习压力，而是轻松愉快地学习，健康活泼地成长，学业成绩稳步提升。据不完全统计，近年来，在全国省市区级组织的各类比赛中，学校先后有近千余人次获不同等级的奖励。

进入21世纪，信息技术突飞猛进。信息技术辅助课堂教学已经是大势所趋！面对迅猛发展的互联网技术，他们采取了一系列手段探索互联网环境下的新型学习模式，助力课堂教学改革。一是整体规划无线网络，全力打造高端教室。二是通过多种渠道，开发资源，支持课堂变革。三是探索翻转课堂教学策略，打造高效课堂。这样既省时高效，又提升了学生的学习技能。

"中国传统文化博大精深，将经典诵读引进校园，引进课堂教学，让孩子们在诵读中积累，在积累中拓展，在拓展中成长，领略传统文化的精髓与魅力，关注学生人格塑造和素养的提升，崇德尊礼，知行合一，让经典渗透每一位中华儿女的血脉！"这是淄博师专附小对中国传统经典进行诵读践行的新探索。

在中国传统文化中，古诗词是中华民族优秀文化的重要载体，因此，让学生从小开始学习中国的传统文化，有着诸多意义。他们在传统文化教育中本着"弘扬传统文化，涵养人文情怀，塑造文化人格，提升人格境界"的宗旨，将经典诵读引进校园，组织开展了一系列丰富多彩的诵读经典诗文活动，让孩子们在诵读中积累，在积累中拓展，在拓展中成长，领略传统文化的精髓与魅力，增强民族自豪感。

通过日常点滴时间，让孩子充分利用班级读书角、学校图书馆等方式，来随时随地阅读，以此增强孩子人文知识的积累，提升他们的思想道德水准。同时，在每天的诵读中，带领孩子诵读《弟子规》、古诗词等作品，让孩子更广泛地感受古诗词的魅力，初步形成了低年段诵读《弟子规》《笠翁对韵》和经典古诗，中高年段诵读《论语》《大学》等节选为梯队的经典诵读模式，在孩子们纯洁的心灵中培植下了爱心、诚心、孝心，使他们懂得了"父母呼，应勿缓。父母命，行勿懒。父母教，须敬听"，也懂得了"人而无信，不知其可也"等道理。

传统节日是一个民族文化的根，是民族精神的瑰宝。结合每个传统节日的不同特点，他们学校开展了许多独具特色的活动，让学生了解我国传统节日的由来、节日的风俗习惯及其象征意义，并结合相关古典诗词诵读让学生深切感受到中华民族文化的魅力，从而受到潜移默化的教育。

他们在清明节开展"为革命先烈扫墓"的活动，进行爱国、爱家的教育；在端午节开展"端午粽香"师生经典诵读活动，来感受传统节日中的民俗文化；重阳节时举行"说'重阳'、诵'重阳'、善心善行暖'重阳'"的活动，引领孩子们走进诗词书画中的重阳节，传承中华传统文化……2017年全校师生一起参加了全国首届青少年中华传统文化大赛，学生表现积极，成绩优异，在省决赛中晋级全国国学大赛的淄川区的8名选手全部来自他们学校。

百年大计，教育为本，教育之道，立德树人。纪林先生非常重视学校德育工作，建立了淄博市唯一一所雷锋小学，与老师、学生一起向雷锋同志学习，修身立德，践行雷锋精神，争做时代楷模，他是德育工作的先行者，实践者。学校的"抓五爱教育 塑美好心灵""多彩六一 幸福童年"分别在2015年、2017年被评为淄博市第一批、第二批德育品牌。《人民日报》、《中国教育报》、《山东少先队》、《齐鲁少年》、中央电视台少儿频道、山东电视台等多家新闻媒体多次报道学校德育少先队工作。队员连年荣获"淄博市十佳少年""淄博市美德少年"称号，先后涌现出全国自主中队1个、省国旗中队2个、市国旗中队6个、省优秀少先队员2人。他在家庭教育、学校教育、社会教育"三位一体"的立德树人体系中，提出班级、级部、学校三级家委会建设的理念，创造性地开办家长学校，成立家长学堂、家长讲堂、家长论坛（统称"两堂一坛"），让家长真正参与到学校管理中，成为学校管理的主人。人生有两大支柱，身体健康与心理健康，纪林先生充分认识到心理健康对人一生的重要影响，在积极做好教师心理健康培训的同时，更注重学生心理健康教育，成立心理咨询室，引进心理健康教育专业教师，开设心理健康教育校本课程，组织各种拓展研学活动，培养学生坚强的意志、良好的心态，为他们一生奠基。学校"抗挫折教育"实验研究《给孩子一颗坚强的心》在《中国教育报》头版头条进行专题报道,山东电视台拍摄了4集专题片在中央电视台、山东电视台多次播出,在全国引起了很大的反响。

纪林先生是位勤奋之人,是位善于学习之人。在本书最后两编中,选录了他参加的各种科研、研修、培训等研学活动的内容。既有《智慧学习环境的构建与应用研究》《中国中小学生英语分级阅读体系标准研制》《运用新媒体开展爱国教育的实践研究》等课题的研究成果,又有《学校管理的实践和思考》和《参加第85期全国小学骨干校长高级研修班学习心得》等文章。这说明纪林先生勤奋好学,永不满足,不断为自己"充电"获得能量,以适应日新月异的时代变化。

改革开放四十年,特别是党的十八大以来,党中央一直十分重视教育事业发展,先后提出并实施了科教兴国战略、人才强国战略和创新驱动发展战略,把教育放在优先发展的战略位置上,全面深化教育改革,大力推进教育事业发展。相信纪林先生在今后的工作和学习中,会进一步开阔视野,不断创新,着眼于教育的基础性、全局性和战略性,围绕"培养什么人"这一教育的根本问题,在新时代学校教书育人的道路上站得更高,走得更远,创出更加骄人的成绩,撰写出更有分量的专著!

是为序。

杜希福(山东省教育厅原副巡视员、中国教育学会副会长)
2019 年 6 月

序 二

汉语词汇中有一个词，我一直比较欣赏，这个词就是"朝宗"。《尚书·禹贡》云："江汉朝宗于海。"朝宗是什么意思呢？《周礼·春官·大宗伯》云："春见曰朝，夏见曰宗，秋见曰觐，冬见曰遇。"说的是诸侯春天朝见天子叫作"朝"，夏天朝见天子叫作"宗"……合在一起，诸侯朝见天子就泛称为"朝宗"。

对《禹贡》这句话，汉代的孔安国解释说："二水经此州而入海，有似于朝，百川以海为宗。宗，尊也。"是说长江、汉水经过荆州而流入大海，有似于诸侯朝见天子，百川以大海为尊。唐人孔颖达解释说："朝宗是人事之名，水无性识，非有此义。以海水大而江汉小，以小就大，似诸侯归于天子，假人事而言之也。"意思是，"朝宗"是有关人事的词语，水流无知无识，不会懂得朝宗。因为海水大而长江、汉水小，小的流向大的，就像诸侯去朝见天子，这是假借人事来描绘自然现象。

由人事联想到自然现象，这是中国人的一种奇妙思维。看到"江汉朝宗于海"这六个字，明人王樵就想到了他亲眼见过的江汉入海的情形。他说："朝宗者，未入海而其势已奔趋于海，以'朝宗'二字状出水势之妙。惟尝亲见之而读此，则便若大江动我前尔。"他由人事的"朝宗"，看出了自然水势的汹涌之妙，真是一个别有会心的好读者。

我为什么忽然来了雅兴，咬文嚼字卖弄这一番呢？是因为"五一"小长假本来可以在家翻翻闲书、休整休整，以利于节后的轻装上阵、好好工作。机缘凑巧，当我正站在书橱前翻阅《尚书》时，淄博师专附属学校的鹿纪林校长就通过电邮把一篇长长的文稿传给了我，说让我费心看看，他准备出一本书，让我给他写个小序，弁于篇首。

谁都知道，写序不是个好活路。文稿我大致翻了翻，知道其分为五大部分，即"学校管理研究""教学研究与探索""德育与心理健康教育研究""教学科研"及"学习、培训、提高"等。真是琳琅满目，让我如行山阴道上，目不暇接，不知如何下手来写这篇拙序。万端无着之间，忽然灵机一动，我就看见了"朝宗"这个美好的词语。

我说鹿校长这个集子"琳琅满目"，绝不是溢美之词。它包括七八十篇文章，既有千余字的随笔短想，也有洋洋洒洒万余字的课题研究；既有语文研究，也有美术研究；既有美育研究，也有德育研究；既有课堂教学研究，也有学校管理研究……倘若说这些大大小小、各式各样的研究都是教育这片辽阔国土上的一条条江河，那么，我们仔细观察一下它们的流向，就发现都是朝着一个方面、一个目标，那就是"教育本质"这片汪洋的大海。

我认为，这就是"朝宗"——朝教育之宗是我们这代教育工作者的使命。一个学校、一个教育单位，就是一个小小的"诸侯"，只有不断"朝宗"，不断朝拜教育的正宗正尊，以此面对学生，面对大海，我们的教育才能开出国色天香的美丽花朵。

鹿校长就是教育王国中的一方真正的"诸侯"，他在"朝宗"，我们其他的诸侯呢？我希望看到江汉入海的浩大水势。

是为盼，是为序。

王光福（淄博师范高等专科学校教授）

2019 年 6 月

前　言

呦呦鹿鸣，食野之苹。我有嘉宾，鼓瑟吹笙。

吹笙鼓簧，承筐是将。人之好我，示我周行。

——《诗经·小雅·鹿鸣》

　　《鹿鸣集》，其名来源于《诗经·小雅》"鹿鸣篇"。原野茫茫，青草依依，鹿鸣呦呦，是大地给予了万千生命丰富的营养，孕育了他们的成长和壮大。自己正像"食野之苹"的小鹿那样，在教育这方广袤丰富的沃土上汲取着营养，虚心向社会各界专家同仁学习，思考教育的本质和规律，进行孜孜不倦的教育教学实践和探索，取得了一定成果。在把中国特色社会主义事业推向前进、为实现中华民族伟大复兴的中国梦而努力奋斗之际，在教育改革不断深化和快速发展之际，愿将自己在教育管理和教学艺术的实践与探索中取得的点滴成果，"承筐是将"，捧送到百花齐放、百家争鸣的教育思想碰撞的"饕餮盛宴"前，"示我周行"，借以得到专家和学者的指导和教诲。

目　　录

第一编　学校管理研究

第二编　教学研究与探索

第三编　德育与心理健康教育

第四编　教学科研

第五编　学习、培训、提高

第一编 >>>

学校管理研究

建构现代学校制度　加快教育改革步伐

摘　要　现代学校制度是指能够适应向知识社会转轨及知识社会形成以后的社会发展需要，以新型的政、校关系为基础，以现代教育观为指导，学校依法民主、自主管理，能够促进学生、教职工、学校、学校所在社区的协调和可持续发展的一套完整的制度体系。

关键词　现代学校制度；教育改革；可持续发展

现代学校制度是指能够适应向知识社会转轨及知识社会形成以后的社会发展需要，以新型的政、校关系为基础，以现代教育观为指导，学校依法民主、自主管理，能够促进学生、教职工、学校、学校所在社区的协调和可持续发展的一套完整的制度体系。

构建现代学校管理制度，首先要用科学的管理体系为学校定位，将学校的核心功能定位于服务，以制度来确保"以人为本"的学校文化的建设，并为教职工建立明确的工作、价值、利益导向。其次是以提高教育质量，实现学校的以可持续发展为中心，实现学校的全面、全员、全程管理，形成完整、闭合、互动、系统的管理流程。运用科学管理体系和人力资源管理方法，强化监督、检测、考评机制，加强教职工队伍建设，实现人力资源的科学管理，保障学校管理流程的顺畅、管理目标的实现。

学校在不断尝试与探索中，形成"二三二"的现代学校制度建设模式，即遵循两个原则，创设三种环境，建构两套体系。

一、遵循两个原则

（一）尊重教育教学发展规律，科学管理

一是要求学校管理制度本身体现学校的教育、教学和管理的本质特性，符合教育教学及管理的客观规律；同时还必须结合本校的历史、人文和现状等校情，与时俱进，体现时代要求。二是学校管理制度要形成科学的体系，以制度规范调控、促进、保障学校工作顺利开展。

（二）构建全面目标计划体系，层层落实

学校根据学生、家长、社会的需求确定学校办学理念，它包括办学宗旨、育人目标、办学特色、发展目标、管理机制等部分。这些办学理念要转化为可操作的管理行为，远期发展规划要转化为各阶段的具体目标，关键是要建立科学的目标计划体系。

学校的全面目标计划体系将学校近期、中期、长期发展规划，分解转化为学校各学年的目标任务。据此，学校制订学期工作计划，各部门根据学校工作计划制订部门工作计划，直到具体岗位与个人。工作计划分层制订，分层审批，分层管理。总目标指导分目标，分目标保证总目标，构成一个全面的目标计划体系，并围绕目标的实现，加强执行力，层层落实一系列精细化管理活动。

二、创设三种环境

（一）以人为本，构建和谐发展的人文环境

学校以人为本，积极创建快乐学园、温馨家园，实现由刚性管理向柔性管理转变，由物性管理向人性管理转变。

学校要积极倡导在用人制度上，"赛马"比"相马"更重要；在评价制度上，"鼓励"比"诊断"更重要；在分配制度上，"激励"比"惩罚"更重要。另外，还加大了对骨干教师的奖励倾斜，提高了班主任工作待遇与地位，不断提高对学校做出突出贡献教工的奖励。

学校坚持"以党支部为核心，以教代会、工会为基础"的组织建设。党支部发挥核心作用，加强党员自身建设。经过民主选举产生的教代会、工会肩负全体教工所赋予的重任，认真行使民主权利，履行各项义务，在校务公开、制度建设、学校管理等诸多方面为学校发展出谋划策。

学校努力建设"书香校园"。建成红领巾图书超市，藏书 15 万册；提倡"晨诵，午写，暮读"三部曲，诵读、习字、育人一体化；开通"红领巾数字图书馆"，实现网络阅读与共享；建设走廊文化，面面墙壁会说话，校园处处洒书香。

学校切实关心关注教职工生活。比如，学校年年组织健康查体，天天提供鲜奶、早餐；为教师办理家庭财产保险和意外伤害保险；每逢教师生日，学校领导都会走访慰问他们的父母；年末，向全力支持学校工作的教师家属表达谢意；六一儿童节，赠给教师子女节日礼物。

（二）以制度为准绳，构建人人参与的公平环境

公平不仅是用人制度上的平等，也不仅是分配制度上的平均，公平更应该体现为人人参与竞争的机会平等，人人获得发展的机会平等。在办学过程中，学校将所有岗位向教师开放，通过制定教师自我发展项目书、岗位竞聘等形式，进一步完善用人机制，充分调动了广大教师参与学校管理的主动性和积极性。

（三）以现代教育理念为引领，构建开放性、发展性的制度环境

全校各部门条块结合，形成了科学化网络化的管理系统。学校从找需求、找突破口出发，以办人民满意的教育为宗旨，以现代教育理念为引领，将学生全面健康的人格培养作为教育的重心。经过积极探索和实践，提出了"国际化视野，开放式办学，多元化培养，个性化育人"的教育新理念，并逐步形成了"以尊重开启心智，以和谐润泽心灵"的育人新模式。

三、建构两套体系

（一）依法治校，构建学校健康稳定发展的管理机制

学校要求管理者用普遍联系的观点，正确处理好传统和现代、现在和未来、整体和局部、集体和个人、科学性和人文性的关系，要协调好人、财、物、时间、空间、信息等管理要素，营造一个和谐的育人环境，使学校协调发展。

1. 制度上保证"教育是服务"的实现。建立班级、年级、学校三位一体的家长委员会制度，学生及其家长、社会成为外部"消费者"，学校的教职工成为内部"消费者"，学生的主体地位得到了全面的保障。

2. 突出"以人为本"的管理理念。关注人的需求成为学校管理工作的精髓，其注重调动教职工的积极性，将管理制度仅作为教职工的基本工作标准和基本行为准则，以制度鼓励，要求全员创新、创造性工作，不断超越体系的要求，只有做得更好，而没有最好。

3. 实行全面、全员、全程管理。一是对教育、教学、科研、行政、后勤工作全面进行质量设计并全部进行质量控制，紧扣教育教学这一学校中心工作，将凡是影响质量的因素都纳入管理范畴，并将质量管理的重点向全体学生、学生的全面发展这一中心环节倾斜。二是把学校各级、各类人员都作为"服务网""质量链"中的一环，强调全员参与和团队配合。三是紧紧抓住教育、教学的每一环节每个阶段的质量管理，以阶段性目标的达成保证高质量结果的实现。

4. 规范对制度本身的管理，制定管理手册，大至国家政策，小到部门职能，形成了几百项制度。管理职责明确，流程清晰，规范具体，指导性与可操作性强。

5. 充分发挥纠正与预防的功能。通过事前预防、过程检查、事后及时纠正等一系列制度，保障各项工作有效落实，使学校管理水平不断持续提升。

6. 强化监督机制，通过内部与外部的质量审核，以科学有效的检查原则、方法、步骤等，体现检查结果的激励性。注重平时抽查与阶段性检查相结合，加强对管理过程的监测，既加大了监督力度，又增强了监督的客观性、公正性。

（二）构建学校全员业绩考评体系

学校人力资源管理始终是学校建设的根本。建立过程质量管理体系有效解决了质量的过程管理，但仍未能有效解决管理中第一要素"人"的科学管理、评价与激励，这是学校管理中的重中之重和难点所在。学校管理着力从促进教职工队伍建设这个根本入手，对学校人力资源管理的一系列重点、难点，通过借鉴国内外人力资源管理的先进思想和经验，进行了系统的探索。建立教职工考核方案，实行校级干部、中层处室与年级组、教研组并行交叉的运行程序；实施"青蓝"工程，建立学习型组织，促进青年教师成长。考核内容包括过程质量与业绩，职能素质与表现。该体系与传统考评的主要区别在于：

1. 用系统的方法使人与事复合，使学校人力资源管理的资讯完整、客观。

2. 用联系的方法使团队、个人、业绩成为整体。形成个人、部门、学校整体团队模式，紧紧围绕质量、效益价值、利益导向，培养团队精神，凝聚整体发展意识。

3. 用评价贯通目标、过程、结果，保障目标实现。

4. 用工作行为过程，职能素质、能力表现，业绩的统一，促进教职工综合素质增值、创值，使学校目标的可持续性提升更具保障。

5. 用激励机制，引导教职工发挥潜能，超越现行管理制度，不断创新、创造。

6. 用整合思维，使考核资源最大化共享，实现人力资源的综合管理，考核结果成为教职工升降、培训、评优的基本依据。

7. 用开放考核资讯的办法，创造公开、公平的考核环境。上至校长下至教职工，既是考核者，又是被考核者，考核结果强调证据，考核结论可与被考核人见面，并允许申诉复议。

现代学校制度的建立与完善，是一项系统工程，需要科学地论证、规划和实施，并不断修正和完善，不是一朝一夕、一蹴而就的事情。目前，学校的思考与实践尚处于探索阶段，正在前行中总结，在总结反思中前行。

多策并举　齐抓共管　创文明和谐校园

摘　要　学校始终高度重视精神文明建设工作，采取各种方法努力提高师生的文明素养，提升学校的文明程度。为此，我们按照"六个好"的标准，对标看齐，努力营造浓厚的创建氛围，全员参与、全力以赴、全力创建省市级文明校园。

关键词　精神文明建设；文明校园；创建工程

淄博师范高等专科学校附属中学立足"高起点、高质量、有特色的鲁中地区名校"的办学定位，内强素质，外树形象，推动了各项事业又好又快发展，先后荣获"全国青少年足球特色学校""山东省初级中学教学示范学校""山东省优秀体育传统项目学校""山东省校本研究先进单位""淄博市文明单位"等国家及省市级荣誉。附属中学始终高度重视精神文明建设工作，努力提升学校文明程度，通过扎实有效的工作，取得了可喜的成绩。目前，学校不仅连年荣获"淄博市文明单位"，而且涌现出了"山东好人"——孟德豪等先进典型。2018 年，附属中学在区文明办领导下，围绕"六个好"的创建标准，全员参与，齐抓共管，深入推进了文明校园创建工作。

一、提高政治站位，坚持以生为本，加强思想道德建设

（一）深入学习习近平新时代中国特色社会主义思想和党的十九大精神

一是将学习宣传贯彻党的十九大精神纳入党支部工作计划，作为党建工作首要任务，着力在全校范围营造喜迎十九大的良好氛围。会议召开期间，学校组织党员干部、师生集中收听收看十九大盛况。会后，根据上级党委部署，制定了贯彻落实意见，通过班子成员带头宣讲十九大精神、组织党员参加学习宣讲等系列举措，在全校掀起学习宣传贯彻党的十九大精神的热潮，引领班子成员以及全体党员干部主动用习近平新时代中国特色主义思想武装头脑、指导教学、推动工作。二是强化课程与活动载体建设，通过思想品德课、传统节日、主题团（队）日等有利契机，组织全校师生开展形式多样的学习宣传活动，将习近平新时代中国特色社会主义思想和党的十九大精神融入教育教学。

（二）认真培育和践行社会主义核心价值观

一是加强社会主义核心价值观在学校文化建设中的渗透，通过电子班牌、校内展

板、公示栏、横幅、电子屏幕等方式将固化广告投放到校园显著位置，并且在升国旗仪式等公开场合，集体诵背社会主义核心价值观。学校下发了24字核心价值观与文明校园"6个好"的学习明白纸，要求全体师生熟记于心，促进了社会主义核心价值观浓厚氛围的营造。二是制定了《淄博师专附属中学社会主义核心价值观进教材、进课堂、进头脑活动方案》。根据方案要求，将核心价值观教育纳入学校课程总表，各教研组分别制订了教学工作计划，结合学科特色，做好教育宣传工作。制定了《淄博师专附属中学社会主义核心价值观少儿组歌传唱合唱比赛方案》及组歌传唱合唱比赛规程等。结合音乐课，在每个班级全覆盖开展学唱《堂堂正正一辈子》，并设计表演动作。充分利用班会等时间，由班主任以班级为单位组织学唱、练唱，并通过班级比赛、校级比赛，展示传唱学习成果。通过一系列活动的开展，取得了良好的教育效果，使社会主义核心价值观在附中师生心中生根发芽，师生都能准确背诵社会主义核心价值观，知晓率达100%。

（三）组织"扣好人生第一粒扣子"主题教育实践活动

一是学校制定了《淄博师专附属中学"新时代好少年"评选实施方案》，由团委、教育与学生发展部牵头，共评出"新时代好少年"12人。通过学校宣传栏、"两微一端"等途径宣传先进事迹，要求各班级组织学习"新时代好少年"的主题班会。二是制定了《淄博师专附属中学"传承红色基因"系列教育活动实施方案》《淄博师专附属中学"童心向党　共筑中国梦"庆七一合唱展演活动方案》《淄博师专附属中学国庆节假期活动方案》等文件与通知，利用节日资源组织开展了一系列教育活动。2018年4月3日，我校少先队员代表在淄川区烈士陵园开展了主题为"缅怀革命先烈、传承红色基因"的清明祭扫活动，并通过开展网上祭英烈、主题班队会、参观纪念馆、寻访身边的英雄等活动，表达对先烈先辈的感恩怀念，培养爱国情感；5月30日，组织2016级全体师生与家长在操场举行了"告别童年，放飞梦想"的成长仪式，表达用中国梦引领人生航向、为实现中国梦奋发学习的人生信念；6月20日，开展了"颂歌献给党"合唱比赛，教育引导学生知党爱党、唱歌颂党。9月29日，在淄博师专"我和我的祖国"庆祝新中国成立六十九周年合唱比赛中，我校师生带来的《唱支山歌给党听》《我爱你，中国》以精巧的编排、优异的表现，在各支参赛队中脱颖而出，力夺本次合唱比赛一等奖第一名，这次活动既展示了附中师生的良好精神面貌，也在润物细无声间进行了理想信念教育。三是学校于2018年5月20日，下发了《淄博师专附属中学关于迎六一，开展"美德少年"评选活动的通知》，组织评选出了淄博师专附属中学"十大最美少年"，并且通过各种途径宣传表彰美德少年事迹，打造"最美少年"品牌，引导学生崇德向善、见贤思齐，培养良好道德行为习惯。四是制定了《淄博师专附属中学开展"劳动美"社会实践活动方案》《淄博师专附属中学"劳动小能手"评选办法》。以此为指导，学校在校本课程中设置了家政课，要求学生在父母、教师帮助下，学会制作"四菜一汤"。在母亲节到来之际，学校组织了"感恩母亲"为主题的学习成果展示活动，取得了良好的教育效果，淄博电视台为此进行了专题报道。为了进一步培养学生的绿化意识，2018年3月12日，学校组织开展"大手拉小手，共栽一棵树"的校外亲子植树造林活动。此外，学校制定了《淄博师专附属中学美净校园创建实施方案》，出台了《淄博师专附属中学卫生区考核管理办法》，向全体师生下发了《爱护环境卫生，从我做起》的倡议书，促进了学校环境卫生的改善。

（四）组织好德育课及团队活动

一是学校严格执行课程标准，制定了《淄博师专附属中学关于规范课程管理实施意见》，通过网站、微信公众号发布了"规范课程设置"公开承诺书，将学校课程表全部上网，接受全体师生监督，思想品德课每周安排2课时，确保不被减少或占用。根据上级政策，出台了《淄博师专附属中学团队活动课实施方案》及《淄博师专附属中学德育课程实施计划》等文件，认真加强学校德育体系建设，科学设置并落实德育课程。二是学校加强了团委以及少先队建设，在党支部与上级团队组织领导下，进一步加强组织建设，做好了少先队员、共青团员的发展工作，在建队节、"六一"国际儿童节等重要节点开展了入队入团仪式等活动，并且带领队员、团员分别于3月24日参加了环保志愿服务，于3月26日开展"遵守交通规则，争做文明少年"等活动。

（五）落实《中小学生守则》

一是学校将学生对于《中小学生守则》的掌握执行情况，纳入班级考评，作为学生评优树先的重要参考。在学校班级实现《中小学生守则》上墙率100%，并且在校园各显著位置做好张贴。要求各班级利用班会时间对《中小学生守则》进行解读，并要求全体学生熟练背诵，落实到每个学生的一言一行上面。二是加强文明礼仪教育。学校提升校本必修课——礼仪课实施质量的同时，开展文明礼仪主题教育活动，每学期开学初举行隆重的开学典礼，抓住有效教育契机，典礼上学校领导对学生进行文明礼仪教育、安全教育、习惯养成教育等。每年六一前后学校集中举行新队员、新团员的入队仪式。学期末，学校举行结业典礼，对文明礼仪等方面表现突出的集体和个人进行表彰奖励。此外，学校还结合重大节日、重要活动举行相关主题的升国旗仪式，通过多样的仪式活动，让学生养成文明好习惯，培养学生的文明礼仪素养，取得了良好的教育效果。

（六）加强心理健康教育

一是学校出台了《淄博师专附属中学心理危机干预办法》等管理制度，配备了三星级心理咨询室——成长乐园，有心理健康信箱、心理热线电话。我校心理咨询师团队是一支专业的队伍，包括6名国家二级心理咨询师和10名国家三级心理咨询师，专职心理健康教育教师4人，兼职心理健康教育教师5人，承担心理健康教育教学、课题研究、校本课程开发、个体及团体心理辅导、各类心理讲座、对外心理活动等任务。二是学校为全体学生建立了心理成长档案。学校心理健康教育工作科学规范，设有固定的心理辅导时间，能根据低、中、高不同年段学生身心成长特点与规律，针对学生实际需要，利用校园网络、游戏沙盘、校园心理剧、心理健康教育活动月、讲座报告会等多种形式，有效开展多种形式的心理健康教育活动，及时对有心理问题的学生进行有效心理疏导，并有详细的活动记录。

二、突出理论学习，注重防腐倡廉，加强领导班子建设

（一）加强理论中心组学习

一是强化意识形态工作领导。学校高度重视意识形态工作，将其纳入学校年度党政工作计划，并成立了以学校主要领导为组长，其他校领导为副组长的专项工作领导小组，按照分工负责的要求，抓好各项工作落实。一年来，学校支部委员会专题研究相关工作4次，校长办公会专题研究相关工作2次。学校还出台了《淄博师专附属中学意识形态工作责任制实施方案》等规章制度，夯实意识形态工作的制度根基。学校加强了对于习近平总书记重要讲话、十九大精神等的学习贯彻力度，完善了对于学校宣传阵地、教师微信等媒体平台的管理办法，夯实了马克思主义在意识形态领域的指导地位。二是加强理论学习。诸如，出台《淄博师专附属中学党支部中心组学习制度》，对理论学习的目标要求、学习内容、考核办法等提出了明确要求。围绕习近平新时代中国特色社会主义思想和党的十九大精神，通过抓好"三会一课"的组织落实，开展好每月一次的党支部中心组集体学习与党小组学习交流，组织校领导及校外专家主讲党课等形式，激发了全体党员理论学习的主动性与积极性。扎实推进"两学一做"学习教育常态化制度化，2018年5月，校长鹿纪林进行了党建知识专题讲座。组织全体党员积极参加十九大"灯塔在线"答题、全市党员学习党建知识竞赛等活动，营造了比学赶帮的浓厚学习氛围。三是开展"不忘初心、牢记使命"主题教育。2017年11月13日，党支部书记李声昶主讲"学习贯彻新党章，争做合格好党员"专题党课；11月25日，我校党支部组织全体党员赴沂源618战备电台旧址进行主题党日活动。2018年7月2日，到淄川区党性教育体检中心进行党性体检。期间，组织开展了"新时代、新理念、新担当""对标争先"等系列学习教育活动。这一系列活动，引导全体党员进一步牢记党员身份，加强党性修养，增强使命意识。

（二）加强防腐倡廉工作

一是加强制度建设。结合学校实际，制定了《关于开展廉政风险防范管理工作的实施意见》，与全体党员签订《党风廉政建设目标责任书》，与全体教师签订《抵制师德违规现象承诺书》，要求全体党员教师认真履行"一岗双责"，注重洁身自好。做好学校及领导干部廉政风险点排查工作，提出针对性整改方案。完善了物品采购、教师招聘等管理制度，建立校务公开机制，实现人、财、物的阳光管理。二是强化廉政教育，学校主要领导同志主持廉政工作党课2次，于2017年6月24日，组织党员赴原山艰苦创业教育基地进行"廉洁公正、艰苦创业"主题教育活动，引领党风廉政建设各项工作走向深入。

三、强化师德师风，推动移风易俗，加强教师队伍建设

（一）加强师德师风教育

一是完善师德建设机制。将师德建设工作列入学校重点工作议事日程，在学校党

政工作计划提出明确要求。成立由学校领导任组长的工作小组，强化对于师德工作的专项领导，一年来，校长办公会专题研究师德相关工作6次。根据上级政策要求，制定了《淄博师专附属中学师德考核办法》《淄博师专附属中学违规违纪惩戒办法》等各项管理制度10余项，把师德考核与教师的职称晋升、年度评优等方面挂钩，并畅通渠道，接受社会投诉监督。通过"青蓝工程""师徒结对帮扶"，强化青年教师的师德教育。借助师德征文比赛、师德书法比赛、教师宣誓等活动，完善了师德建设长效机制。二是开展师德教育活动。扎实开展了"师风建设月"系列活动，带领全体教师学习了《淄博市中小学教师职业道德文明用语和忌语》《淄博市中小学教师职业道德考核办法》《淄博市中小学教师职业道德行为规范细则》等文件，并将有关内容以校园文化方式，在各办公室上墙展示。组织全体教师签订了廉洁从教、规范从教责任书，引导全体教师将师德规范落到实处。完善了《淄博师专附属中学荣誉表彰评选办法》，做好了师德标兵、优秀教师、优秀教育工作者的评选工作，发挥了良好的模范带头作用。

（二）营造良好社会风气

一是由校领导带头，学校工会牵头，组织全体教职员工广泛发动学生与家长，做好身边好人推荐活动，累积推荐近3000条，进一步弘扬了社会正能量。二是工会通过致公开信、宣传教育的方式号召全体教职工婚事新办、丧事简办，与全体教职工签订了承诺书，促进了移风易俗落到实处。三是根据区文明办安排，做好了每周三的通济街路口的交通文明出行志愿服务工作。借助全体教师会、发放文明出行规范等途径，做好文明出行教育。通过主题班会、国旗下讲话、交警进校宣讲等举措，强化全体学生的文明出行意识。

四、营造浓厚氛围，创新活动内容，加强校园文化建设

（一）抓好文明创建

一是强化组织领导。出台了《淄博师专附属中学关于成立创建淄博市文明校园工作组织机构的通知》，成立了以校长、书记为组长，其他校领导为副组长，处室主任为组员的工作领导小组，明确了工作责任，确保了创建工作落实。为了加强创建工作管理，学校先后制订了《淄博师专附属中学关于创建市级文明校园工作的年度计划》《淄博师专附属中学2018年市级文明校园创建工作活动方案》等文件，认真扎实推进各项创建活动，成效明显。二是学校通过黑板报、电视台、宣传橱窗、校报《渡口》、室内外大型电子屏幕、"两微一端"等宣传教育阵地，深入开展宣传教育活动。德育墙、宣传版面、手抄报折射出附属中学的自强之美、奉献之美、和谐之美，形成了一道具有自身文明的风景线。

（二）丰富活动内容

一是开展中华经典诵读活动。学校加强语文课、传统文化课的管理，引导学生以此为平台，广泛开展经典诵读活动。在不同年级，结合学生实际，精选了《三字经》、唐诗宋词等不同层次的阅读内容。4月份读书月活动，帮助学生读经典、诵美文，促进

了文化素养提升，"春之声"经典诗文朗诵活动作为读书月的收尾，为学生搭建起了展示自我的舞台。制定《淄博师专附属中学"国学小名士"评选办法》，开展"国学小名士"经典诵读比赛活动。全校各班级通过诵读活动，增强了学生的文化底蕴，增强了学生对传统文化的热爱。二是开展"我们的节日"主题活动。根据上级要求，充分挖掘节日资源，学校制定出台了《淄博师专附属中学"我们的节日"系列主题活动方案》，通过主题手抄报、主题班会、志愿服务、网上互动、社会实践等方式，围绕春节、元宵节、清明节等节日开展了教育活动，让学生深切感受到中华民俗文化魅力，加强爱国、爱乡、爱家的思想教育和亲情教育。三是开展优秀童谣征集、推广传唱活动。学校制定出台了《淄博师专附属中学优秀童谣征集、推广传唱活动方案》。9月份举办了以"美美地成长"为主题的童谣创作大赛，同学们创作热情高涨，产生了很多的优秀作品和原创作品，使学生在潜移默化中滋养心灵、提高素质。11月7日，班级合唱节隆重开幕，让学生对童谣儿歌产生了深厚的兴趣，心灵受到了良好的道德熏陶。四是开展道德模范学习宣传活动。学校制定出台了《淄博师专附属中学校外优秀辅导员评选办法》，聘请各行各业做出业绩贡献的优秀人士作为校外辅导员，为学生通过道德讲堂讲授朱彦夫、黄大年等人的先进事迹。10月10日，特邀雷锋班第二十二任班长、雷锋博物文化馆馆长吴锡有同志为我校师生带来了一场以"向雷锋叔叔学习，做最好的自己"为主题的专题报告。五是深化四德工程。学校制定出台了《淄博师专附属中学善行义举四德榜评选办法》，评选出能够体现诚、孝、仁、爱美德的优秀教师20余人，并且设置善行义举四德榜，营造了见贤思齐、人心思进的良好氛围。六是积极开展学雷锋志愿服务活动。我校将每年的3月份定为学雷锋活动月，动员广大师生积极参加志愿服务活动。学校瞳昕志愿服务队，陆续开展了学校青蓝工程、植绿护绿、关爱帮扶困难家庭、交通安全志愿服务、周五全民清扫日、环保留仙湖志愿服务、献情敬老院等一系列活动，产生了良好的社会反响。

（三）推动体育课程落实

一是学校严格执行课程标准，制定了《淄博师专附属中学关于规范办学行为，强化课程管理实施意见》，通过网站、微信公众号发布了"规范课程设置"公开承诺书，将学校课程表全部上网，接受全体师生监督，体育课每周安排3课时，确保不被减少或占用。二是出台了《淄博师专附属中学阳光大课间管理办法》，全面开展体育大课间活动，保证了学生每天1小时的阳光体育活动。

五、打造清净校园，创建平安附中，加强优美环境建设

（一）校园内外环境整洁

一是学校制定了《淄博师专附属中学卫生区考核评价办法》《淄博师专附属中学办公室卫生评价办法》。在物业做好部分公共区域保洁的同时，由教育与学生发展部、工会、教学资源科分别对学校卫生区及教室、办公室、功能室进行卫生检查，着力将"责任到人，全员参与"的工作要求落到实处，确保学校环境干净清洁。二是结合学校

实际，对学校停车区域进行科学划分，设立师生监督岗，确保车辆停放整齐有序。落实学校门前"三包"，使环境整洁有序，无脏、乱、差现象。

（二）加强校园安全工作

一是学校高度重视校园安全工作，学校管理机构完善，成立以校长为组长的安全管理领导小组。聘任专业安保公司，负责校园24小时巡逻。在学校各区域设置监控，确保无缝覆盖。结合学校实际，完善了安全检查、隐患排查、校园巡逻等制度和突发事件紧急处理预案。二是开展丰富多彩的安全教育活动，每学期至少两次安全疏散演练，提高学生的安全意识与能力。三是学校实行上学、放学教师值周制度，设立了警校联动机制，并在校园门口划有交通标志线，保障学生上学、放学安全。目前，校园周边环境良好，无不良营业场所。

（三）建设环保节约型校园

一是加强环保安全课程管理与实施，增强学生环保意识。下发"保护生态环境、拒绝燃放烟花爆竹"、守护"淄博蓝"倡议书，通过与全体师生签订承诺书、召开主题班会与家长会等途径，凝聚各方合力切实将相关要求落到实处。二是制定《淄博师专附属中学文明餐桌评选办法》，设置"文明餐桌"提示牌。利用餐厅大屏幕、文化标识等途径，宣传勤劳节俭、文明用餐，引导师生节约水电、节约粮食。

六、丰富传播载体，完善教育网络，加强活动阵地建设

（一）建强校内文化阵地

一是学校重视文明校园阵地建设，通过宣传栏、电视台、校园网站、微信、电子屏等文化阵地，向师生家长宣传文明校园的教育内容和身边优秀的教师队伍和学生代表，收到了良好的效果。二是重视社团活动。社团活动是学校少先大队阵地建设的重要组成部分，学校现有篮球、足球、合唱等多个社团。2018年，学校田径队获得淄川区中小学田径联赛冠军、淄博市中小学生田径联赛初中组团体第一名，并在全国体育传统学校联赛中成绩优异。星空少年合唱团获淄博市优秀学生社团、淄川区"小星星艺术节"一等奖；民乐团在淄博市百灵艺术节获得一等奖；科技社同学在NOC总决赛中，斩获多个全国一等奖。三是学校按照高标准、高层次、高质量的要求，联系专业设计单位，对学校文化进行整体布局设计，学校教室走廊、墙壁、校园文化墙等载体富有文化品位，彰显学校内涵，真正做到了"每一面墙壁都能说话"，发挥了良好教育效果。另外，学校还结合自身条件，以迁建新校为契机，按照义务教育均衡发展标准配备齐全各种教室、功能器材室，为学生会、团支部、少先队以及社团活动配备了设施齐全氛围浓厚的固定场所。

（二）完善校外活动阵地

学校组织学生到淄川区烈士陵园、社会实践基地等地参观学习。开展了"走遍淄博，了解齐鲁文化"等特色研学活动，感受蹴鞠风采的源远流长，欣赏鲁山溶洞的鬼斧神工，品读渔阳诗词的文采滔滔，体味厚孝文化的博大精深，领略"旱码头"的商

业盛景……在行走中，齐鲁文化这部无字书，让孩子们尽收眼底，感叹不已，促进了学生爱国爱乡情结的培养，受到了学生与家长的高度肯定。另外，我们还以家长学校为依托，通过专家报告会、亲子游等活动，融洽师生关系，凝聚家校合力。

（三）加强新媒体阵地建设

一是学校网站定期更新、专人管理，使之健康向上，成为文明创建的有力阵地。二是积极参与网上文明创建，链接了淄博文明网，关注了文明淄博微信公众号。开设的学校官方微信公众平台，关注数突破 2000 人，共传递正能量 200 余篇。三是建立了网络文明传播志愿者队伍，共同促进清朗网络空间建设。积极参加中央和省、市文明办开展的网上传播活动，齐鲁晚报、淄博文明网多次报道了学校的先进事迹。

（四）构建"三结合"教育网络

一是根据上级规定，强化家校合作，成立了学校、年级、班级的三级家长委员会。二是积极利用学校教育资源，组织家长学校，开展了多种形式的教育活动，促进了家庭教育水平改善，构建起了学校、家庭、社会"三结合"教育网络。

七、深化文明共建，开展志愿服务，积极支持创城工作

（一）加强与社区、农村文明共建

学校结合自身实际，加强与杏花社区、般龙社区的文明共建，与太和镇东坡庄村的结对帮扶，通过送教进社区、送教下乡、"清洁家园　共建美好社区（农村）"等形式，积极宣传习近平新时代中国特色社会主义思想、党的十九大精神，促进当地精神文明建设。

（二）开展特色志愿服务活动

学校组建了教师志愿服务队，通过课后服务、社团辅导、选修课培训等方式，结合学生兴趣爱好，开展了书法、绘画、足球、乒乓球等多种形式的技能培训工作，每学期培训都在 15 次以上，学生参与率接近 100%。

（三）积极参与支持文明城市创建

按时、保质提供未成年人思想道德建设工作测评材料。根据市区文明办要求，抓好承担的实地考察测评指标落实情况。通过组织开展手抄文明城市答题纸、营造创城氛围、参与问卷调查等创城宣传活动，提高了全体师生参与创城的积极性与主动性，为创城工作做出了应有的贡献。

学校以文明创建为抓手，不仅提升了学校精神文明建设水平，师生展现出了良好的精神面貌，而且业务工作稳步发展，学校教育教学质量稳居全区前列，实现了精神文明与业务工作的双丰收。下一步，学校将在巩固市级文明校园创建基础上，以争创更高层次文明校园为目标，深入贯彻"六个好"，推动文明校园创建走向深入。

建立校本研修制度　推进学习型学校建设

摘　要　创建学习型学校，要转变教育理念，在教师中树立终身学习的理念，建立科学的学习管理机制，建构学习型校本研修制度，充分发掘和利用校内和校外资源，把校本培训和创建学习型学校落在实处。

关键词　校本研修；学习型学校；和谐校园

学校始终坚持走特色办学之路，鼓励继承创新发展，推进学习型学校建设，努力把学校办成师生教学相长的校园、师生平等和睦的家园、师生美丽温馨的花园，努力使全体学生通过在学校学习中得到和谐、主动、全面的发展，培养可持续发展的意识和能力，为其终生发展奠定良好的基础。

一、加强和谐校园建设，积极营造学习型学校的良好文化氛围

学校是培养学生的教育机构，教学是学校的中心活动。由于学校本身就是以教与学为业，学校作为社会的一个构成要素，应当走在创建学习型组织的前列。

我校现有教学班20个，专任教师48名，职工3名。专任教师中，中小学高级教师24名，占全校专任教师50%，其余均为小学一级教师，全校专任教师平均年龄31岁。目前，我校校风端正，治学严谨，成效显著。

在积极推进"新课程师资培训"过程中，我们越来越深刻感受到，教育理念的更新是关键，创建学习型学校则是我们办学理念的根本转型。传统的办学理念是一种静态化的学习理念，在创建学习型学校过程中，我们则突破了传统的办学理念，实现了以下三个方面的根本转型：一是由终结性学习理念向终身性学习理念转型。我们在全体教师中树立了"学无止境"的理念，它犹如一条只有起点而没有终点的射线，指向遥远的未来。这种理念不仅是对学生而言，教师也应是终身学习的教师。二是由培养知识型人才理念向培养以知识为基础的能力型人才理念转型。三是由向学生传授技能理念向引导学生开发自身潜能理念转型。这些理念已经成为在创建学习型学校过程中我们的灵魂，因此大家都为了这个共同的目标而奋进，从校园文化的内涵和创建和谐校园的高度来营造良好的氛围。

鹿鸣集

二、以人为本，建立科学的学习管理机制

"坚持以人为本，树立全面、协调、可持续的发展观，促进经济社会和人的全面发展。"这是科学发展观的本质和核心，也是教育事业所追求的崇高目标。在创建学习型学校过程中，我们始终坚持以人为本建立科学的学习管理机制。

（一）坚持依法治教，依法执教

结合继续教育培训，组织教师认真学习《中小学教师职业道德修养》读本，通过讲座的方式转变教师们的教育观念，倡导教师热爱党的教育事业，爱校如家，爱生如子，学校里师爱生、生敬师的情感氛围浓厚。我们学校和教师都把让每一个同学享受到学习与创造的快乐作为教育的标准来实施。

（二）加强学校制度建设

近些年，我们实行教育目标管理、校长负责制、教师聘用制、结构工资制的一系列配套改革。经过实践、总结、再实践、再总结的过程，我校的体制改革工作已经步入正轨，也积累了较丰富和成熟的经验。目前，我校创建学习型学校的实施、考核、奖惩与管理制度健全，并已开始严格实施。除积极参加淄博市组织的新课程培训、信息技术培训及暑期校级专项培训外，每周二是固定的教师集体学习和培训时间，我们做到培训计划、人员、地点、内容的四落实，保障了培训工作的顺利实施。

（三）高度重视教师学历达标与知识更新的工作，注重对青年教师的培养

领导带头，积极动员教师们参加更高学历的培训和学习。根据"全教会"精神，我校制定了教师学历达标与提高的规划：到2005年大专学历教师达到100%。今年，我校有大专、本科、研究生学历的教师47人，占专任教师的98%，是目前我市小学中教师学历结构层次比较高的学校。

三、充分发掘和利用校内和校外资源，把校本培训和创建学习型学校落在实处

（一）抓好教育教学基本理论的系统学习

学校领导班子带头学习和落实国家基础教育改革精神，全体教师积极认真地按照学校要求，加强理论学习，并落实在自己的实际工作之中，成效显著。

（二）抓好新教育理念的学习

我们把教师的培训放到"争做21世纪合格教师"的重心上，从头开始，从教育新课程、新理念学起，从新课程与教师角色转换做起，从新课程与学生的发展出发，从新课程与评价改革着手，重新建构教师的教育教学理念，重新研究教育教学方法，重新一起走进新课程改革，为我校迎接新课程的教育思想、教学理念铺垫了较扎实的基础。目前，我们学校已经有6位教师参加了省级骨干教师培训，9位教师参加了新课程改革培训，3位教师参加了国家级骨干培训者培训。

（三）抓好信息技术的学习

新课改与信息化时代的到来，离不开对教师计算机水平的培训，在计算机的中级

培训中，我们利用寒、暑假和节假日对教师进行校级培训。现全校所有任课教师均取得了计算机中级资格，特别是 2001 年 8 月，学校教师全员参加了"英特尔未来教育"培训，取得显著效果。与此相适应，学校加大信息技术投入，于 1997 在全省小学首家实现计算机进教室，1999 年完成班班通，组建完成高标准校园网并实现宽带互联，每位教师家中、办公室都有计算机，初步实现教学、办公、管理、信息化科研等四网合一。同时学校建设了高标准多媒体网络教室三个，目前共有计算机 220 台，每 5 名学生一机，在教育信息化建设方面走在了全市前列。另外，我们还建立了自己的学校网站 http：//www.zsfx.net，教师和学生可以随时把自己的研修成果在网络上发布。同时，我们建立起了 FTP 服务器，共享学校教育资源。

四、建构学习型校本研修制度，促进教师专业化发展

在此方面，我们主要完成了如下几项工作：

第一，作为淄博市首批校本培训实施实验学校，我校针对教师整体素质的培养和提高制定了实施方案和规划。

第二，学校领导高度重视教师培训工作，成立了由校长任组长，分管校长负责，各级部主任和教研组长具体落实的学校教师校本培训领导小组。

第三，为积极做好师训工作，学校制定了详细的教师培养与发展规划。我们要求每学期教师要做到"四个一"：一堂优质校内观摩课、一个精彩的单元备课计划、一篇高质量的课题实验阶段论文（或成功的教学案例）、一组学生的实验作品。正因为措施得力，目标明确，教师把新理念与新课程的实施，内化为自己的自觉教育教学行为。

第四，借助淄博师范高等专科学校得天独厚的条件，借助高校力量，我们积极参加了相关的教育理论学习和培训，并积极建立立足本校的人才库和师资培训资料（资源）库。学校有多名教师入选了山东省新课程培训师资库，在利用好高校资源的同时，也为全市和地区的培训工作起到了良好的龙头带动及辐射作用。

五、突出特色，使创建学习型学校成为新课程改革和学校发展的有力保证

随着新课程改革的深入实施，特别是信息技术的发展，对教师教育和提高提出了更高的要求。面对新形势，在校本培训实施过程中，我们积极参与了国家级课题"现代信息技术环境下校本研修的理论与实践研究"，以科研带动教师专业化发展，取得了显著成效。

近几年来，学校进一步加大教学、教研、教改的工作力度，教研组织建全，形成了初具规模的教学科研网络。结合新课程改革和教师培训工作，我们为每个学科的每一个教师订购了新课程标准方面的教材，组织教师认真学习，联系过去的教学方法与新课程的教学要求，体会感悟新旧教学方法的不同点，分析出需改进的地方。学校是原国家教委、国家科委的"九五"重点课题"全国中小幼现代科技"首批实验学校，全国"十五"课题"信息环境下学生高智慧学习""网络时代的学与教"实验学校，

山东省计算机辅助教学实验学校，在此基础上，我们还取得了一定的教科研成果，省级以上优秀实验成果5项，发表论文多篇。

在参与"校本研修"课题工作中，我们积极探索，努力建设以教师专业发展为本，以学校为基地，以教研组和教师为自主学习的主阵地，以现代信息技术为手段，以新课程学习和实施为抓手，把培训和教研活动紧密结合、融为一体，逐步探索校本研修的新模式。全体教师都建立了自己的网络日志——"博客"，记录自己教育教学的心得与体会，同时自2003年起，通过教育叙事研究等形式，促进教师自身专业化发展，多名教师的文章在国家级刊物发表及获奖。学校语文教师编写校本课程——学生《自读乐园》5本，100万字；教师刊物《学海》和学生刊物《成长之旅》已经出版六期，这些都成为展示新课程改革成果的重要平台。

学校教学、教研、教改永远是学校工作的恒定主题，长期以来，学校在人力、物力、财力及各方面均为之做了较大的倾斜。我们多次派管理人员或教师到外地学习，参加各类培训，支持各学科的青年教师参加国家级、省级的培训活动。在近两年里，学校分别派管理人员及教师们到北京、大连、南宁、上海等地学习和交流，收获和提高很大，我校的教研教改工作取得明显成效，可以说校本培训已经显现成果，并极大促进了学习型学校建设的力度。

高起点高质量有特色　为县域义务教育
优质均衡发展做贡献

摘　要　按照上级教育主管部门的要求，我们学校积极投入到创建优质县域义务教育均衡发展的工作中来，进一步加强师资队伍建设，进一步改善办学条件，真正达到以评促建的目的。

关键词　义务教育；县域义务教育；优质均衡发展

淄博外国语实验学校立足"高起点、高质量、有特色的鲁中名校"的办学定位，以全面提高教育教学质量为主线，以加强教师队伍建设为核心，以改善整体办学条件为保障，内强素质，外树形象，促进了各项事业又好又快发展，为县域义务教育均衡发展做出了应有贡献。

一、圆满完成新校建设，着力改善整体办学条件

学校原驻地为淄博师范高等专科学校东校区。该校区兴建于20世纪80年代，教育教学设施落后老旧，改建整修难度与成本巨大。为进一步优化办学条件，提升办学水平，带动淄川东部地区基础教育发展，在各级政府支持下，学校于2018年9月迁到位于淄川区洪山镇的新校区。现有的校区占地51966平方米，教学及辅助用房面积10670.4平方米，各种体育运动场馆面积11304平方米，网络多媒体教室、高标准实验室、音乐与美术专用教室、现代化学术报告厅、图书阅览室、塑胶运动场、器乐排练厅、录播室、校园电视台、各种学科教室等先进教学设施一应俱全。新校区的投入使用，有力改善了全体师生的工作、学习、生活条件，为学校跨越式发展提供了坚实的物质保障。

二、实施人才兴校战略，着力促进教师队伍发展

学校通过多种途径吸引优秀教师加盟创业，经过内培外引，建立了一支师德高尚、能力突出的优秀师资队伍。学校现有教职员工65人，专任教师50人，教师资格证合格率100%，5年360学时培训完成率100%。为推进教师专业发展，学校以每年不少于公用经费预算总额5%的比例，提供专门的经费支持。结合自身实际，学校组织实施了"读书富脑"工程、"青蓝"工程等培训举措，促进了教师队伍专业发展，学校多人获

得市区骨干教师、优秀教师等荣誉表彰，200 余人次在各级各类教研比赛中取得优异成绩。在做好自身队伍建设的同时，学校充分发挥师资优势，不仅承担了淄川区青年教师跟岗培训任务，而且积极参与"送课送教下乡""订单式听课"等县域教研交流活动，做好了与其他兄弟单位的结对帮扶活动，为地区教育教学质量提升贡献了应有力量。

三、深入推进内涵建设，着力提升人才培养水平

学校教学质量一流。严格落实课程规范，开足、开全、开齐国家与地方规定课程。在减轻学生课业负担的同时，通过完善常规管理、提升集体备课质量、创新课堂教学模式等手段，促进了教学质量稳步提升。近年来，不仅获得了"淄博市民办学校办学水平综合评估优秀单位""淄博市民办教育名牌学校""山东省初中教学示范学校"等荣誉表彰，而且向济南外国语、淄博实验中学等重点高中输送了大量毕业生，多位优秀学子进入北京大学等知名高校就读深造。

学校育人成果丰硕。注重"立德树人"，打造了"一线五点"的市级特色德育品牌，有学子代表淄博教育系统入选"山东好人榜"。校本课程建设扎实推进，开发了"积极心态""国学"等校本必修课，以及机器人、陶艺、3D 打印等 60 余门校本选修课，被表彰为山东省校本研究先进单位。特色文化活动有声有色，打造了"告别童年，放飞梦想""春之声"诗文朗诵会等校园文化项目，团队一体化建设经验成为全市先进典型。另外，学校艺体教育亮点突出，在区田径运动会上力夺三连冠，在市小百灵艺术节等艺术比赛中连获佳绩，在省市运动会上多次摘金夺银，田径、足球、乒乓球等作为强势项目为市区竞技体育发展做出了重要贡献。学校也因成绩突出，先后被命名为"全国青少年足球特色学校""山东省优秀体育传统项目学校"。还有，学校科技创新教育稳步推进，多次在布谷科技节中取得优秀成绩，获得了全国 NOC 比赛机器人项目一等奖第一名等多项佳绩。作为淄博市国际理解教育实验学校，学校与美、英、澳、新等国家的多所学校开展了形式丰富的交流活动，两项国际理解教育活动被市教育局评为典型项目。

在促进义务教育均衡发展的道路上，淄博外国语实验学校做出了一些尝试和创新。在以后的工作中，学校将与时俱进、奋发进取，为促进县域教育均衡发展继续不懈努力！

创设教育信息化环境　让学校充满生命活力

摘　要　在信息技术高速发展的今天，学校教育教学已经与信息技术深度融合，信息技术已然渗透到了学校工作的方方面面。学校应当顺势而为，整合各个方面的资源，努力创设教育信息化环境，为学校发展插上腾飞的翅膀。

关键词　教育；教育信息化；未来教育；特色学校

学校始终高举素质教育大旗，以全面实施素质教育为核心，落实新课程标准为重点，教育信息化建设为突破口，教育科研为先导，正在加快学校现代化建设。我们的办学目标是坚持走特色和创新之路，推进学习型学校建设，努力把学校办成师生教学相长的校园、师生平等和睦的家园、师生美丽温馨的花园，努力使全体学生通过在学校学习中得到和谐、主动、全面的发展，培养可持续发展的意识和能力，为学生终生发展奠定良好的基础。

2000 年，英特尔未来教育来到淄博，2002 年，新课程改革在淄博全面实施。同年，上海师范大学黎加厚教授把全国教育科学"十五"教育部重点课题"教育信息化环境中的学生高级思维能力培养"带给了我们。我们通过课题研究把"英特尔未来教育"与国家新课程标准有机结合起来，并抓住机遇，注重课程与信息技术结合，关注师生共同发展，取得了很好的成效。

一、建设良好的信息化环境是实现学校跨越式发展的基础

我校于 1993 年争创为山东省规范化学校，1996 年被国家教委命名为全国首批中小幼现代科技教育实验学校，1999 年获山东省计算机辅助教学优秀实验学校荣誉称号，2000 年被评为山东省电化教育先进单位。我们这些荣誉的基础都与学校的信息化教育环境建设有关。

我们学校于 1999 年组建校园网，并接入互联网，且现有计算机 260 台，平均 5 个学生一台计算机。目前，所有教师办公室和家庭都有计算机，已全部实现教学、办公、管理、信息化科研四网合一。最重要的，是我们学校连续三年组建了三个高标准网络教室，为学校良好的信息化环境建设打下了良好的硬件基础。

二、领导高度重视是建设特色学校的前提

我校现有教学班 20 个，专任教师 48 名，职工 3 名。我们的专任教师队伍起点较高，其中中小学高级教师 24 名，占全校专任教师 50%；其余均为小学一级教师，且专任教师平均年龄仅 31 岁。学校校风端正、治学严谨、成效显著，这也为我们的特色学校建设奠定了坚实的人才和环境基础。

在新课程培训与实施过程中，学校成立了由校长任组长，分管校长和教学业务骨干为组员的领导小组，积极做好师训工作，并制定了详细的教师培养与发展规划。我们要求每学期教师要做到"四个一"：一堂优质校内观摩课、一个精彩的单元备课计划、一篇高质量的课题实验阶段论文（或成功的教学案例）、一组学生的实验作品。把"四个一"成果与信息技术结合，通过网站、教师博客发表与交流。正因为措施得力、目标明确，教师已经把新理念与新课程的实施内化成为自己的自觉教育教学行为。

三、教师的观念更新和积极参与是学校发展的关键

陈旧的教育观念制约着素质教育的深入实施。学生被动地接受知识只能抹杀孩子求知的欲望，学生自主参与的学习活动才能提高课堂学习的生命质量。要营造学生成长的良好环境，校长的先进理念必须先到位，学校领导必须首先成为教育观念更新的引导者、先行者。

正是基于这样的认识和思考，我们高度重视专任教师的培训工作。

在教育中，有效集成技术的关键因素应该有四个方面：一是配套的硬件设施，二是完善的网络技术，三是扎实的教师培训，四是多元化丰富的学习支持资源。其中最重要的因素之一是教师培训，教育信息化最根本的是人的信息化，即教师的信息意识、信息素养的培养和建设，而不是网络本身。为此，我们制订完善了教师培训计划，把教师培训纳入学校发展的系统工程。从 1999 年开始，每年寒暑假期，我们规定全体教师都要进行为期一周的信息技术集中培训，每期培训都有明确目标，并把培训成果刻成光盘，同时还积极参加计算机等级培训与考核工作。几年下来，收效非常明显，教师们虽然减少了假期的休息时间，却把培训看作是最好的福利待遇。我们感受最深的还是 2000 年英特尔未来教育来到淄博，学校抓住机遇，包括校长在内，第一批便全员参加英特尔未来教育培训，在培训中我们不仅仅学会了信息技术在教育教学中的应用，更重要的是其以学生发展为中心的先进教育理念，对学校发展产生了深远影响。与此相适应，学校加大信息技术投入，1997 年就实现了全省小学首家计算机进教室、1999 年完成了班班通基础上，组建完成高标准校园网并实现宽带互联，每位教师家中、办公室都有计算机，快步实现教学、办公、管理、信息化科研等四网合一。同时，学校建设了高标准多媒体网络教室三个，目前共有计算机 260 台，每 5 个学生一台计算机，在教育信息化建设方面走在了全市前列。另外，我们建立了自己的学校网站 http：//www.zsfx.net，教师和学生可以随时把自己的研修成果在网络上发布，同时我

们也建立了 FTP 服务器，学校教师和同学可以共享学校教育资源。

四、先进理念在教育教学中真正实施是师生素质提高的根本

理念不能只停留在口头上，根本的落脚点应该是我们的学生。为此，我们在信息化教育过程中为实现对学生的无缝教育，进行了诸多尝试，并收效甚丰。第一，教师设置了服务器，为每个学生的计算机安装客户端程序，孩子们随时把自己的作业提交到教师的服务器上，实现即时的思维共享，教师也可即时掌握学生的学习状况。第二，教师建立局域网内聊天室，孩子们可以随时共享自己的"头脑风暴"成果。第三，利用工具软件（演示文稿、金山画王、概念图等）自己创作故事，并讲给大家听，锻炼了学生的思维和表达能力，其整体素质得到明显提高。第四，各个级部建立自己的主题特色网站，定期上传教师和学生的课题资料与实验成果。第五，每周二和周四是课题实施的课堂教学观摩与交流时间，教师注重课题理念在课堂教学中渗透，大家积极看课评课，及时将教师教学设计、评课记录保存上传，并为每一位执教教师录像，作为音像资料保存。在这一过程中，我校全体教师都建立了自己的网络日志——"博客"，记录自己教育教学的心得与体会。同时自 2003 年起，通过教育叙事研究等形式，促进教师自身专业化发展，多名教师的文章在国家级刊物发表及获奖。另外，学校语文教师编写校本课程——学生《自读乐园》5 本，100 万字；教师刊物《学海》和学生刊物《成长之旅》已经出版六期，这些已然成为展示新课程改革成果的平台。

正是基于学校对信息化教育的重视和积极推进，使得我们的学校办学成绩斐然。不仅在学校管理方面获得了众多的各级各类上级有关部门的表彰，更重要的是在这些年的发展中涌现出来一批又一批的优秀教师和优秀学生。诸如：张红老师获山东省特级教师荣誉称号，刁红霞被评为山东省优秀教师，孟强、李萍老师的信息化教学设计在全国获奖，有五位教师的单元教学设计入选英特尔未来教育中文版 5.0 配套光盘，三位教师参加基础教育新课程国家级培训，六位教师参加省级骨干教师培训。当然，我们的学生也不例外，他们更是在各个领域获奖无数。可以说，就目前来看，淄博师专附小的教育教学质量得到了社会、家庭和学生的高度评价。

对教育信息化领导力的认识

摘　要　教育信息化需要校长的认识和行动、眼界与境界、带头和支持。一所学校，校长对教育信息化的认识决定了这所学校未来在教育新信息化方面发展的前景。因此，校长要强化对教育信息化的领导力，真正转变思想，将认识转化为行动。

关键词　校长；教育信息化；领导力

教育信息化领导力就是指在教育信息化这个领域内充分利用教师和学校现有条件，以最小成本完成教育及管理目标，以提高整个教育团体的办事效率。

一、校长的领导首先是思想的领导，其次才是行政领导

校长对于教育信息化有怎样的认识，就会在学校的信息化发展问题上采取怎样的决策和行动。教育信息化需要校长的认识和行动、眼界与境界、带头和支持。教育信息化的实施，与校长的信息化领导力至关重要。

通过学习和培训，我深刻地认识到作为学校管理者，要想在教育信息化的大潮中立于不败之地，就要不断更新自己的思想，在战略上要掌握最新动态。为此，学校领导者要加强学习，可以通过以下途径学习：第一，实时阅读《中国电化教育》《电化教育研究》等国家权威刊物。通过这些刊物，掌握国家信息化发展的最新动态，学习全国兄弟单位的先进经验，学习教育信息化策略与方法等，只有这样才能在学校教师中树立权威，才能指导好学校信息化的建设。第二，经常浏览网页，访问有关教育信息化的专题网站、论坛社区等，与全国各地的教师进行网上交流、取长补短，在交流中不断提升自己的信息化素养。

二、积极支持教师的信息化培训，是领导力强的具体体现

校长的领导是战略上指引，具体实施还要靠一线教师。因此，引领教师进行信息化培训，提升教师团队的信息化素养，显得尤为重要。如今的培训也是五花八门，校长就要用自己前瞻性的目光，分析哪些培训是当务之急，是教师必备的素质，哪些培训是针对骨干的，这样才能将培训发挥到恰到好处。培训，让骨干参加外出的高级培训，主要的途径还是发挥骨干的力量，让骨干教师引领大家利用假期进行自我培训。我们师专附小几年来的教育信息化实践证明，采用请进来和走出去的方式以及校本培

训，能迅速提升教师团队的信息化素养。因此，才保证了高质量的教育教学质量。

三、主动参与培训，广泛交流互动，借机形成和完善学校信息化发展的基本愿景，提升自己的信息化领导力

校长的信息化领导力，还突出地表现为较强的学校信息化发展战略远景的规划能力。它是有关学校信息化发展的全局性、长远性和根本性的重大谋划和实施策略，是确定学校未来信息化发展总方向和整体框架的综合性描述。这些仅靠校长的"苦思冥想""闭门造车"是不行的，飞速发展的信息化社会，不断推进的学校信息化进程，不会给我们的管理者一个现成的、可以拿来就用的固有模式。作为校长一定要走出去，利用好一切可能的学习培训的机会，以提升自己的信息化领导力。

校长参与培训的心态和方式是影响培训效果的重要因素。为了能切实提高自己的信息化领导力，促进自我发展，帮助改进和完善学校信息化发展的长远规划，校长在参加培训的过程中，要在以下几方面做出努力：

首先，培训前必须合理定位对培训的主观预期。预期将很大程度地影响个人在培训中的参与程度和学习行为，校长各自不同的职业环境与个人基本素养，决定着各自不同的参与需求与预期。我们建议校长在参加培训前，要充分思考自己参加培训的特有需求，可以从以下几个方面进行合理培训预期定位：（1）知识渴求预期。主要是指对自身知识理论修养的提升，这是提升信息化领导力的基础。（2）观念更新预期。让自己通过学习、分享、交流等形式，在专家、同行的引领和帮助下，更新和提升自己的教育教学以及管理理念，打开自己的办学思路，为学校的信息化发展探寻出一条新的发展方向。（3）技能提高预期。带着学校发展中的种种问题与困惑走进培训班，通过向专家咨询、向同行请教，解决问题个案，同时获得解决实际问题的策略、方法和技能。（4）拓展性预期（其他偶然性收获预期）。如与教育名家的对话，与名校（名校长）的交往以及其他方面的偶然收获等。

其次，参加培训要"主动出击"，广泛交流互动。信息化领导力的提升是一个过程，也是一个互动的过程。在培训中校长要改变传统的等知识、等安排、等活动的固有学习方式，把自己切实当作活动的主体参与到活动中。可以通过合作学习、平等交流、互相辩论，充分"暴露"自己，剖析自己，取长补短，让自己在合作中接受"培训"，以共同探究适合本校教育信息化发展的可行性方案，借机形成和完善学校信息化发展的基本愿景。在参与实际情境的学校发展问题解决中，在不同的学校、不同的情景、不同的人文与社会氛围感受中，校长可以有效提升自己的信息化领导力。

我们相信，"一个好校长就是一所好学校，一所好学校绝离不开一位好校长"。校长的信息化领导力直接影响着学校的教育信息化进程。校长具有正确的教育信息化发展观念和良好的信息化领导力，就能以积极的心态面对教育信息化挑战，就能在学校建立起良好的教育信息化发展和建设机制，并采取正确的行动，学校信息化建设就会落到实处。

彰显教师主体地位　优化现代学校制度建设实施路径

摘　要　提升学校整体管理水平，必须充分发挥教师的主体作用，引领广大教师深入参与现代学校制度建设，进一步打造民主、有序、规范的制度环境，为学校事业健康和谐发展奠定坚实基础。

关键词　教师主体；现代学校制度；实施路径

校有良法，始有善治。制度建设是学校管理的重要内容，其既是引领各项工作有效推进的"指挥棒"，也是检验学校管理水平的"试金石"。当前，随着经济社会的日益进步，基础教育的不断发展，学校与教师之间更加成为你中有我、我中有你的命运共同体。因此，提升学校整体管理水平，就必须充分发挥教师的主体作用，引领其深入参与学校制度建设，进一步打造民主、有序、规范的学校环境，为教育事业健康和谐发展奠定坚实基础。

一、强化群体认同，营造教师参与制度建设的良好氛围

制度建设只有让教师参与其中，尊重教师的现实需要，获得相当程度的群体认同，才能奠定其产生的坚实基础。为了更好地倾听民意，回应期待，学校需要营造敢于讲话、乐于参与、勇于表达的良好氛围，以"开大门，走大路"的方式凝聚全体教师参与制度建设的共识，使教师成为制度建设的主人。基于此，淄博师专附属中学以学校迁建为契机，通过教师会、干部会等途径明确办学区位、办学体制等方面变化所带来的发展挑战，进一步激发教职工的忧患与危机意识，引导其思考学校当前存在的制度缺失，增强其建言献策的主动性与积极性。学校投资200余万元启动学校文化建设，重塑学校文化标识体系，以润物细无声的方式，统一教职工的思想认识，增进对于"大家的学校大家建设，大家的制度大家制定，大家的成果大家分享"的价值认同。学校还开展了多项以团队意识培养为主题的拓展培训活动，以年级组为单位对教代会组织架构进行调整，增强了教职工的凝聚力与向心力，为制度建设有效推进奠定坚实的群众基础。学校亦扎实开展党建工作，以推进"两学一做"常态化制度化为动力，通过民主生活会、组织生活会等途径查摆学校工作存在的缺失不足，引导全体党员从建章立制的角度提出问题原因与改进对策，夯实制度建设的思想与组织保障。

二、注重以人为本，夯实教师参与制度建设的管理保障

制度建设从某种意义上是对学校利益格局的再调整，事情千头万绪，事关发展稳定。如果不讲究策略，眉毛胡子一把抓，往往效果不彰、事与愿违。基于此，一是转变管理模式。附属中学领导班子从自身做起，摒弃"官本位"意识，将人本理念融入日常管理之中，争做先进思想的探索者、优秀价值的传递者、理论学习的引领者、遵规守纪的示范者、荣誉名利的牺牲者、师生利益的捍卫者、家庭氛围的塑造者，将价值感召、情感激励、共识凝结、理性说服作为推进制度建设乃至各项工作的主要手段，构建以柔性管理为主、命令支配为辅的管理模式，使具有较高道德水准与知识基础的教师群体收获了信任与尊重，唤醒了其参与制度建设的自主意识，引领其成为推进制度建设的良好伙伴。二是明确工作红线。学校制度建设突出以人为本，关键在于积聚民气、反映民意、广集民智，引导全体教职工达成思想上的共识与行动上的合力，进而推动各方面事业发展。因此，制度建设的民主商议不是没有原则底线，不是无休止的纷争，不是制造发展障碍，不是破坏团结和谐，要在坚持"四个必须"的基础上，即必须符合政策法规要求，必须符合现实校情，必须符合学校核心价值观，必须符合最广大师生的根本利益，实现各方意见的集中与统一。对于"四个必须"的坚持，要贯彻在制度准备、起草、拟定、核准、公布的各个阶段，领导班子在原则性的问题上不能含糊，在强化内容宣导、畅通沟通渠道、完善机制保障等方面做好预判预案，确保民主协商过程的有序有效。三是加强外部监督。在学校制度建设过程中强化外部监督，是贯彻以人为本的必要条件。为了提升监督效果，在制度建设过程中，附属中学一方面通过网络、宣传栏等途径强化信息公开，使全体教职工能够及时了解相关工作动态，通过工会纠纷调解机制、专题座谈会等方式公开接受批评建议。另一方面，充分发挥教代会、家委会对于制度建设的监督作用，要求事关全体师生切身权益的重要制度起草完毕后，必须经过民主审议通过后方可执行，从而保障了全体教师当家做主的权利，推动制度建设工作有效推进。

三、注重以点带面，完善教师参与制度建设的路径引导

不同的学校制度，对于教师的吸引力、约束力存在差异；不同的教师群体，对于制度建设的参与热情与方式也存在差异。因此，提升制度建设的有效性，关键在于找到好的切入点，实现"以点带面"，实现尽可能多的教师深度参与。在具体实施中，一是做好制度建设内容的"以点带面"。附属中学在广泛调研的基础上，选取综合考核办法、职称评聘办法、教师考勤办法这三项制度作为建设的"突破口"。这三项制度关系学校发展与全体教师切身利益，而且与教师的学科专业密切相关。因此，不仅能够在最大程度上调动教师的主动性与积极性，激发教师的参与热情，而且相关建议会更具针对性和实际意义。同时，在学校管理中存在的教师冲突、干群冲突、师生冲突，往往与这三项制度存在千丝万缕的内在关联，抓住制度建设中的主要矛盾，群策群力的

攻克最为棘手的"硬骨头"，可以发现以往制度建设工作中存在的缺失不足，积累教师参与制度建设的宝贵经验，提升教师参与制度建设的能力水平，为后续工作开展提供更为有利的环境支持。二是做好制度建设参与群体的"以点带面"。为了有效推进制度建设，学校引导教职员工民主推举了群众威信较高的部分人员作为制度制定、与学校对话、听取教师意见的召集人。这些召集人以校龄 10 年以上的"资深教师"、专业能力突出的"骨干教师"为主。作为群体中的"意见领袖"、校内非正式团体的核心，他们对制度建设改革的呼声较强，对教职工的所思所需把握较深，由他们牵头制度建设，往往更能切中时弊，更能呼应群众，从而提高制度建设针对性。同时，这些召集人在上传下达的过程中能够有效缓冲各方面的矛盾冲突，发挥良好的润滑作用，对教职工起到意想不到的说服效果，为实现制度建设过程的和谐有序提供强大助力。

总之，教师是学校的主人，是推动学校制度建设科学推进的重要力量。只有充分尊重教师需要，关注教师诉求，凝聚教师共识，通过一定路径引导教师参与到制度建设中来，才能够激发其荣誉感与责任感，使之成为拥护事业发展的强大助力，为学校教育教学工作的开展提供坚实的师资保障。

多措并举 专业成长 打造优秀教师队伍品牌

摘　要　"教育大计，教师为本。"在学校发展的过程中，教师队伍水平的高低直接决定了学校办学质量。因此，教师队伍的培养、教师的专业化发展是学校最重要的任务之一，学校宜采取多种举措打造高水平的教师队伍。

关键词　专业成长；教师队伍；培养措施

"教育大计，教师为本。"我们在学校发展的过程中深深地认识到，人的因素是事业发展的第一因素。人才是发展之本，教师是发展核心。培养和使用一支素质高、能力强、有热情、有干劲、有闯劲、有创新精神的教师队伍，是学校得以高水平发展的最重要因素。所以，学校始终把教师培养作为学校发展过程中最主要的任务。

学校以实施"四德"工程为契机，狠抓师德师风建设，着力打造"师德高尚、理念先进、业务精湛、结构合理"的教师团队。

一、实施"青蓝""名师培养"两大工程，促进教师专业成长

一是启动"以老带新，以新促老，师徒结对，共同提高"的"青蓝工程"。我们要求骨干教师与年轻教师从备课、上课、课题研究等方面开展"一对一"互助帮扶工作，并通过"校干展示课""骨干教师示范课""青年教师达标课""新教师汇报课""相约附小，附中观摩课"等形式定期开展研讨交流活动。二是名师带动，课题推动，走名师团队引领教师专业化成长的道路。贾玲、高令峰两位山东省特级教师，各自建立了名师工作室，分别组建了不同的教研团队，优化资源，专业引领，指导、培养年轻教师的成长。同时，学校承担了"教育信息化环境中的学生高级思维能力培养"等国家级课题4项，"多元智能理论在小学语文教学中的应用"等省级课题6项，引领教师开展课题研究，提升教科研水平。《人民日报》《中国教育报》《人民教育》等报刊多次介绍学校课题研究成果。

二、"走出去，请进来"，在教师培训方面加大力度

为实施专家引领计划，学校聘请原中央教科所副所长连秀云，上海师范大学黎加厚教授，华东师范大学博士生导师蒋鸣和教授，山东省教研室李家栋老师，原《山东教育》主编、编审李思德为学校教育顾问，定期开展"教育专家进校园"活动，增加

一线教师与教育专家"对话"的机会。同时，学校注重培养、树立身边的典型、榜样和优秀教师，高度重视教师学历提高与知识更新的工作，领导带头，积极带领教师们参加更高水平更高学历的培训和学习。因此，每学期都要派遣骨干教师参加各类教育教学研学、访学、交流、跟岗培训等活动。比如，近年来，我们选派优秀教师赴美国康州、中国香港等地访学；赴清华大学附小、深圳南山实小等学校交流；赴扬州、宁波等地跟岗培训；赴河南、新疆等地送课讲学，并通过培训成果汇报的形式，完成内部的"再培训"，使更多教师共享培训成果。

三、资源平台助力教师业务发展

学校开通学校知网账号，为教师们教学梳理、文章撰写、课题研究等学习活动提供有力支撑。学校教师自主开发的写字视频课程、习作指导课程、错题解析课程、经典诵读系列等丰富多彩的 UMU 课程资源，在方便了教师们备课教学的同时，也带动了教师们自主进行课程开发建设的热情。希沃、一米阳光、乐教乐学、优化大师等信息化平台的引领，有效提升了教师们的信息化素养。

四、创建激励机制，激发教师主动学习提升

不断优化学校考评细则，充分考虑到评价机制对教师成长的激励作用。首先，加大课时工作量的比重，体现多劳多得。其次，注重工作质量的要求。第三，加大教研板块在评价中的权重，对于积极参与课题教研、积极参加教学比赛、积极加入各种教研活动提升自己的教师，能明显得到体现。越来越多的老师，尤其是年轻教师，在业务学习方面热情高涨、效果明显。

经过 30 年的发展与积淀，学校培养出了 5 名山东省特级教师。目前，淄博师专附小拥有高级教师 7 人，66% 以上的教师执教过市级以上公开课，36% 以上的教师执教过省级以上公开课，有近 20 人被授予"省市特级教师""师德标兵""优秀教师""学科带头人""教学能手""优秀班主任"等称号。教师队伍年轻化、素质高、能力强，已经成为学校特有的办学优势。

立足时代前沿 信息技术引领变革 建设智慧校园

摘 要 打造智慧校园是当前乃至今后一段时间学校非常重要的一项工作。学校结合自身信息技术教育现状，不断拓新思路，积极整合现有资源，力争早日将学校建成智慧校园。

关键词 信息技术；数字化校园；智慧校园

学校一直昂首阔步走在信息化办学的大路上，几年前就提出了打造智慧校园的理念。几年来，学校的信息化建设日新月异，教师们的信息素养和教学理念不断更新，学生的学习活动更加轻松快乐——学校处处洋溢着生命的活力。

在这条信息化办学的大路上，我们主要展开了以下四条路径：

一、精心打造一个中心——云计算网络中心

学校校园网实现有线、无线并行，Wi‑Fi 信号覆盖全校园，终端随时联网。学校利用现有的几台服务器作为基础，将已有的硬件整合后重新分配，虚拟出多台服务器，建立起以服务器虚拟化服务、桌面云服务、云存储服务、微课程服务等集多种服务于一身的云计算网络中心。学校打造了云计算微机教室，教师机管理学生机，一键开关机，一键安装软件，切换不同操作系统，既节约了投资成本，也方便了教师，还大大提高了管理的效率，学校已跨入云计算时代！

二、全力打造一个平台——数字化校园平台

学校自主开发了网络备课平台、"微课程平台"。"翻转课堂"、"微课教学"、动漫实验室、云架构微机教室、多功能录播室让课堂生态产生了质的变化。学校教师制作的写字 UMU 课程，得到了广大教师的喜爱，本校教师学生受益，本地区教师教学中也经常使用。目前，该写字课程甚至受到了深圳、珠海等地教师的喜爱。

QQ 办公群、微信群都是学校与教师沟通的好工具。通过这些工具，学校门户网站的数据表单，可以实现后勤维修、教育科研上报等大数据收集。

如今，学校正在努力实现各种功能的"归一"功能，努力打造一个"数学化校园平台"。

三、用心做实一批项目——多项课题齐开花

学校在市电教馆的引领下，积极开展网络条件下的能读会写实验、基于平板的一对一数字化学习实验。附小的课堂，处处渗透着信息化的气息，洋溢着生命的活力。过去，教师们习惯用电子白板来上课，课堂氛围活跃，孩子们参与度高，学习效果好，并能全程记录在黑板上学习的过程。如今，教师们利用手机，使课堂更加现代化。101PPT、希沃授课助手、班主任优化大师……都成了教师们提高课堂效率的神器。

2017年新学期，学校全面推广使用UMU平台，课堂教学、课后作业、家长会……家长通过手机就能完全实现与教师的沟通对话、教育调查，学校教学向"互联网＋教育"又迈出了坚实的一步。

四、努力做好一项培训——教师信息化培训

信息化能否真正落到实处，取决于教师们的信息化素养。为此，学校非常重视对教师们的信息化培训。学校定期聘请专家顾问黎加厚教授、市电教馆的专家领导以及兄弟学校的信息化专家到校给教师们做信息化培训。同时，学校还积极开展校本培训。"身边的榜样就是最好的老师。"每学期伊始，都由信息中心教师为全校教师做信息化专项培训；每年一次，为进校不满三年的年轻教师培训电子白板、微课程等技术；学校在信息化应用方面做得比较好的教师，也经常向大家分享自己的经验和做法……这样的培训，已经成为常态化。

在以上多项举措的促进下，淄博师专附小教师们的信息化素养得到了充分的提升。在NOC大赛、新媒体新技术应用大赛、淄博市微课大赛等各项比赛中，附小教师的成绩都非常突出。目前，附小教师已成长为学校信息化的高手！

学校精神文明要努力打造三张"名片"

摘 要 学校精神文明建设涉及学校工作的方方面面，目前正努力打造三张"名片"，夯实学生人生底色，打造学校精神家园。

关键词 精神文明；文明校园；文化名片

党的十九大报告指出，"文化自信是一个国家、一个民族发展中更基本、更深沉、更持久的力量……培育和践行社会主义核心价值观，推动中华优秀传统文化创造性转化、创新性发展，继承革命文化，发展社会主义先进文化，不忘本来、吸收外来、面向未来，更好构筑中国精神、中国价值、中国力量，为人民提供精神指引"。历年来，学校一直在努力打造三张"名片"，夯实学生人生底色，打造学校精神家园。

一、习字育人，正字正心

学校提出"从小写好中国字，长大做好中国人"的习字育人理念，将习字教育作为学生历练心性、培育根基的良好平台。通过抓写字教学，让师生在写字中"释放活力，弘扬个性，走向蓬勃"，以"端端正正写字"为教学切入点，树立"堂堂正正做人"的育人目标，形成"以字厚德，以字启智，以字健体，以字育美，以字立信，以字立诚，以字立志"全面发展的教育特色。

学校专门开设毛笔书法课，配有专职书法教师。设立教师书苑，让书法练习成为教师每天必做的功课。每天中午安排 15 分钟的习字时间，学生在教师的指导下心摹手随、读帖临池，并组建班级、年级、学校三级一体的书法艺术团。"宝剑锋从磨砺出，梅花香自苦寒来。"在全国大中小学生规范汉字书写大赛中祝贺同学获小学乙组硬笔类一等奖，学校被表彰为淄博市首批书法教育实验学校，"习字育人"项目也成为淄博市唯一的一个书法类教育创新项目。

二、经典同行，修身立志

学校大力推广优秀经典诵读活动，从内容建设、教学策略、检查评价等方面做了系统工作，使全体学生受到国学经典的熏陶感染。

（一）建构诵读体系

学校确定了不同年级学生的经典诵读内容，一年级以"成语接龙""儿歌唱诵"

为主；二年级以"蒙学经典""儿歌唱诵"为主；三年级以精选唐诗为主；四年级以宋词为主；五年级以"小古文背诵"和"读成语、学历史"为主，力求逐渐形成循序渐进的诵读内容体系。我们分两部分呈现给学生，一是电子材料，如 PPT、音视频等，作为教学辅助；二是书面材料，给学生配备统一的纸质材料。

（二）深度融合，多元呈现

一是经典与学校艺术团融合。我们知道五音戏属于地方戏种，学校五音戏社团把三字经融合到学生的表演当中，既锻炼了学生的文艺才能，又使学生在唱诵经典的过程中受到国学文化的熏陶感染。二是在学生综合素养展示上，学生将诵读的经典，内化于心的同时，外化于形。2017 年，学校 30 周年校庆，组织了一场大型经典展演活动，同学们融吟唱、表演、演唱、武术、演奏、书画、太极等元素为一体的如诗如画、气势宏大的经典诵读，在社会上引起了巨大的轰动。学生参与率达到 80%，素养展示既锻炼了学生的勇气和自信，也增加了他们对经典文化作品的积累和理解。

三、与书结缘，一生书香

学校与席殊书屋合作，建成红领巾图书超市，有书 15 万册，学生可以随时借阅，也可以随时购买。班班设有图书角，平均藏书达 200 余册。

学校提倡"晨诵，午写，暮读"三部曲，把阅读课纳入课程表，每班每周一节阅读课，并定期组织"读书沙龙""书香班级、书香家庭评选"等活动，举办"读书情，中国梦"读书节，开通"红领巾数字图书馆"，给所有学生搭建一个交流分享、共同成长的平台。

学校提倡学生多读书、读好书的同时，还鼓励学生写书。每年五年级小学毕业时，每个班都会出版部分学生自己写的书，作为最好的礼物回馈学校。五年级 5 班同学与深圳、兰州的小朋友共读一本书，利用网络进行读书交流，共发表了近 2 万篇互动作文，其中 9 名同学的《开学第一课》观后感在《中国教育报》发表。

目前，随着学校三张"名片"的不断升级，书香校园建设水平的不断提升，学校的精神文明建设已落地生根，并绽放出满园春色。

培训教育技术的魔术师 推进教育信息化进程

摘　要　教育信息化的进程，除了硬件设备的投入，更关键的是让教师们熟练、有效地运用信息技术。因此，我们要不断追求更先进的教育理念，组织各种提高教师能力和水平的信息技术使用培训，让每位教师都成为教育技术的"魔术师"。

关键词　教育信息化；教育信息技术；全员培训

英特尔公司董事长克瑞格·贝瑞特博士说："计算机并不是神奇的魔法，教师才是真正的魔术师。"正是基于这样的理念，淄博师专附属小学才能在教育信息化的大潮中立于不败之地。多年来，学校不是一味地追求新硬件、新技术，而是把教师的全员培训、更新教师的教育理念作为工作的重中之重，在推进教育信息化的进程中，取得了一项又一项的成绩，并逐渐成为学校的办学特色之一。

一、课件制作，让教师们熟练掌握了电脑的操作

多媒体进课堂之初，学校就敏锐地抓住了这一机遇，为全体教师进行课件培训。时值学期结束、寒假开始，由学校的骨干教师带领全体教师，包括领导，开始了Authorware的培训。

从1999年开始，每年寒暑假期，全体教师都要进行为期一周的信息技术集中培训，每期培训都有明确目标，并把培训成果刻成光盘。这样的培训使教师们基本都能做出辅助自己课堂的多媒体课件，课堂教学进入了全新的时代。

正是领导的重视和教师的积极参与，学校的教育信息化开始崭露头角。1997年以来，我们进行了"利用多媒体辅助学科教学，优化课堂教学结构，提高学生素质"的教学实验，1999年初，又进行了"教育信息化对小学学科教学的影响与优化"研究，并先后承担了全市计算机辅助小学语文、数学研讨会，学校的汇报材料作为典型经验向全市推广，起到了龙头带动作用。教师的课件和教学评优活动获奖也在各级比赛中逐渐增多，多人次的计算机辅助教学课在全国、省、市获奖，相关论文也多次被发表、交流，并在本地起到了很好的龙头带动和辐射作用。其中，张红老师为教育部报送电教录像课一节，李萍老师在全国第四届小学计算机辅助教学比赛中获二等奖，高令峰老师的课获全省一等奖，孟强、李萍两位老师的现代教育技术成果在2000年教育部电

教办组织的"金海航"杯全国大赛中分获二、三等奖、是淄博市的最好成绩，孟强、司涛制作的教学资源双双获得全省课件评比一等奖。同时，学校也成为山东省小学自然计算机辅助教学和软件开发课题实验学校，并荣获"山东省小学数学计算机辅助教学优秀实验学校"称号。

在此基础上，学校还又进行了方正奥斯、网页制作等工具的全员培训，教师们制作课件的工具更多了，技术操作水平也更为纯熟了。

二、教学设计，更新教师的教育理念

2001年，上海师范大学黎加厚教授给淄博带来了英特尔未来教育，教育信息化从此由"课件时代"进入了"注重教学设计"的时代。作为全国首家地级市的培训，我们学校选派三名教师参加，成为全市英特尔未来教育的骨干教师，并且都获得主讲教师的资格。回校后，又进行了包括领导在内的全员培训，这在淄博市又是第一家。此次培训，成果丰硕，有五位教师的单元教学设计入选英特尔未来教育中文版5.0配套光盘。更为重要的是，教师们的教育理念得到了更新。

正是在这种理念的导引下，2001年下半年，我们参加了国家"十五"重点课题——"网络环境中学生高级思维能力培养"课题研究，聘请黎加厚教授作为学校顾问，并先后招收两个实验班，人手一台计算机，开始了高智慧学习。在黎教授的指导下，课题取得圆满成功，在全市结题会上，我校被评为优秀实验学校，两位教师被评为优秀实验教师。

借助专家引领，是我校教育信息化新上一个台阶的重要措施。专家的每一次到来，都是我们学习和发展的机遇。黎教授先后又为我们带来了概念图、美国国家教育技术标准、教育叙事和博客，每一次我们都会组织全体教师认真培训学习，并积极行动起来，在做中学，在做中体会。我校每一位教师的教育叙事，整体打包发给黎教授，全部得到评点，并发在了《东行记》网站上。尤其是张红和孙志刚两位老师的教育叙事，更是成为黎教授做报告、讲学的典型案例，传遍大江南北，并且都发表在了国家级核心期刊《中国电化教育》上。为了鼓励教师们结合自己的教学写出更多的教育叙事，反思自己的教学，我校开通了学校的博客平台，积累了丰富的教育教学第一手资料。我们还搭建了自己的资源平台，利用搜集、自制等手段，每学期都更新上传一次，教育教学资源越来越丰富，教师们上课也越来越方便。

教师理念的变化，必然引起学生学习的变化。借助网络进行学习，已成为学生喜欢的学习方式。他们利用搜索引擎查阅资料，分析信息；做PPT、网站展示自己的学习研究成果，甚至好多学生也都有了自己的博客。2001级实验班的一名学生正是将自己的博客精华结集成书分发给好友、同学等，树立了好榜样，提升了自信。几年来，学生有多人次获得全市中小学生电子作品大赛一等奖，一人获得山东省电脑动画二等奖。

2002年学校荣获"山东省电化教育先进单位"称号，并取得"省电化教育示范学校"荣誉称号；2005年，获"淄博市教育信息化先进学校"称号。

三、课程设计，让我们硕果累累

2006 年，黎教授又给我们带来了"魔灯"，让我们知道了作为一名教师，不光要进行教案设计，还要能进行课程设计。我们邀请黎教授和他的研究生到校亲自培训，学校还搭建了自己的课程设计平台，每位教师都尝试着设计了自己的课程，全体教师又进行了一次全新理念的洗礼。

先进的教育理念，保证了我校的办学时刻走在时代的前列。2006 年，我校又引进了互动电子白板，并且直接进课堂，让其为课堂教学服务。时至今日，学校共有一至三年级 15 个班实现了互动电子白板进课堂，极大地提高了教学效率。为保证每位老师对白板的熟练操作，学校多次聘请巨龙白板公司的技术人员到校培训，并邀请公司深圳总部的工程师到校与教师们座谈，为白板软件的开发提出建议，并被采纳。两年来，教师们在白板应用方面取得了丰硕的成果。董雪芹老师获得全国电子白板课一等奖，并在上海的全国会议上出示公开课；李姿老师的信息化论文获全国一等奖，并且有多位老师获二、三等奖。因我校成绩突出，会议赞助方深圳巨龙集团奖励我校互动白板一块。2007 年下半年，6 位教师的电子白板课和论文获淄博市一等奖，成绩居全市首位。在 2008 年举办的首届中小学新媒体新技术教学应用研讨会和"基于交互白板的混合式学习研究"课题交流研讨会，我校有一名教师被指定现场讲课，并再次做课题开展的经验介绍。此外，2007 年 7 月，我校四位教师赴重庆参加第五届全国"NOC"大赛，分别获得博客、教育实践创新一等奖。

教育信息化的进程，肯定少不了硬件设备的投入，但再先进的设备也有过时的时候。"如果教师不了解如何更加有效地运用技术，所有与教育有关的技术都将没有任何意义。"（克瑞格·贝瑞特）我们不可能时刻追求设备的更新，但我们可以不断追求并实现自己教育理念的更新。在这一过程中，培训是实现这一目标的最好手段，我们的目标就是要让每位教师都成为教育技术的"魔术师"。

让绿色伴生命同行

摘　要　对学生进行绿色环保教育，培养学生的环境保护意识，进而创建绿色学校，是学校践行"可持续发展道路"的重要举措。

关键词　绿色学校；绿色教育；环保教育

淄师附小位于蒲松龄的故乡——淄川。自2002年被命名为"淄博市绿色学校"以来，学校领导对绿色环保教育工作高度重视，各方面工作在原有的基础上更加深化、细化、精化，并于2002年11月申报了"山东省绿色学校"。

一、提高认识水平，加强组织领导，完善工作机制，增强环境意识，把师生环境教育工作摆在重要议事日程

学校领导在全校师生中积极宣传贯彻走"可持续发展道路"的基本国策，明确绿色环保对国民经济发展的重要作用，充分认识抓好环境教育、创建绿色学校的重要意义。为此，学校领导成立了以校长为组长，以办公室、教务处、政教处、总务处主要负责人为成员的创建绿色学校领导小组，突出创建绿色学校工作在学校整体工作中的地位，把对学生进行环保教育作为素质教育的一个重要组成部分来对待，并以德育教育作为创建绿色学校的动力源泉，把环境教育纳入教学计划，成立了由教学副校长牵头、各级部自然教师参与的环境教育教研组，定期研究、组织、制订各种活动计划。同时，对学生进行环保教育，引导师生关注环保，自觉形成爱绿、护绿、文明、洁净的行为习惯。

二、狠抓校园绿化、美化，倡导师生积极参与，创设自己身边的绿色环境

学校重视校园的美化、绿化，把该项工作作为学校的隐性课程认真设计，使其具有育人的功能。学校根据校园植物情况编写了《校园植物志》，并在每一种树木上悬挂牌子，介绍植物名字、科属，对学生进行相关知识教育。坚持每月发放"卫生流动红旗"，每学期汇总检查结果，作为评选优秀班级和级部的重要条件，从而使广大师生在对校园环境绿化和美化以及爱护的实践中学会欣赏美、感受美、创造美，在环境教育中注入了现代教育思想。

三、发挥课堂教学主渠道作用，注重在课堂教学中渗透环保教育和环保意识的培养

学校环境教育的主要方式是学科渗透、研究性学习、课外调查实践、活动课程整合等教育教学方式。学校本着"以综合课为主，其他课为辅"的原则，抓好环保教育。自然、现代科技等课程中涉及很多环保内容，都是直接对学生进行环保教育的好内容，其他学科如语文学科、思想品德、社会、美术课等也有大量环保知识点。在教学中，教师采用录像播放、投影片展示、电脑软件展示以及互联网资源等多种形式，科学直观地对学生进行环保教育，组织学生采取调查、实验、讨论、查阅资料、写调查报告、做手抄报等多种方式学习环保知识。在活动课上，学校教师结合各学科教学组织了系列环保问题调查活动，使学生深切感受环保问题就在自己身边。同时，注意对学生进行有关环保法制教育，从小培养学生的环保法制观念。

四、充分发挥少先队组织的作用，开展丰富多彩的少先队活动，让学生在活动中自觉接受环保教育

充分利用好少先队宣传阵地的作用。学校黑板报、宣传栏、红领巾广播站、每周一次的国旗下讲话等都是对学生进行教育的好机会，同时组织开展好各种形式的环保主题班队会活动，结合当前环保热点问题大张旗鼓地宣传环保知识，大力营造宣传、学习环保知识的良好氛围。

结合每年"3·12"植树节、"4·22"地球日、"6·5"世界环境日等重大环境节日，开展各种形式的环保教育专题活动。学校多次聘请区环保局领导为学生组织环保知识讲座，并组织学生走上街头向社会做宣传，让更多的市民自觉加入环保行列中来。

定期组织少先队员积极参加公益劳动。组织少先队员对社区内的环境进行清理，用实际行动净化社区环境。

争做"环保小卫士"，引导学生参与环保活动。每年暑假，学校少先大队组织"手拉手"夏令营，夏令营活动的主题之一就是争做"环保小卫士"。每年五月份的红领巾文化艺术节，学校都安排相当数量的环保教育内容，学校组织学生实地参观了当地名优企业鲁泰纺织有限公司、淄川制药厂等多家企业的净化、除尘设备，组织学生利用网络资源和各种资料，了解环保问题。

环境保护是全民的义务和责任，环境教育是一个永恒的课题。淄师附小将不懈努力，"教育一个孩子，带动一个家庭，影响整个社会"，抓好环境教育工作，为我国的环保事业做出我们的贡献。

拓宽教书育人途径　推进文明校园建设

摘　要　学校高度重视文明校园创建和保持工作，积极营造良好的文明校园创建和保持氛围。在此基础上，我们还将继续完善机制、细化措施、全员参与、齐抓共管，推进省级文明校园建设不断向纵深发展。

关键词　拓宽渠道；教书育人；文明校园

学校于 2008 年 12 月创建为山东省文明单位。学校秉承"一切为了学生的发展，让学校充满生命活力"的办学理念，以学生发展为本，让学生专心学习，快乐成长。

一、加强思想道德建设，彰显育人特色

2017 年，学校深入贯彻落实党的十八届四中、五中、六中、七中全会和习近平总书记系列重要讲话精神，把师德师风建设和未成年人思想道德建设作为突破口，大力培育和践行社会主义核心价值观，着力强化内涵建设，全面实施素质教育，稳定提升教育教学质量，开创了学校精神文明工作的新局面。

学校发挥"雷锋小学"的作用，构建校本德育课程体系，把立德树人作为教育的根本任务，以课堂教学为主，以活动为辅，全员育人、全面育人。

以社会主义核心价值观教育为主线，扎实开展"红领巾心向党"系列活动、"喜迎十九大，我向习爷爷说句心里话"主题活动，积极推荐 6 篇作品参加淄博市喜迎十九大主题队日活动设计比赛；开展了"社会主义核心价值观组歌合唱比赛"，全体少先队员通过不同的形式用歌声传递正能量；开展了"一元一份爱，共筑中国梦"爱心压岁钱捐赠；开展了"阅读改变淄博——为山区孩子捐赠图书"活动，全校师生共捐图书5000 余册，赠送给淄川区东坪中心小学。继续开展好中华优秀传统文化学习教育活动，组织了"我们的节日"系列教育、"国学达人"知识竞赛、"小手拉大手　共筑碧水蓝天"等活动，带动家庭、社会共同提高绿色环保意识，践行绿色发展理念。

学校开展"学习美德少年，争当美德少年""寻访身边的榜样""向上向善好队员"和优秀中队、雷锋中队等评比活动，5 名队员被表彰为淄川区三好学生，3 名队员被表彰为淄川区优秀学生干部，1 名辅导员被评为淄博市优秀少先队工作者，1 名队员被表彰为淄博市优秀少先队员，1 个中队被评为淄博市优秀中队。

二、加强领导班子建设，扎实推进党建工作

学校党支部组织"两学一做"学习教育和"回头看"活动，带领全体党员认真参加专题学习，党支部"两学一做"常态化、制度化，党建活动经验在师专座谈会上典型发言；组织了关于习总书记讲话解读的专题党课、"两学一做"知识竞赛、参观聊城孔繁森纪念馆活动，争做时代先锋；认真落实《中共淄博市委组织部关于在全市推行"基层党建责任工程法"的实施办法》，党支部多次前往太河镇东下册村开展了精准扶贫活动。一年来，2 人被党支部吸收为中共预备党员，3 人转为正式党员，6 人被评为时代先锋党员，4 个集体被评为时代先锋岗，1 人参加驻淄高校党务干部培训，学校被评为师专先进单位、时代先锋党组织，并在师专合唱比赛中荣获一等奖。

学校实行校长负责制，成立文明校园创建活动领导小组。领导班子廉洁高效、团结合作，在年度考核中群众满意度高，在师专基层单位考核中被评为先进单位。家校沟通机制良好，校园开放活动正常开展，学校严格落实教育部《义务教育管理标准》，根据标准，推动现代学校制度建设，形成教学、管理、民主评议三位一体的管理模式。经过多年的积淀，学校逐渐形成了以双语教育、信息技术、国际交流、艺术教育、德育少先队、书法教育、篮球社团等为代表的办学特色。

三、加强教师队伍建设，促进教师专业成长

学校高度重视师德建设，严格按照《中小学教师职业道德规范》《淄博市教师十不准》等文件要求，认真组织师德考核，通过教师节进行隆重表彰，给全体教师树立师德典型。

学校重视班主任队伍建设，健全培养、考核机制，强化培训学习；组织了家校共育案例评选、《教育的力量》优秀读书笔记评选、班主任工作论坛，修改完善了先进班队集体和个人的评选制度，不断提高班主任团队的业务素质；组建专业教师团队，依托心理咨询室，扎实做好对学生的心理健康教育。

学校继续实行校级干部"推门听课"制度，大力实施"青蓝工程""名师培养工程"，加强教师业务检查和过程性指导，建立教师专业发展档案，促进教师专业化成长。学校开展课题研究，组织教师培训，提升核心素养，现有 1 项区级课题结题，1 项市级课题立项，1 项教育部课题完成阶段性总结，完成了 2017 年淄博市教育创新项目申报工作。另外，学校 1 名老师代表淄博市参加山东省书法与德育课程整合优质课评选获得一等奖，10 名教师参加淄川区优质课评选获得一等奖 9 个、二等奖 1 个，3 人获淄川区学科带头人称号，1 人被评为淄川区十佳青年教师，1 人被评为山东省特级教师。

四、营造优良文化氛围，提高环境育人功能

学校秉承"一切为了学生的发展，让学校充满生命活力"的办学理念，以建校 30

周年庆祝活动为契机，全面升级宣传栏、文化墙、荣誉窗、班级名片等文化媒介，形成了与办学特色相统一的校训、教风、学风、校徽、校歌等校园文化标识，通过树木身份牌、走廊安静提示语等多种途径对师生进行文化认同教育。重新设计学校 Logo，推出学校全新宣传片、画册、教师论文集、师生书画集、校友征文集、学校校史等文化产品，建设校史馆，让师生了解学校发展的光辉历程，激励师生再创辉煌。

学校定期举办校园英语文化节、运动会、十佳歌手大赛、经典文化诵读展示等活动，充分给学生搭建成长与展示的平台。学校非常重视办公室文化、教室文化、走廊文化、校园文化建设，每学期都组织班级文化评比，评出最美教室，以文化为纽带，潜移默化教育学生。学校图书室制度健全，与席殊书屋联合成立了图书超市，每年更新存书，给学生提供优质的阅读资源。

五、加强活动阵地建设，提升学生综合素质

学校重视文明校园阵地建设，通过宣传栏、电视台、校园网站、微信、电子屏等文化阵地，向师生家长宣传文明校园的教育内容和身边优秀的教师队伍和少先队员代表，收到了良好的效果。

六一节前夕，学校隆重举行了"欢庆六一儿童节 喜迎建校 30 周年"系列活动：学校微信公众号开启仪式，"快乐六一趣味游园 爱心义卖 美食天地"活动成功举行，"爱心六一"义卖活动所得款 26598 元全部存入学校红领巾爱心基金。

社团活动是学校少先大队阵地建设的重要组成部分，学校现有篮球、足球、五音戏娃娃剧社、合唱等 15 个社团，设施齐全、管理规范，学生素质全面提升。10 月，学校男、女篮球队都获得了淄川区小学篮球比赛冠军，男队实现区级比赛八连冠、淄博市中小学篮球联赛三连冠，并代表淄博市参加山东省篮球联赛，获第九名；参加 2017 淄川区小学生乒乓球联赛获总分第二名，多名学生代表淄川区参加淄博市第十七届运动会获得佳绩；6 人在"淄博市文明伴我行"书画大赛中获一等奖，并参加了淄博市庆六一现场书画表演；参加 CCTV 英语风采大赛，26 人获淄博市一等奖；30 多人在淄川区小星星艺术比赛、淄川区特长生比赛中获得一等奖；10 人在山东省中小学生电脑制作、电脑绘画、机器人比赛中获奖；1 人参加第十四届 NOC 大赛网络机器人野外生存获全国一等奖。

学校少先大队被授予"省级青少年集邮活动示范基地"称号，被共青团淄博市委、市少工委表彰为 2016—2017 学年度"淄博市少先队工作红旗单位"。

六、加强校园环境建设，建设温馨家园

学校按照义务教育均衡发展标准配备齐全各种教室、功能器材室，新建了先进的教学录播室、云架构教室、机器人实验室，设施齐全，制度完善。今年暑假，学校给10 个教室更换高配置多功能一体机，更换塑胶篮球场，并对所有教学楼外墙重新粉刷，校园内外墙悬挂文化教育标识，校园环境干净整洁，绿化覆盖率高。

学校高度重视校园安全工作，机构完善，设施完好，使用规范。进一步完善安全检查、隐患排查、校园巡逻等制度和突发事件紧急处理预案，开展丰富多彩的安全教育活动。每学期至少两次安全疏散演练，提高学生的安全意识与能力。学校聘请了专门的法制副校长和法律顾问，实行中层以上干部值周制度、家委会协管执勤制度，保障学生上学放学安全。学校开展文明餐桌行动，培养教育学生节约意识和正确消费理念，节水节电节粮，打造节约型校园。

近年来，学校先后荣获"山东省文明单位""山东省规范化学校""山东省依法治校示范学校""山东省教学示范学校""山东省电化教育示范学校""山东省绿色学校""山东省普通话校园语言示范学校""山东省体育传统项目学校""山东省艺术教育示范学校""淄博市先进基层党组织""淄博市首批科普教育示范学校""淄博市国际交流先进单位"等近百项荣誉称号。

成绩只属于过去。接下来，学校将进一步完善德育教育体系，积极促进未成年人思想道德建设，抓好师德师风建设，努力创办人民群众放心满意的教育，为全市精神文明建设做出更加积极的贡献！

一切为了学生的发展　让学校充满生命活力

摘　要　"一切为了学生的发展，让学校充满生命活力"是学校的办学理念。多年以来，学校始终在办学理念的指导下，组织开展了一系列管理、教育、教学活动，促进学生的全面、健康、和谐、自主发展，学校始终保持旺盛的生命活力。

关键词　办学理念；学生发展；生命活力

淄师附小是淄博市唯一的市属小学，现有教学班21个，教职工56名，其中专任教师53名。专任教师中高级讲师3人，小学高级以上教师36名，占全校专任教师的68%。本科学历占98%，学历达标率100%。学校在各级主管部门的正确领导下，切实贯彻落实全国、省、市基础教育工作会议精神，紧扣学校"三五规划"总要求，以全面实施素质教育为核心，落实新课程标准为重点，教育信息化建设为突破口，教育科研为先导，加快学校现代化建设。目前，学校以培养具有现代教育思想、育人观、管理方式、教育手段、教育方式的高水平师资队伍，坚持以学生发展为本，探索研究性学习，强化心理健康教育，注重学生信息素养、创新精神和实践能力培养，为学生的全面发展和个性特长的培养积蓄力量，保证了高水平的教育质量。

一、教学管理以人为本，科学规范

（一）以先进的教育理念为基础，学校办学指导思想清晰明确

淄博师专附属小学多年来坚持正确的办学方向，始终把教学工作作为学校发展的生命线，校风端正、治学严谨、成效显著，硕果累累。尤其近几年来，学校各方面的工作与时俱进，高速发展、日新月异，得到了各级政府、教育行政主管部门及社会各界、家长、学生的一致好评。学校教学管理机构健全合理，并根据实际情况，实行分级部管理的方式，同时设置专门的教育科研室，下设五个学科教研室，双线管理，两条腿走路。各管理机构分工管理，职能明确，定期组织全体教职员工认真学习各项教育法规、决议，依法治校、依法执教已经成为学校领导管理学校和教师认真教学的行为规范和准则。

作为淄博市首批创新教育实验学校，学校着眼于学生整体素质的培养和提高，制定了实施方案和第三个五年规划，明确提出了素质教育的六项基本要求，即教育学生

学会做人、学会求知、学会劳动、学会生活、学会健体和学会审美，广泛开展了科技教育、艺术教育和社会实践活动。在办学过程中，学校确定的办学理念是一切为了学生的发展，让学校充满生命活力。学生的培养目标是使全体学生得到主动、和谐、全面的发展，培养可持续发展的意识和能力，为其终身发展奠定良好的基础。学校的发展目标是将学校建成理念先进、质量一流、特色突出的全省一流品牌学校。学校的校风是尊师爱生、质量兴校；教风是乐业敬业、教书育人；学风是专心学习、快乐成长；校训是立人为本、成志于学；学校精神是诚实、自信、无畏、创新。随着信息化时代的到来，结合本校实际，学校积极参与教育信息化环境中学生高级思维能力培养、信息技术支持下的小学语文提前读写实验研究、交互电子白板在课堂教学中的应用研究、现代教育信息技术与各科课程整合研究、多元智能理论在小学语文教学中的应用等国家级、省级课题实验。可以说，素质教育工作的开展在学校已经有了一定的深度和广度，已经初步形成了淄师附小独有的办学特色。

（二）管理者教育理论水平高，具有较强的业务指导能力

学校现有校级干部5人，其中专职教学副校长1人，专职教育教学信息化副校长1人，同时学校设置专门的教育科研室，教学管理、教育科研齐抓共管。班子成员政治觉悟、业务素质均符合相应的任职条件和岗位要求，且大部分为省市级以上骨干教师，结构合理、精力旺盛、经验丰富、作风民主、团结协作、开拓创新、廉洁自律、成效突出。经过几年的探索，现已初步形成稳定的学校内部管理体制。

（三）管理机构与制度不断完善

学校教学管理机构健全合理，各职能部门职责分明、运转高效；能严格执行教育部、省教育厅制订的课程计划，科学控制办学规模，开全、开足国家规定的课程和课时。课时方面学校一直严格实施国家标准，以"省时、启智、轻负、高效"为目标，优化教程、教法，努力做到既重"双基"（基础知识、基本技能）教学，又重"双力"（智力、能力）培养。学校坚持依法治校，不断加强和完善内部管理体制改革和人事制度改革，定期修改完善学校规章制度，特别是各项教学工作制度和对教师考评制度的修改，逐步完善科学合理的培养、考核、评价和激励机制，力求客观公正地评价每一位教师。

（四）师资管理水平不断提高

学校高度重视师资队伍建设，大力实施"专家引领计划"，上海师范大学黎加厚教授是学校的专家顾问，省市教研室的李家栋、李传英等专家经常到校指导；大力实施"名师培养"计划，培养树立身边的优秀教师代表；不断加强对青年教师的培养，高度重视教师学历达标与知识更新的工作，领导带头，积极带领教师们参加更高水平更高学历的培训和学习，塑造了一支思想超前、结构合理、素质过硬、业务精良、成绩突出的师资队伍。目前，学校先后有20余人次被授予省级优秀教师、骨干教师、市级优秀教师、学科带头人、教学能手、优秀班主任等称号，另外，学校几乎每位教师都执教过市、区级以上优质课、观摩课，多人次获奖。2006年教师节，贾玲、孟强两位老

师双双荣获山东省特级教师、淄博市学科带头人的荣誉称号，现正有三名教师参加市教学能手的评选，学校师资力量进一步得到巩固和加强。

二、教学工作以生为本，求实创新

学校明确提出"质量兴校，科研强校"的办学思路，大力加强教学改革、教学研究，不断提高教学质量。

（一）教师教学思想先进

没有先进的教育理念，就没有先进的教育思想。在迎接基础教育课程改革中，学校首先抓了教师对新的教育理念的学习。学校把教师培训放到"争做21世纪合格教师"的重心上，从头开始，从教育新课程、新理念学起，从新课程与教师角色转换做起，从新课程与学生的发展出发，从新课程与评价改革着手，重新建构教师的教育教学理念，重新研究教育教学方法，重新一起走进新课程改革，为学校迎接新课程的教育思想、教学理念铺垫了较扎实的基础。

（二）教师具有深厚的专业知识，综合能力强

学校组织教师认真学习新的《中华人民共和国义务教育法》和《中小学教师职业道德规范》等教育法律法规，在认识不断提高的同时，进一步规范了教师们的职业道德，使更多的教师，特别是中青年教师，更珍爱自己的工作，爱自己的学生。学校和教师把让每一个同学都享受到学习与创造的快乐作为教育的标准来实施。

新课改与信息化时代的到来，离不开对教师计算机水平的培训，在计算机的中级培训中，学校利用寒、暑假和节假日对教师进行校级培训。现全校所有任课教师均取得了计算机中级资格。

加大网络教研力度，鼓励指导每位教师建立自己的教师博客，使教师博客真正成为教师专业成长的主阵地。充分发挥网络备课、评课的功能，使学校的网络资源发挥最大优势，使学校教育与社会、家庭教育真正结合在一起。

（三）课堂教学按原则办事，符合学生的认知规律

针对学校实际，学校制定了切实可行的《教学工作制度》和《教师考核方案》，来指导教师的常规教学，做到有法可依，有法必依。教师教学手段先进，体现了改革创新的精神。学校每年一度的红领巾文化艺术节和启明星科技节，以及"松龄少儿艺校"规模的不断发展，极大地丰富了学生的课外生活，发展了个性，培养了能力。

（四）以实验课题引领学校的教学研究工作

学校积极申报和承担了国家、省、市级课题20余个，"信息技术环境下学生高级思维能力的培养""交互电子白板在课堂教学中的应用研究""数字化环境下8岁儿童能读会写的研究""多元智能理论在语文教学中的应用实验""新课程教师评价体系改革实验""多媒体网络教学实验""钢琴艺术教学实验""双语教学实验"等研究成果显著。

三、以学生发展为本，教学质量逐年提高

学校坚持全面贯彻党的教育方针，始终把德育工作放在首位，十分重视全面提高学生思想道德、科学文化和身体心理等方面的素质，使学生成为有理想、有道德、有文化、守纪律的社会主义事业的建设者和接班人。学校不断加强未成年人思想道德建设，以学生发展为本，让学生专心地学习，痛快地游玩，学生质量逐年提高。近年来，学校涌现出全国自主中队 1 个，省国旗中队 2 个，市国旗中队 6 个，省优秀少先队员 2 人，市十佳少年 5 人，学生近 700 人次在各级各类比赛中获奖。学校连年被评为市少先队工作红旗单位，最近又被授予全国青少年集邮活动示范基地和市集邮先进单位称号。2005 年 10 月，2002 届毕业生黄晓彤在全国十运会女子蝶泳比赛中勇夺冠军，也从一个侧面体现了学校的办学成果。

为保证《国家体育锻炼标准》的全面实施，学校制定了每个年级的达标指标，将达标内容和锻炼方法利用讲座、示范课传授给全体教师，使人人成为达标锻炼的责任人。学校围棋、跳水、篮球等项目多次在省、市、区取得优异成绩，学校亦被授予"淄博市传统体育项目学校"的荣誉称号。

2005 年 10 月，师专附小由 8 名同学组成的代表队赴北京参加了全国"争当小实验家"科学体验活动评比表彰大会，同学们以自己熟练的实验操作技能、良好的科学素养、创造性的思维得到了专家的肯定，获得了一金、三银、四铜的优异成绩，学校同时被表彰为"全国少年儿童科学体验活动示范学校"。

创设交通安全环境　保证学生全面发展

摘　要　安全工作是学校所有工作的重心和中心。为学生创造安全稳定的学习环境，让学生在优良环境中快乐健康地成长是学校持之以恒的追求。适时对学生进行安全教育是学校管理的重要内容，其中，交通安全教育是非常重要的内容之一。

关键词　安全教育；交通安全；健康成长

淄博师专附小一直十分重视学生的交通安全教育并在不断加强，自1996年起就与淄川交警大队建立了警校共建联系，开展了"警校手拉手　共铺教育路"系列活动。这一活动的持续开展，不仅创设了良好的交通安全环境，也为学生的全面发展奠定了基础。

总结这些年来的交通安全教育经验，本人认为以下三点工作经验值得学习和推广：

一、领导重视，把交通安全工作纳入学校重要议程

学校领导班子一贯重视并一直在不断加强学校的交通安全工作。为此，学校成立了以校长为组长的"交通安全"领导小组，制定了详细的工作制度和工作分工，并把交通安全工作纳入进学校工作的长期规划，在学校的"一五规划"和"二五规划"中都有明确规定。规定中是这样阐述的："要重视学校交通安全工作，通过与驻地交警队开展各种培训、讲座、知识竞赛，进一步增强学生的交通安全意识，保证学生全面健康成长。"在实际的学校管理中，交通安全教育与学校各项工作紧密结合，甚至作为重要的课题项目组织专人深入研究，论证好后再将成果深入实施。还有，学校在每学期的工作计划和少先队工作计划中，也非常明确地部署了交通安全工作的训练重点，且每学期都要对学生进行交通安全知识考试，并把考试情况列入评比"三好学生"的内容之一。每年5月份的红领巾文化艺术节，还将交通安全指挥手势的培训和交警韵律操的学习训练作为重要内容。

学校建立了日常的交通安全知识普及和专题学习教育制度，做到了交通安全课进课堂，并列入了教学内容。课堂上，教师在授课过程中有意识地渗透交通安全常识。每个班级由中队辅导员全面负责本班的交通安全工作。学校还在校内设立了广泛醒目的交通安全标志牌，在马路口设立了交通安全提示标志，充分利用宣传栏、黑板报、

壁报、广播等各种形式进行宣传教育，创设了良好的交通安全环境，营造了良好的交通安全氛围。

为了更好地做好交通安全工作，校领导不断寻求更强有力的支持和更广泛的途径，于是学校在1996年与淄川交警大队建立了警校共建关系，建立了广泛的联席会议和信息沟通制度。1998年3月，学校又与淄川交警大队联合成立了"小交通警察学校"，学生全员参与交通安全教育。学校先后聘请孙大队长和朱大队长为名誉校长，聘请区交警大队执勤二中队副中队长张延军为少先大队校外辅导员。"小交通警察学校"定期举办交通安全知识讲座，进行交警指挥手势培训，宣传交通法规，开展书画征文比赛等丰富多彩的活动，大大增强了同学们的交通安全意识。在这一活动中，淄川执勤二中队发挥了重要作用。

二、努力办好小交警学校，全面落实四项制度，深入开展好两大主题活动

四项制度指戴小黄帽上学、放学；路队护送；建立少年交警队；普及小交警韵律操。两大主题活动指交通安全书画征文比赛；交通安全知识和指挥手势培训。

"小交通警察学校"旨在通过交通法规的培训，培养孩子们的交通安全意识，进而通过孩子们的自觉意识和行动，影响和感染周围的成人们认真遵守交通规则，以达到小手拉大手，共同参与城市文明交通管理，营造良好交通秩序环境的目的。自"小交通警察学校"成立以来，学生在交警辅导员地耐心指导下，依托《小学生安全知识ABC》及其他教材和校园内的交通安全标志，充分利用交通安全课和活动课进行了深入的学习和培训，以级部为单位，每年分五批，先后约有1000余名同学参加听讲座，200余名同学参加交通指挥手势培训。

小交警学校成立以后，坚持每月一次交通安全学习制度，每年举办一次"交通安全杯"书画征文比赛。到现在为止，已经连续举办了五届。这些书画征文作品集中反映了交通安全的重要性，体现了附小学生良好的精神风貌和素质，展示了小交警学校的办学成果，作品先后在淄博电视台、淄博教育电视台和淄川电视台做过展播，收到了良好的社会效应。

学校建立了少年交警队，利用节假日和双休日上岗模拟执勤。在进行交通指挥训练时，刚开始，孩子们有点怕吃苦，但后来在交警叔叔的带领下到大马路上实地观察后，孩子们充分认识到了行人的安全离不开交警叔叔的辛苦劳动。于是，孩子们在练习中非常认真，不叫苦，不叫累。虽然每次训练下来，全副武装的小交警们常常是汗流浃背，但他们个个都精神饱满。如今，经过严格有序的训练，学生们的集体观念和纪律性大大增强，交通安全意识也已深深地扎根在他们心中。从2000年开始，学校又全面普及交警韵律操的学习，并积极开展了"交通安全雏鹰争章活动"。

学校坚持在学生中开展戴小黄帽、路队制上学放学制度，有力地保证了学生的安全，使学生高高兴兴上学、平平安安回家。

"警校手拉手"，大大培养了学生的交通安全意识，提高了自身素质，得到了社会

的高度赞扬。自开展警校共建以来，学校周边从未发生过大小交通事故，有力地保障了学生的生命安全和学习、活动安全。学生不仅做到了自己能够模范遵守交通安全法规，且发现有人违章还能够及时制止。学校积极引导学生开展家庭和社会交通安全宣传教育活动，并自觉监督自己的家长和亲戚是否遵守交通安全秩序、是否有违章现象。很多家长正是通过同学们才了解和掌握了更多的交通法规，也正是在同学们的帮助下，很多家长杜绝了"乱闯红灯""超速驾驶"等违章现象。淄博师专附小的警校共建活动，成功使得学生周围的人们都能自觉遵守交通秩序，真正起到了"小手拉大手"的良好社会效果。

三、良好的交通安全环境做保证，学校各项工作全面发展

有了良好的交通安全环境，学校的各项工作都在有条不紊地开展。学校在抓课堂教学渗透交通安全教育内容的同时，注重开展以培养学生创新精神与实践能力为主题的教育活动，成效显著。

学校少先大队以"抗挫折体验"为主线，全面落实少先队体验活动。具体做法是：面向全体队员，抓住"一条主线"，深化"四个环节"，体现"三个结合"，提高全面素质。即紧紧围绕抗挫折体验这条主线，把它作为突破口，引导全体少先队员把"家庭体验""学校体验""社会体验""大自然体验"有机结合，做到与"传统特色活动""学校教学工作"和"学生管理工作"相结合。

学校先后与淄川区东坪镇长兴小学、磁村镇马棚联小举办了六届手拉手山区夏令营，学生得到了多方面的锻炼和提高。学校成立了"红领巾再生资源回收站"，从"经理"到"管理员"都由学生担任，学生的环保意识、勤俭节约意识和实践能力显著提高。学校制定了《雏鹰争章活动实施方案》，并以"认章、定章、争章、考章、佩章、监章"为实施步骤开展活动；制定了《雏鹰假日小队活动方案》，涌现出了"蓝天、白鸽、绿叶、科技、环保"等几十个小队，他们的活动遍及淄川区的角角落落、街头巷尾。学校还注重开展"日常行为规范养成月""文明礼貌教育月""学雷锋活动月"等活动，使学生逐步学会求知、办事、健体和做人，其中有近20名学生获得市级以上雏鹰奖章，近100名学生在各类活动中获奖。

总之，正是基于学校对交通安全教育工作的重视并不断加强，使得我们的学生不仅掌握了各个交通安全的规章制度，还能示范带领并监督周围的成人积极维护交通安全，实现了"小手拉大手"的可喜局面。并且，正是由于学校在这项工作上多年以来的深耕细作，才使得学校在良好的交通安全保证之上实现了学校各项工作和事业的全面提升和发展。

真抓实干保落实　创建全国文明校园

摘　要　学校高度重视精神文明工作，以师德师风建设和未成年人思想道德建设作为突破口，大力培育和践行社会主义核心价值观，着力强化内涵建设。目前，学校正全面实施素质教育，稳定提升教育教学质量，并开创了文明校园建设的新局面。

关键词　精神文明；师德师风；文明校园

学校以"创设适合学生的教育"为目标，突出"双语教育""科技教育""信息技术教育""艺术教育"和"国际交流"等办学特色，深化课堂教学改革，打造办学品牌。

2017年，淄博师专附小以师德师风建设和未成年人思想道德建设作为突破口，大力培育和践行社会主义核心价值观，着力强化内涵建设。目前，学校正全面实施素质教育，稳定提升教育教学质量，开创了文明校园创建的新局面。

一、加强领导班子建设，扎实推进党建工作

2017年，淄博师专附小深入学习宣传党的十八届三中、四中、五中、六中、七中全会精神，深入学习贯彻党的十九大精神，深入学习习近平新时代中国特色社会主义思想，深化推进"两学一做"学习教育常态化制度化，以加强支部建设为目标，认真落实党建工作的各项要求，为学校发展提供了强有力的政治保证。一是加强理论学习，推进学习型党组织建设；二是完成了支部委员的补选，支部首次成立党小组。

学校成立了文明校园创建活动领导小组。领导班子廉洁高效、团结合作，在年度考核中群众满意度高，在师专基层单位考核中被评为先进单位。

二、强化思想政治教育，彰显育人特色

学校全面贯彻落实《山东省中小学德育一体化指导纲要》，发挥"雷锋小学"的作用，构建校本德育课程体系，把立德树人作为教育的根本任务，融入各学科教学之中，以课堂教学为主，以活动为辅，全员育人、全面育人。组建专业教师团队，依托心理咨询室，扎实做好对学生的心理健康教育。大队委向全体少先队员发出"牢记核心价值观，争做美德好少年"倡议，鼓励少先队员积极践行雷锋精神，带动全体少先

队员不断进步，学校有 1 名少先队员获得淄博市第四届"美德少年"荣誉称号。另外，学校组织开展了传唱《社会主义核心价值观组歌》《堂堂正正一辈子》等活动。

三、营造浓厚文化氛围，提高环境育人功能

学校秉承"一切为了学生的发展，让学校充满生命活力"的办学理念，形成了与办学特色相统一的校训、教风、学风、校徽、校歌等校园文化标识，通过树木身份牌、走廊安静提示语等多种途径对师生进行文化认同教育。学校定期举办校园英语文化节、运动会、经典诵读等活动，给学生搭建成长与展示的平台。学校每学期都组织班级文化评比，评出最美教室，以文化为纽带，潜移默化教育学生。学校图书室制度健全，与席殊书屋联合成立了图书超市，每年更新存书，给学生提供优质的阅读资源。2018年 5 月，学校作为省级文明校园代表，在全市未成年人思想道德建设工作会议上做了题为"共建书香附小，滋养校园文明"的经验交流发言，介绍了学校将传统文化融入文明校园创建工作的一些做法，受到上级领导及与会人员的一致好评。

四、重视教师队伍建设，促进教师专业成长

学校高度重视师德建设，成立师德考核工作小组。期间，严格按照《中小学教师职业道德规范》《淄博市教师十不准》《禁止有偿家教》等文件要求，认真组织师德考核，组织评选最美教师、优秀教师等活动，通过教师节进行隆重表彰，给全体教师树立师德典型。

学校继续实行校级干部"推门听课"制度，大力实施"青蓝工程""名师培养工程"，66% 以上的教师执教过市级以上公开课，36% 以上的教师执教过省级以上公开课。

学校重视班主任队伍建设，健全培养、考核机制，学生和家长满意度高；学校积极落实班主任待遇，并在绩效考核、职称评定、评优树先等方面向班主任倾斜。

五、充分发挥活动阵地建设作用，提升学生综合素质

学校重视文明校园阵地建设，通过宣传栏、电视台、校园网站、微信、电子屏等文化阵地，向师生家长宣传文明校园的教育内容和身边优秀的教师队伍和少先队员代表，收到了良好的效果。

社团活动是学校少先大队阵地建设的重要组成部分，学校现有篮球、足球、五音戏娃娃剧社、合唱等 15 个社团，设施齐全，管理规范，学生素质全面提升。

学校各中队以校外实践活动为阵地，利用假期及周末时间广泛参与各种爱心义卖、志愿服务等活动。

学校重视家校共育、促进学生成长的教育途径——《家校共育探索与实践案例》在山东省家庭教育培训会议上做专题经验交流，《提供"个性化"课后服务，彰显有"温度"的教育》入选淄博市首批课后服务经典案例，并在淄博市教育局网站报道。

六、建设温馨家园，打造优美校园环境

学校按照义务教育均衡发展标准配备齐全各种教室、功能室、器材室，借三十年校庆活动契机，组织了喜迎建校 30 周年"传承经典　爱我中华"经典诵读展演等活动，重新打造校园文化，完成校舍美化工程，新建校史馆一处，出品了师生论文集、故事集、书画集、绘本等五件文化产品，设计印刷了宣传画册和校史，拍摄了全新的宣传片，进一步丰富了校园文化的载体，为校庆三十周年庆祝活动增添了浓重的文化内涵。

成绩只属于过去，未来任重道远。淄博师专附小将进一步完善德育教育体系，积极促进未成年人思想道德建设，抓好师德师风建设，努力创办人民群众放心满意的教育，为全市精神文明建设做出更加积极的贡献！

国防教育是全面实施素质教育的重要途径

摘　要　把国防教育作为树立学生正确人生观、价值观、提高学生全面素质的重要途径，扎实开展国防教育，为学生树立国防观念、提高国防意识、全面成长成才打下基础。学校进行的系列国防教育活动，为提升学生素质并全面发展奠定了基础。

关键词　国防教育；素质教育；全面发展

学校始终坚持"一切为了学生的发展，让学校充满生命活力"的办学理念，在突出学校双语教育、艺术教育、信息技术教育、科技教育、国际交流五大办学特色的同时，始终把国防教育作为树立学生正确人生观、价值观、世界观，提高学生全面素质的重要途径。近年来，在上级教育部门的正确领导下，认真贯彻《国防教育法》《全民国防教育大纲》等政策方针，以"科学发展观"为指导，创新思路、更新观念，以爱祖国、爱人民、爱民族为内容，结合学校实际扎实开展国防教育，为学生树立国防观念，提高国防意识，全面成长成才奠定了坚实基础。

一、把国防教育作为学校的重点工作常抓不懈

小学国防教育是整个民族国防教育的基础之一。在国防教育工作重要性的认识上，校领导班子首先统一思想、提高认识，把此项工作作为学校的重点工作，在政策倾斜、资金支持和人员配备上给予充分保障，为国防教育工作顺利开展打下坚实基础。学校成立了由校长任组长、书记任副组长，其他学校领导和级部主任为成员的"国防教育工作领导小组"，专门负责对学校国防教育工作的领导和监督检查，突出国防教育工作在学校整体工作中的重要地位。在学校"三五规划"中对国防教育工作提出了明确要求，并制定了一系列制度，指导学校国防教育工作的开展。国防教育工作小组人员分工负责、各司其职、责任明确，任务具体、运作有序，学校每学年都有具体的工作计划和要求。学校领导的高度重视以及组织的健全，保证了国防教育的顺利开展。

二、寓国防教育于学科教学始终

在日常教育教学中，教师注重课堂渗透，抓住各学科教育内容与国防教育内容的结合点，努力挖掘教材中爱国主义和国防观念方面的教育素材。如：在思品课教学中，

教师们着重讲在战争年代涌现出的战斗英雄的故事；穿插进行爱国主义、革命英雄主义教育，灌输国防精神、国防法治等基本常识。在其他学科教学中，也根据各科情况，适时穿插国防教育内容，以此激发学生的学习兴趣和献身国防事业的热情。如音乐课上，通过学习歌曲《我爱雪莲花》，让学生了解边防军的艰苦生活，了解幸福生活的来之不易，激发学生的拥军爱军热情。

三、通过军训加强学生的国防意识

军训是加强学生国防意识的最直接途径。学校根据教学情况适时组织高年级学生进行军训，请当地部队的战士担任教官。教官们良好的军人品质和军事素质，以及他们的一举一动透出的精神、热情，对学生是一种无形的教育和影响。同学们在他们的指挥下能很快进入状态，让他们感到部队那种团结、紧张、严肃、活泼的氛围。军训除队列队形、立正、稍息等常规训练，还包括整理内务、军营参观学习、学唱军歌、进行军史教育等内容。学校还组织学生参加少年军校夏令营活动，让学生亲身体验部队生活。

四、利用升旗仪式、主题班会进行国防教育

学校坚持每周一举行隆重的升国旗仪式，通过学生轮流担任升旗手、护旗手，集体唱国歌，开展"国旗下的演讲"等活动，让在场的每一位同学感受这一庄严、神圣的时刻。学校每学期安排一定课时举行以国防教育为主的主题班会，让学生在发言、讨论中，了解国防对每一个人、每一个家庭的重要性。如以"神舟飞船"为主题的班会，以大地震中军队抢险救灾为主题的班会等等，让大家思考许多从前不曾思考的问题，认识许多从前未曾认识的道理，真正理解时刻保卫祖国的钢铁长城在和平年代的意义与价值。

五、充分发挥课外活动的国防教育功能

学校把课外活动作为进行国防教育的重要阵地，充分发挥课外活动的国防教育功能，采取课堂教学与课外活动相结合的方法，开展了丰富多彩、形式多样的活动。如每年5月份的学生社会实践活动，开学初的入学教育仪式，请雷锋班班长等有关人员为学生举办部队生活讲座，少先队建队节庆祝活动，清明节祭扫烈士墓，会操比赛，观看爱国主义影片，各种以热爱祖国、建设祖国为主题的征文比赛、演讲比赛、歌咏比赛等。通过形式多样的课外活动，把国防教育渗透到学生的思想中，融入学生的日常生活中。

总之，通过各种途径对学生进行国防教育，提高了学生的国防意识，为他们的全面成才奠定了坚实的基础。

蒲翁故里　弦歌悠扬

——淄博师范附属小学艺术教育纪实

摘　要　突出素质教育，提升学校教学质量，走特色办学之路，将学校办成省、市知名的品牌学校，是学校鲜明的办学目标。艺术教育是实施美育的重要途径，是实施素质教育的突破口。学校大力开展艺术教育，使之已然成为学校的名片之一。

关键词　素质教育；艺术教育；特色办学

淄师附小创建于 1987 年，坐落在蒲松龄的故乡——淄川，是省市两级规范化学校。

建校伊始，学校领导一班人没有沿用传统的教育教学管理模式，而是根据自身的特点和现代教育发展的大趋势，在全市率先提出了"减轻学生课业负担，大力开展艺术教育，提高学生整体素质，将艺术教育办成学校的特色，使学校成为学园、乐园、花园"的口号。学校认为，艺术教育是实施美育的重要途径，是实施素质教育的突破口。新的共识，高的起点，成为学校艺术教育发展强有力的思想保证。

师资水平的高低，决定着学校能否顺利实施艺术教育。淄师附小的教师，均为近几年淄师毕业留校的拔尖学生，年轻化、学历高、素质好、各有专长，是学校教师群体的特点，这也是艺术教育蓬勃发展的重要的依赖条件。但是，学校没有满足现状。起点高，对老师的要求更高。对专业教师，要求他们在艺术领域内必须达到较高的修养和较高水平的技能；对其他教师，要求他们必须在艺术的某一方面具备一个专长，至少喜爱一项体育活动。已经到标准的继续深造，没有达到标准的，学校创造一切条件给他们提供进修、参观、学习、交流的机会，使他们通过各种形式达到规定标准要求。

"巧妇难为无米之炊。"实施艺术教育，必须具备良好的艺术教育设备和场所。因此，学校多方面筹措资金，先后投资 30 万元，配备和购置了钢琴、风琴、电子琴、铜管乐器、鼓号服等全套音乐教学器材，以及美术教学器材和电教设备等，大大拓宽了艺术教育的路径。

课堂教学是向学生传授知识和技能的主渠道，也是面向全体学生提高素质的主阵地。因此，学校牢牢把握住这一有力阵地，提倡新颖活泼的教学形式，对学生进行艺术教育。例如：在语文课中，进行课本剧、小品文表演，进行绘画作文，引入讲故事、配乐诗歌朗诵等手段烘托气氛、创设情境；数学课中有关的几何知识结合美术教学进行，体现形体美；音乐课中引入律动练习，小型乐器进课堂，让声、乐、舞有机结合；美术课中采取创设情境、激发欲望、鼓励标新立异、打破常规、启发联想与经验转移等方式进行教学，彻底改变那种"依葫芦画瓢"的课堂教学模式，让学生真正做到感受美、欣赏美、创造美、体现美……课堂教学的艺术化，大大激发了学生的兴趣，附小的孩子们没有过重的课业负担和学习压力，而是轻松愉快地学习，健康活泼地成长，学业成绩稳步提升。

为了进一步有计划、有步骤、系统、长期地对学生进行系列化教育培养，鼓励尽可能多的学生参加特长培养，学校于 1996 年 5 月成立了"淄师附小松龄少儿业余艺术学校"。艺校聘请淄博市文化局原局长赵国荣为名誉校长，聘请社会上有相当专长的人员作为我们的专业课任课教师，开设了声乐、器乐、民乐、舞蹈、绘画、国画、书法、科技制作、外语、微机、写作、篮球、足球、乒乓球、武术等十多种专业，二十多个教学班。学生根据自己的兴趣爱好，在完全自觉自愿的基础上报名参加。

在师资方面，艺校从长远着想，分三步逐步提高：第一步，主要以聘请的专业师资授课为主，同时安排学校具有相关爱好和特长的教师跟班学习；第二步，由聘请教师和跟班学习的教师共同授课，学校跟班学习的教师逐渐适应教学需要；第三步，基本脱离聘请的专业教师，大部分专业有跟班学习的教师独立授课。这样，既锻炼了学生，又锻炼了老师。在教学时间安排上，艺校利用课余时间或周末对学生授课。授课形式各专业班根据自身特点选用适合于自身需要的授课方式，以激发兴趣为主，以发展特长为主，让学生在乐中学、在趣中学，学得生动活泼，学得扎实有效。

艺术教育的开展，对学校其他工作也是一个很好的帮助和促进。现在，学校要组织一个庆祝活动或文艺演出，将舞蹈、声乐、器乐等班学生平时训练的节目稍加编排即是一台像模像样的文艺演出；参加淄博市"市长杯"足球赛，以足球班学生为主组建的足球队，取得全市第二名的成绩；参加淄博市百灵鸟艺术节，从相关专业班中抽调学生组建校队，每每获大奖……艺校的开设，为学校的全面发展插上了腾飞的翅膀。

辛勤耕耘换来的自然是丰硕的成果。1992 年 6 月李亚茹等同学的舞蹈代表山东省小天鹅艺术团晋京赴中南海演出；祝姗等 4 名同学获全国"曙光杯"少儿书画大赛二等奖；孙艳茹同学获省劳动小能手奖章；1993 年张旭子同学表演的小品《枣儿熟了》获山东省戏曲小品表演二等奖；1994 年 5 月，学生徐力真主持的节目《我的学校》在中央电视台播放。据不完全统计，近年来，在全国省市区级组织的各类比赛中，淄师附小先后有 300 余人次获不同等级的奖励。学校的各项工作也因此迈了几个大台阶，先后被评为少先队全国雏鹰大队、省级规范化学校、省普通话校园语言示范单位、市级规范化学校、市教书育人先进单位、市体育传统项目学校、市艺术教育特色学校。

站在时代的风口上

——淄博师专附小教育信息化试点工作

　　摘　要　作为山东省第二批教育信息化试点单位，淄博师专附属小学在试点期间，认真确立试点内容与目标，精心设计并实施试点工作，取得了初步的试点效果，总结出了自己在信息化应用方面的一些创新举措，同时也提出了自己试点过程中的一些困惑，以期得到更好的解决，为信息技术辅助课堂教学提供更好的条件和保障。

　　关键词　教育；信息化；试点

　　2017 年 7 月，学校被山东省教育厅确定为"山东省第二批教育信息化试点单位"。学校领导高度重视，积极推进各项工作的全面开展，在全体教职工的共同努力下，经过一年多的努力建设，学校办公信息化程度、课堂教学质量明显提高，师生信息化素养和人才培养质量进一步增强，智慧校园建设初见成效。

一、试点内容与目标

　　（一）试点内容

　　1. 初步建成基于云计算的智慧校园。整合学校现有网络资源与平台，将备课系统、录播系统、校园监控系统、校园广播系统、云存储服务等，统一用户认证。

　　2. 用二至三年时间，全面更新教室电子白板为液晶一体机，实现手机终端与一体机和学生的全面互动课堂，让教学更加生动有趣。

　　3. 探索应用智慧教育平台，全面实现教育教学管理数字化，做好大数据的积累与分析应用。

　　4. 以语文、英语为试点学科，探索能进行自动数据分析的网络考试。

　　5. 继续深入开展网络环境下能读会写项目。加强一对一数字化学习实验的研究，借助专业公司力量，学校搭建环境，建设平台，尝试学生自带设备学习。微课程建设与反转课堂的研究争取形成有效的策略与模式。

　　6. 加强动漫实验研究，开展机器人项目实验，探索有效的培训机制，形成自己的特色。

（二）预期目标

经过三至五年的建设，整合学校现有平台和资源，积极引入新技术、新平台，争取建成基于大数据分析，以"数字智能"与"移动互联"为特色，综合运用物联网、大数据处理技术、云计算技术和人工智能，建设集"教、学、考、评、管、校园安全、空间建设、家校共育、周边教育"于一体的智慧教育生态圈，服务于教师、学生、家长三位一体式的教育信息化网络，全面提升学生综合素养，为学校教育教学提供可视化动态数据支撑。

二、试点过程

（一）顶层设计到位，健全组织机构

学校领导高度重视教育信息化试点工作，成立了以校长为组长，以副校长和中层干部为组员，以国家、省级名师为骨干成员的工作领导小组，多次召开相关部门、相关学科、相关人员会议，对试点工作进行前期调研、规划论证，提出指导性意见；现代教育技术中心具体负责试点工作的培训、指导、督促等工作。学校将教育信息化试点工作作为重点工作之一，启动《淄博师专附属小学教育信息化三年行动计划》《淄博师专附小智慧校园实施方案》以及《淄博师专附小教育信息化建设评价机制》。通过信息技术与学科教学的深度融合实验、优质教育资源共享与应用、教育教学模式创新等途径，不断提高师生信息技术水平，不断提高教育质量。

（二）加大培训力度，加快理念引领

学校实施"专家引领、名师带动"计划，加大教师信息化培训力度。聘请上海师范大学黎加厚教授为学校教育顾问，指导学校教育信息化工作。学校采取"走出去，请进来"的培训策略，多次邀请省市电教专家到校，为全体教师做信息技术环境下的未来教育相关知识讲座，开阔了教师的视野。同时，学校有计划地选派学科名师、信息技术骨干到北京、上海等发达城市专题学习校园网络平台构建、班班通课堂建设及信息技术与学科教学深度融合的做法，更新了学科教师的观念。同时，通过培训成果汇报的形式，完成内部的"再培训"，使更多教师共享培训成果。

校内以校本培训为主，学校多次对学科教师进行一体机、多屏互动、课堂及时反馈等技术培训，每年组织一次信息技术与学科课程深度融合为主题的教学大赛，以集体备课形式开展信息技术学习互帮互助活动等。这些活动的开展有力地促进了教师信息技术操作水平的提升，为将信息技术与学科教学的融合提供了技术支撑。

（三）课题促进思考，扎实试点工作

为扎实试点工作，学校依托在 2016 年 3 月申报的华东师大祝智庭教授主持的国家课题"智慧教育的环境构建与应用研究"的子课题"基于大数据和学习分析的学习评估与诊断的方法及应用模式研究"，积极开展信息技术与学科深度融合的教学模式探索，以期大面积提升教育教学质量，加快信息技术硬件建设，提高师生信息素养，推动试点工作有效进行。课题研究期间，课题负责人及课题组成员多次外出参加有关信息技术方面的学术研讨交流会议，学习各地的先进经验和做法，使学校的信息化试点工作进一步明确了方向，带动试点工作深入开展。

（四）注重案例研究，建构创新模式

围绕该试点工作的选题，语文、数学、英语学科成立了以学科骨干组成的探索"智慧教学"的课题组，加强课题研究相关著作和文章的学习，以学科教研活动为抓手，以信息技术应用为导向，以案例研究为载体，扎实开展校内汇报课、优质课、研究课、赛课活动，充分发挥了交互一体机、移动终端在课堂教学中的工具性、资源性和交互性作用，把丰富的教学资源、交互合作的教学平台与培养学生主体发展、多元发展、合作探究的高效课堂教学模式融合，构建了信息技术环境下的高效课堂和有效教学模式。特别是语文组，依托考试酷，自主建设了大量资源，初步实现在线考试，即时反馈成绩，为学科教学提供了很大的助力。在此基础上，鼓励教师进一步提升理念，尝试探索个性化教学，体现教与学的创新。

三、试点效果

（一）教育信息化硬件建设初具规模

目前，教师人手一台笔记本电脑办公，28 个教学班中的 16 个班已经由原来的交互电子白板更新为触控一体机。为了便于适应移动互联网环境下的基于云平台的教育教学改革，我校又全面规化整改了校园无线网，基本实现 Wi–Fi 信号覆盖校园。

学校将网络中心服务器，全部做虚拟化部署，统一平台管理，将已有的硬件整合后重新分配，虚拟出多台服务器，建立起以服务器虚拟化服务、桌面云服务、云存储服务、微课程服务等等多种服务集于一身的云计算网络中心。

目前，学校网络中心承载着微课程网站、教师备课系统、虚拟机器人服务、一师一优课资源平台、红领巾电子图书馆、100 用户的云存储等服务。

在特色教室建设方面，2016 年建成 60 用户的京华云计算教室一间，所有学生机无主机，由教师机统一管理，一键安装软件，自由切换系统，极大地方便了管理，更方便了软件更新日新月异的信息化教学。该教室不仅应用于日常的信息技术课教学，还为语数外等其他学科老师提供一对一数字化学习服务。同年，学校还建设了高标准的 3 机位自动录播室一间，有力助推教师专业化成长。

60 台机器的动漫实验室建于 2015 年，全部采用联想触屏一体机，为广大爱好美术的同学提供服务，在美术教师和技术教师的指导下，同学们发挥想象，在此绘制漫画、制作动画。

学校还为学生建设了机器人实验室，每周的课外活动日，机器人社团在此活动。积木式机器人，可以让学生发挥各自的想象，搭建出自己想要的"机器人"去完成各种任务。2017 年，机器人实验室又新上"能力风暴机器人"四套，新的挑战又摆在了面前，只要有足够的智慧，学生将任意驰骋于此。

2018 年暑假，学校又刚刚升级了学校监控系统为数字化，信号覆盖学校每一个角落，并与公安联网。同时，学校的多功能报告厅也经过改造，成为远程实训自动录播教室。

（二）学科教学与信息技术深度融合成效显著

1. 教师信息化素养整体提升。学校采取集中培训与网络培训相结合、日常考核与专项比赛相结合的方式不断提高教师的信息化能力。每一学期初，学校都进行面向全体教师的信息化培训，每周五学校例会，都会由不同教师进行信息化教学与管理案例分享。学校还不定期召开了教育信息化工作表彰大会，交流应用经验，表彰优秀教师，提高教师参与教育信息化工作的积极性。同时，学校对教师信息化应用进行等级评定，将结果纳入教职工绩效量化和中高级职称评审，明确规定等级评定不合格的不能参与评优评先和晋级，教师信息技术应用变"要我用"为"我要用"。

2. 利用信息技术进行学习方式的变革。在现代信息技术主导下的教学正面临一场革命，在教与学的全程依托信息技术是教育发展的必然趋势，也是传统教学转型的必由之路。学校充分认识到"互联网＋教育"形势的发展，运用现代信息技术，优化课程设置、更新教学内容、改革教学模式。教师通过多种途径来为学生提供丰富多样的学习资源，学生课前课后利用电脑、平板、手机线上自学，线上线下互动学习。课堂上教师增加学生课堂讨论时间，发展学生的思维。改革考试方式，不以一张考卷定总成绩，注重过程性评价，多方面评定学生。

3. 以"一师一优课、一课一名师"活动为突破口，打造课堂教学新标准。学校推行校级"优课"展评活动，每学期每个教师都要精心准备一节"优课"，在学校自动录播教室录制完成，并上传学校优课平台，以供教师们交互评价学习，并提出自己的修改意见。在此基础上再精选优秀课例，上报市级"优课"。此活动有力推进了学校现代教育技术与课堂教学的深度融合，提高了教师教育信息化水平，推动信息化试点工作向纵深发展。

4. 教学科研网络化，有效提高了教研实效。借助知名软件，搭建自己的网络学习空间，如QQ空间、乐教乐学空间、希沃备课空间等，通过网络学习空间建设，将各类教学资源推送至空间，实现资源共享。利用录播教室和希沃评课系统，截取教师教学视频，将视频放在学校网站、资源库和教师空间中，通过在线观看视频，进行评课。通过这样的教研活动，有效提高了教研效果，提升了教师的教育教学能力。青年教师成长更为明显，近一年来，在各级各类教学竞赛中，有多位青年教师分获国家、省、市区优课，新媒体新技术课评比一等奖。

（三）学校管理与信息技术深度融合日趋完善。

学校依托专业运营商的技术和空间，搭建学校门户网站、教育资源库、教学应用系统等平台，保证校园网在各种环境下的高速和畅通；通过手机微信、QQ群、钉钉软件等分别建立学校办公群、班级交流群，使师生、生生之间能够有效地互动。完善学校网站及办公系统，传达上级政策、发布学校信息、展示学生作品、交流教师研究成果、进行校际交流与对外宣传。

四、创新举措

（一）真正实现自带设备学习

自带设备学习（BYOD）一直是近几年的热门话题，许多学校也一直在实践。多数做法是学生自己购买统一型号的笔记本或平板电脑，在班内进行信息化学习。这种做法的弊端是，学校绕不开"统一购买"这道坎，并且老师的教学互动也只能在经销商提供的平台上展开。近一年，我校2016级4班开始了真正意义的自带设备学习。学生只需要将家庭里家长不用的手机或平板（不用统一型号）带到学校，在老师的指导下，通过一些社会性的教育软件平台，比如，UMU、乐教乐学等，就能开展教学互动。课堂上，学生可以通过扫二维码进行小测验，结果及时反馈，便于教师高效教学；学生还可以观看微课学习，进行个性化学习；还可以将自己的作业拍照上传，大屏展示；计算类的题目，可以用手机扫描就能判断对错，相当于多了一位老师。

（二）学生日常管理泛在化

学生的日常考评，包括学习、卫生、纪律、好人好事等方方面面，全部实行量化管理，表现优秀加分，表现不理想扣分。经过几年的考察比较，如今全校推广应用"班级优化大师"。它能够实现：

1. 管理效率提高。不用一张一张的发给学生积分卡，只需要在电脑端或者手机端点一点孩子的头像，就可以加分。加分完成后，系统自动进行云端更新，及时呈现统计结果，节省了教师的大量时间与精力。

2. 数据真实可靠。所有的数据都存储在云端，只有教师能够操作，学生无法自己加分，想偷拿老师的积分卡也办不到，想偷拿同学的积分也办不到。

3. 能够关注到学生的个性化发展。班级优化大师后台自动统计，把每个加减分项目进行统计，可以明确知道在某个项目上，谁表现最好，谁表现最差。对家长来说，点开班级优化大师，能够看到自己的孩子在各个项目上都加减分了多少，能够知道孩子的闪光点在哪里，知道孩子的不足在哪里。

4. 反馈及时。教师在课堂上发送的点评，家长当即就能在客户端上收到，能够及时知道孩子在学校里表现怎样，见到孩子之后就能够及时进行交流沟通，有利于家校合力共同打造教育新平台。

五、困惑及展望

试点工作中，各平台不能整合到一起、不能统一身份，一站式登录，数据难免分散，不利于进行数据的综合分析，基于大数据的教师教学行为和学生学习行为的研究，还存在不科学之处。

习近平总书记在2018年10月31日举行的中共中央政治局会议上强调，加强领导，做好规划，明确任务，夯实基础，推动我国新一代人工智能健康发展。人工智能，是时代的风口；教育信息化，是教育时代的风口。希望我们共同努力，站在时代的风口上，更新理念，更新技术，实现教育的跨越发展。

"智慧校园"实施方案

摘　要　在全球信息化迅猛发展的大背景下，校园信息化建设向"智慧校园"阶段迈进。"智慧校园"已经成为教育发展的大势所趋，是校园信息化建设的方向所在。学校抢抓机遇，积极开展"智慧校园"建设，推动学校信息化水平向更高目标迈进。

关键词　信息技术；智慧校园；实施方案

在全球信息化迅猛发展的大背景下，校园信息化建设向"智慧校园"阶段迈进。从多地及国外先进学校建设发展来看，"智慧校园"已经成为教育发展的大势所趋，是校园信息化建设的方向所在。为进一步提升学校教育信息化水平，以教育信息化推动教育现代化，根据《淄博市中小学智慧校园建设指导意见》的通知精神，结合学校教育信息化发展规划，特制定学校"智慧校园"创建工作如下实施方案。

一、指导思想

未来几年，淄博师专附属小学将以国家、省、市近年来有关教育改革发展、教育信息化等的规划纲要及相关要求为指导，以"统筹规划，分步实施；整体推进，突出重点；优化应用，资源共享；立足高端，跨越发展"为原则，实施以自主学习、个性化学习为主要特征的智慧教学和基于互联网、大数据、云计算的智慧管理，高标准推进学校信息化建设，通过打造数字化校园、智慧校园，创设良好的信息化氛围，引领教师发展、促进学生成长，提高学校教育教学质量，提升学校的信息化管理水平，实现学校数字化的跨越式发展，为全面推进素质教育，逐步实现学校教育的现代化奠定坚实的基础。

二、学校概况

学校为淄博市首批数字化校园。学校校园网百兆光纤进校园、百兆到桌面，建设有自己的网管中心、服务器，承载着学校门户网站服务、微课程平台、备课平台、虚拟机器人等各种服务。在有线网络基础上，学校全面部署无线网络，基本实现无线Wi-Fi覆盖教学办公区，搭建好了"一对一数字化学习"环境。学校建有容纳200多人的多功能报告厅一个，全自动录播教室1间，远程实训录播教室1间，28间多媒体教室（所有教室都是多媒体教室），云计算教室1间，动漫实验室1间，以及3D打印项目、机器人实验室。学校还建有广播中心、监控中心，教师人手一台笔记本电脑。

教师整体信息化素养较高，在教育教学应用方面基本能做到"轻车熟路"。学校很早就将电子白板引进课堂，课堂应用电子白板成为常态，信息技术支持下的小学语文读写项目开展近十年，基于手持终端的一对一数字化教学，也积累了一定的智慧教学经验。学校教师还积极探索应用优秀的社会化软件为教育教学服务。

三、存在不足

目前学校由数字化校园向智慧校园迈进还存在不少问题，主要是：系统性的整体规划有待提升，信息技术专业人员短缺；基础设施装备不先进、不全面、老化，不能满足发展需求，网络安全和信息化管理水平亟待提高；多种平台和应用不能统一认证，数据分散，存在信息孤岛。

四、建设原则

智慧校园是一项结构复杂、涉及面广、建设周期长的信息化系统工程，为能够使智慧校园建设健康、有序地开展，智慧校园的总体规划遵循如下原则：

（一）统筹规划，分步实施

智慧校园需要分阶段建设，为保障智慧校园落地效果具备先进性和示范性，本次方案瞄准校园未来3～5年的发展需求，对智慧校园进行了前瞻性统筹规划，避免"建成就落后"和"推倒重来，全部更新"的资源浪费，所选取软硬件设施均为当前领域前沿技术方案。同时，对智慧校园的分阶段任务进行梳理，制定阶段性目标和方案。

（二）需求驱动，融合创新

本次方案以满足实际教育需求为基本前提，围绕教学和管理的核心需求展开，基于先进信息技术的发展和新型教育理念进行创新设计。

（三）递进升级，逐步完善

基于智慧校园3～5年规划，制定合理的实施进度表和任务分解书，稳步推进项目建设，逐步实现升级改造，边建设、边应用、边评估，逐步推进，充分发挥信息化应用项目优势，确保预期建设目标实现。

（四）上下联通，开放扩展

国家已经规划并实施了系列的重大教育信息化工程，包括三通两平台、校校通、班班通等，省市和区县也在逐步部署区县教育云服务平台，智慧校园平台预留市区云平台接口并完善兼容市区平台业务。同时，智慧校园平台需接入各项智能硬件，考虑到硬件设备的差异性，平台应具备良好的开放性。

五、目标任务

（一）总体目标

通过几年的跨越式建设与发展，建成高水平数字校园基础设施公共平台，打通区市乃至国家教育资源公共服务平台，实现高速、安全的有线无线全面覆盖校园、信息化终端遍布校园。我们立足师生员工信息化应用的实际需求，以信息技术对学校的教学、科研、管理和服务等各项工作进行现代化改造，构建资源数字化、应用集成化、传播智能化的信息环境，建设可共享的优质校本资源库，实现教学教研、管理服务的高度数字化、智能化，全面提升师生的信息素养和应用水平，最终建成优质、安全、绿色、人本的信息化智慧校园。

（二）具体任务

1. "智慧"规划与总结。结合本校实际，以发展为主题，以创新为主线，科学制定《淄博师专附小智慧校园发展规划》，并建立一系列与之配套的制度。在学校信息化设备设施、队伍建设、专项经费等方面加大投入，为"智慧校园"建设与应用提供保障。

2. "智慧化"环境建设。升级改造学校基础网络为千兆骨干、千兆到桌面，无线覆盖到所有角落，主要学习场所能支持几十人同时流畅在线。

建设基础数据平台，包括统一门户、统一数据中心、统一身份认证，以平台为框架，无缝集成学校已建和今后新建的业务应用系统，打通各信息孤岛，后期引进的应用也要以能否接入学校基础数据平台为准入门槛。统一平台，让信息化更加便捷高效地服务师生和家长。

为普通教室、功能室以及其他学习场所、活动场所配备智慧硬件，实现智能作业、过程记录、自动处理、智能评判、智能推送等功能，从而使校园中原本需要花费较多人力解决的教育教学管理行为，在智慧校园系统中由"智慧"硬件系统完成，同时系统能够根据运行过程中产生的大数据自动计算、生成、推送相关提醒。

3. "智慧校园"资源建设。建设校本资源，包括资源管理目录、公共资源库、个人资源库，实现学校内的教学资源共建共享，促进教师之间的交流学习，提升学校的整体教学水平。学校可以统一采购资源接入到校本资源库中供教师下载使用，教师也可以将自己的优质资源通过校本资源库分享给其他教师，并且可以进行资源评价。

资源库支持多种权限设置、管理，与聊天、邮件打通，与手机、电脑多终端实时同步，满足移动办公要求。

不仅开发素材、课件类资源，更要开发支持自主探究、协作交流和研究性学习的有关资源。从学校师生在使用资源、参与活动过程中产生各种生成性信息，如批注、评论、作业等，生成大量的数字资源，为后续学习者的学习和课程资源的改进发挥重要作用。积累包括教学设计方案、多媒体教学课件、备课素材资源等教师教学资源，积累还包括网络培训课程、专家报告、公开示范课等教研资源。

4. "智慧教师"队伍建设。学校实施"研训一体"，坚持每周一次的教职工学习制度，坚持为教师的专业发展提供充分的条件，采取"高点定位，分步达标"的发展策略。

为推动学校"智慧化"的进程，学校采取各种方式对全员教师进行全面的信息技术培训。主要采取三种方式：

（1）走出去：派出相关教师参加中央电教馆、省电教馆、市电教馆等业务部门举办的各种培训，凡是有通知的全部参加。（2）请进来：请专家团来学校对全体教师分期进行初级培训、中级培训、高级培训。（3）校本培训：学校针对教师需求，本着"缺什么补什么"的原则，由技术骨干引领培训。

5. 锻造"智慧教学"。借助技术手段，运用及时反馈技术等，探索"智慧教学"的模式和策略，变革传统教学模式。教师在课堂上使用一体机和授课工具过程中的截屏、录屏内容保存和记录到互动课堂里，记录的课堂实录可同步发送到学生空间，学生可以在课后重新观看视频进行学习。

六、保障措施

（一）转变观念，为智慧校园建设发展提供思想保障

教育信息化是实现教育现代化的有效载体，是实施素质教育、培养创新人才的必然要求。全体教职工要充分认识加快教育信息化、建设智慧校园的重要性和紧迫性，进一步提高认识、转变观念，加快信息技术与学校管理、教育教学中的深度融合。

（二）加强领导，为智慧校园建设发展提供组织保障

学校建立"三个一"的组织机制加以保障智慧校园建设。即将智慧校园建设作为学校的"一把手工程"，设立副校级的首席智慧官（CWO，Chief Wisdom Officer）这"一新职务岗位"进行统管，建立由学校多部门参与的信息化与智慧教育中心的"一个综合机构"加以建设。

（三）加强管理，为教育信息化发展提供制度保障

完善教育信息化管理制度，建立教育信息化检查评估机制。建立信息技术应用工作定期总结表彰制度。把教育信息化工作纳入各部门工作考核，切实推进教育信息化工作。

（四）加强网络与信息安全，为教育信息化发展提供安全保障

严格执行国家、省、市、区网络、信息安全相关法规、政策，建立信息安全组织管理体系。落实信息安全责任制，确保网络健康、安全运行。

（五）加强队伍建设，为教育信息化发展提供人才保障

配备信息化专职人员；对教师、信息化工作人员、行政管理人员进行培训，促进其快速提升，树立典型，以点带面，可加速发展，少走或不走弯路地科学发展；加快建设具有现代信息素养、熟练应用信息技术的教师队伍和管理队伍。

（六）加大投入，为教育信息化发展提供经费保障

将教育信息化建设、应用和维护资金及信息技术能力培训经费列入预算。树立项目意识和经营意识，拓宽经费渠道，促进教育信息化的可持续发展。

创建智慧校园，对于我们来说，既是机遇又是挑战。我们将以此为契机，进一步加强学校信息化的软硬件建设，发扬成绩，克服不足，迎难而上，坚定信心，继续努

力做好智慧校园的建设和应用工作，为提高教育教学质量和学校管理再上新台阶做出新的、更大的贡献。

附：智慧校园建设路线时间表

淄博师专附小智慧校园项目建设情况

项目名称	实现功能	建设年份	应用情况
校园无线网	移动终端上网	2013	正常运行
微课程平台	收集发布教师微课	2014	正常运转
云计算机教室	没有主机、管理方便的学生计算机室	2016	正常运行
动漫教室	学生计算机室，进行电脑制作	2014	正常运行
希沃白板一体机	课堂教学用	2017	正常运行
录播室	教师录制精品课、研究课	2016	正常运行
云盘系统	校园内的资源上传下载，协同编辑	2017	正常运行
希沃白板一体机	课堂教学用	2018	正常运行
远程实训互动录播系统	学生阶梯教室的录播放系统	2018	正常运行
本单位网络建设情况			
网络类型	带宽（M）	运营商	应用情况
互联网	100	中国联通	正常应用
互联网	100	中国联通	即将开通

正在和即将建设项目

项目名称	投资情况	建设年份	应用情况
智慧班牌	学校通知发布，班级内容展示，学生刷脸签到	2018	正在建设
E学云	功能多样的智慧校园平台	2018	即将应用
希沃一体机	课堂教学用	2019	正在审批
创客实验室	学生进行创客学习活动的空间	2019	正在审批
常态录播	课堂教学行为数据采集、分析，实现优质资源班班通	2020	
基础数据平台	学校智慧校园底层架构，统一门户，统一身份认证，统一数据中心	2020	
数字校园广播		2019	

信息技术与学科课程整合的探索实验

摘 要 21 世纪是知识与信息的时代，以计算机和网络技术为代表的现代信息技术已经彻底改变了人们的学习方式。信息技术的发展为学校教育教学带来了无限的空间和生机，提供了更好的教与学的良好条件。我们适应形势，积极开展信息技术与学科课程整合的实验研究，以提高学生的信息素养，促进学生全面、主动、和谐发展。

关键词 信息技术；课堂教学；课程整合；探索实验

信息技术的发展为学校教育教学带来了无限的空间和生机，提供了更好的教与学的良好条件。21 世纪是知识与信息的时代，以计算机和网络技术为代表的现代信息技术已经彻底改变了人们的学习方式。《国务院关于基础教育改革与发展的决定》中指出："大力普及信息技术教育，以信息化带动教育现代化。"要"积极进行教育教学改革和教育科学研究"，"充分利用各种课程资源，培养学生收集、处理和利用信息的能力"。因此，学校教育教学改革创新必须借助于现代信息技术的渗透，通过现代信息技术与课程的有效整合，提升学生的信息素养，促进学生全面、主动、和谐的发展。针对信息技术的迅猛发展，特别是信息化环境的改善，学校积极抢抓机遇，努力探索把现代信息技术与课程有机整合的有效途径，从而提高学生的学习效率和整体素质。

一、加大经费投入，建设高标准的硬件配备

"巧妇难为无米之炊"，要实现信息技术与课程的整合必须要有现代化的硬件环境。为此，学校十分重视对现代教育技术的投入，仅这方面的投入每年就在 20 万元以上。截止到 2007 年，学校已建成座位前带高清晰液晶投影的多功能教室一个，由 198 台计算机组成的校园网络系统一个，20 个教学班班班实现多媒体计算机进课堂（即单机进课堂），同时学校给每位教师补助 2000 元，使计算机进入每个教师的家庭。2005 年暑假，学校又投资 24.6 万元为每个老师配备了液晶显示计算机，为教师创设了现代化的工作环境。为了师生学习的需要，学校拿出专项资金用于教学软件的开发和应用。如今学校高质量、足数量的电教资源，为信息技术在教学中的应用提供了有力的物质保障。同时，学校还加大管理力度，提供有力的制度保障，在设备管理方面实行了"责任到人"的制度。中心机房、多功能教室、计算机网络教室等均安排有专人负责维修

养护。对电教设备的使用制定了合理利用、摆放整齐、取用方便、存放安全的使用制度。对于学校网络的管理，实行全天开放制度，便于师生随时上网学习、交流。从而确保了科学、规范的管理，使现代化的教学设备高效地服务于教学。

二、积极实施信息技术与课程整合的探索实验

《基础教育课程改革纲要（试行）》中提出："大力推进信息技术在教学过程中的普遍应用，促进信息技术与学科课程的整合，逐步实现教学内容的呈现方式、学生的学习方式、教师的教学方式和师生互动方式的变革，充分发挥信息技术的优势，为学生的学习和发展提供丰富多彩的教育环境和有力的学习工具。"信息技术为学科教学提供了良好的学习环境，使学生的主体地位得以真正确立，使自主学习、探索学习、协作学习得以真正实现，使终身教育和学习社会化成为可能，极大地激发了学生的学习动机，培养了创新精神和实践能力。学生的能力在信息技术的支持下获得了新的发展动力，得以更高效、深刻地内化为学生学习的动力。

（一）信息技术与学科整合——教学内容更鲜活

教育心理学的研究表明：当学习的材料与学生已有的知识和经验相联系时，才能激发学生学习和解决问题的兴趣，这样的教学才是活的、富有生命力的。因此，课堂教学中，利用信息技术将静止的教学素材和教学内容改变成运动的、活泼的情境，我们或利用丰富的网络内容，让信息技术与教学内容有机地结合起来，让优美的图像、动听的音乐、有趣的动画为学生创设良好的教学情境，引导学生在这样的环境中开展观察、操作、猜想、推理、交流等活动，使学生感受到知识就在自己的身边，就存在于自己熟悉的现实世界中，从而最大限度地激发学生学习兴趣。比如，在教学人教版小学一年级数学下册《找规律》的教学中，教师充分发挥了信息技术与学科整合的优势，创设了"联欢会舞台"的情境，使学生在这一情境中通过观察发现小旗、灯笼、小花的排列都应用了规律；同时提供了许多生活中有规律排列的事物的图片，为学生的学习展现了丰富的资源。

（二）信息技术与学科整合——学习方式更多样

计算机本身就具有强大的教学功能。我们积极尝试利用这些功能进行教学实践活动，从而使学生的学习方式更多样。例如：低年级利用智能 ABC 打字，中年级利用 Excel 来进行数学数据分析、利用 PowerPoint 工具学习制作统计图表，高年级利用计算器进行数学验算、利用画图工具来学习几何图形的认识等。这样，既达到了学习、应用技术的目的，又较好地促进了学科知识的学习，同时还有效地激发了学生的学习兴趣。例如，教师在执教《简单的数据分析》时，体会起始格与其他格代表不同单位量的必要性及探索这种统计图画法是本节课的难点，但不是重点。如果采用传统的教学方法来教学，学生反复几次地尝试画格涂色，便占用了大量课堂时间。这样一来，本节课的重点——对统计图表的意义和如何利用这些图表获得有效信息研究便缺少教学时间了。如果不让学生体验、探索，则失去了一次发展学生的好机会。把信息技术整

合到学科教学中后，则可以利用计算机中的 PowerPoint 工具，画格、涂色省时省力，短短几分钟学生便可把自己想要的统计图完成。这样可以将更多的时间放在对数据变化趋势的分析推断上，大大提高了教学效率，学生学得轻松，学得兴趣盎然。

（三）信息技术与学科整合——学习空间更开放

信息技术与学科整合课的研究探索实验，出发点应立足于学生充分参与学习活动当中，运用信息技能，利用信息工具，收集信息、整理信息，从而达到更好的学习效果；其最终目的应是使学生建立利用信息技术解决学习、生活中问题的思想，达到培养学生具有利用信息技术终身学习能力的目的。因此，在教学中，一是积极向学生推荐有关的学习网址，学生可以借助网络提供的相关链接到互联网上去搜集资料。二是把不集中的网上资源集中起来做成网页让学生访问；三是教会他们还可以借助网页中提供的功能更为强大的搜索引擎到互联网中去搜集更为广博的知识，如 Google、搜狐等。这样一来，就把学习的主动权交给了学生，学生可以在无限的点击当中、在开放式的网络环境中，获取无限的信息，充分拓展了学生的学习空间。四是适时利用课前自学和课后延伸，让学生利用计算机、互联网或其他信息工具，做好收集、整理、加工信息的工作，课上只是将教师和学生的信息进行交流，进一步完善学生信息中存在的不足之处，使学生在头脑中形成更加清晰的知识体系，使他们学有所获。这样的教学过程，学生都充分参与其中，再不是教学的旁观者。

三、依托信息技术开展校本研究，提高教师信息素养

（一）注重提高教师应用信息技术的技能

为了提高教师的信息技术技能，学校制订了完善的培训计划。首先制定和实施寒暑假培训制度。从 1999 年起，每年寒暑假期，都要对全体教师进行为期一周的信息技术集中培训。每期培训都有明确目标和培训成果汇报，并对在培训期间取得优异成绩和表现突出的教师进行奖励。到现在为止，我校教师已经熟练掌握了 PowerPoint、Authorware、FrontPage、Falsh、Excel、几何画板等课件制作工具。其次，制定计算机等级考核制度。要求每位教师必须积极参加计算机等级培训，并取得相应的合格证书。如今我校教师已全部通过了计算机初级、中级和高级培训和英特尔未来教育培训。

（二）注重更新教师的教育理念

要求教师在学科教学中广泛应用信息技术，并不能仅仅停留在信息技术的辅助功能上，而是要实现学科教学与信息技术的融合，这就要求教师必须不断更新自己的教育理念。为此，学校积极搭建信息化平台，促进教师的发展。首先，鼓励教师阅读专业书籍，学习先进的教育思想和教学理论。学校为教师们订购了十余种电化教育方面的报纸杂志，每个教研组订阅一份《电化教育》杂志。其次，"请进来，走出去"，增加教师学习交流的机会。我们先后聘请黎加厚、李家栋等教育专家到校做专题讲座，开展"教师与专家对话""教师与专家课例研讨"等专家引领活动。同时，增加骨干教师外出培训的机会，通过骨干教师带回先进的教育理念。

（三）努力提高教师网络教研的能力。

网络教研是一种基于网络环境下的教研方式，具有较强的开放性、互动性和快捷性，有利于实现教育资源的共享。学校以"网络教研"为突破口，积极搭建网络教研平台，促进信息技术与课程整合的研究。首先，依托附小教师博客群，鼓励教师撰写网络日志，及时交流自己在教育实践中的一些感想。其次，结合各教研组活动开展网上评课，执教老师、听课教师、专家和学生都可以参与到评课活动中来，聚合集体的智慧，加大研究的力度。第三，借助网络实现电子备课，各教研组通过博客网进行教学设计研讨，并把优秀的教学设计、教学课件等教学资源及时整理，形成学科教学资源库，实现教师之间的教学智慧共享。同时，学校每学期都要围绕"信息技术与课程整合"，进行系列评比活动，譬如优秀教育博客评选、优秀教学设计评选、优秀教学课件评选、优秀主题网站评选等，极大地提高了教师网络教研的热情。

四、以课题研究为契机，深化信息技术与课程的整合

学校坚持"科研兴校"的办学目标，始终把信息技术与课程整合作为研究的重点。学校先后参与了国家"九五""十五""十一五"的课题研究，从"计算辅助小学数学课堂教学的研究"到"教育信息化对小学学科教学的影响与优化研究"，再到"教育信息化环境中的学生高级思维能力培养"，都取得了丰硕的研究成果。2007年，学校又成功申报了"交互电子白板在课堂教学中的应用研究"和"八岁儿童能读会写的试验研究"两项省级课题，这将为学校"信息技术与课程整合的研究"注入新的活力。

在课题研究中，学校要求每个教师都要参与到课题研究中来，结合自己的实际情况制定自己研究的子课题。为了使教师们正确认识到课题研究的价值，学校提出"小而实"的课题研究思路，树立"问题即课题，教学即研究，课堂即实验室"的课题观，使课题研究真正服务于教学，服务于学生的发展。教师们每个成功的教学案例、每次教学后的反思、每堂研究课后的互动交流，都成为教师课题研究的素材。

通过不断的研究与探索，学校发现教育信息化极大地调动了学生的学习兴趣和积极性，培养了学生的创造能力，提高了学生的素质，同时也带来了教育思想、教育方法、教学手段及教育模式的深刻变革。也正是由于扎实的科研态度，推动了学校教育教学改革的发展。信息技术在课堂教学中创造性地运用，改变了传统的教学方式，提高了课堂教学效率，在全国、省、市等各级优质课评选中都不乏学校教师的身影。教师们的教学论文、教学随笔、教学设计也屡见报端，在本地起到了很好的龙头带动和辐射作用。

五、基于网络环境下的学生学习

优化网络学习环境，改变学生学习方式。通过多年的研究和探索，学校的研究重点已经从强调个别教学的计算机辅助教学逐渐转移到强调自主学习的网络学习上来。目前，已经做到依托网络环境培养学生的创新能力和信息能力。学校严格按照国家有

关部门的规定和新课程标准的要求，从二年级开始开设信息技术课，有专任教师上课，同时积极探索信息环境下学生高级思维能力的训练。2002 年 5 月，学校参与了上海师范大学黎加厚教授的课题——"教育信息环境中学生高级思维能力训练"。为配合课题的实施，从这一年开始，每年成立一个网络教学实验班，开展网络环境下的自主学习的教学实验，教会学生网上学习的方法，主要是指远距离教学和计算机支持的合作学习，"使学生树立起牢固的计算机文化意识"，班内实现人手一台电脑、宽带上网。在低年级阶段，我们先从最基本的技术培训开始，除了正常的教学以外，每天至少拿出一节课练习打字、画画或者熟悉键盘、鼠标的操作。更重要的是，我们在课堂教学中，始终贯彻着"英特尔未来教育"的思想，从小培养学生的高级思维能力，张扬学生的个性。在教学中，教师始终把学生摆在主体地位，注重学生的小组合作交流，教授电脑操作为辅，发挥电脑的工具作用，让网络资源服务学生的学习。学生们的电脑操作已"小有成就"，打字、制幻灯片、做网页均"不在话下"。同学们还学会了如何在网上搜索资料，于是一篇篇的课文的延伸、课本上没有的知识，学生都能在网络中找到，也就有了学生的再创作。网络探究的课堂上，听到的是鼠标的点击声、键盘的敲打声，看到的是同学们专注的神情，学生接收到的信息多了，于是就和老师、同学产生思想的碰撞，有了交流、辩论的欲望。课堂上，同学们你一言我一语地能给教师指出错误。学生之间，在课堂讨论的时候，经常会因为观点不一样而进行"辩论"。在中高年级阶段，教师着眼于学生高级思维能力的培养，学生再也不是被动地接收知识，他们进行的是合作讨论式的、质疑式的学习。利用网络、图书查阅资料，已经成了他们学习的主要手段。

思索下来，我认为学校有三项做法值得推广：

第一，Blog——高智慧学习的平台的运用。Blog 的兴起，对教师的专业化发展起了巨大的作用，也为学生的发展提供了新的平台。为了让更多的学生参与到网络学习的教学环境中来，学校搭建了学生博客群，提倡学生撰写网络日志。如今有百分之八十以上的实验班的学生参与到博客交流中来，在学生博客中我们会经常看到学生的读书随笔、数学日记、上课后的感受、做作业中的困惑，大大提高了学生阅读写作的兴趣。学校 2001 级 4 班的朱嘉禾同学，已经撰写了 10 余万字的网络日志，精选后出版的《嘉禾博客》受到广大师生的喜爱和社会的好评。她的"魔力乖乖兔"（http：//www.blogcn.com/user3/jiahe001/index.html），篇篇都是自己思想的结晶，来到这里，你感到的是童真与童趣，真的像来到了一个童话世界，主人是一只可爱的小白兔。团队 Blog，更是成了教师、家长与学生的交流思想的阵地。教师还召集实验班的学生与家长进行了一次团队 Blog 培训，每一个家庭都与班主任建立一个团队 Blog，实行学生、教师、家长三位一体的动态交流，这一举措对学生的学习起到了积极的促进作用。

第二，电子作品——展现学生思维的工具。在信息技术课上，学校不再把技术学习作为主要任务进行，而是把发展学生的思维能力当作主要内容。每一新技术的学习，都伴随着任务驱动，思考为先、内容为先，而不必过分在意形式。适合多数小学生的电子作品为网站、电子小报、电脑绘画。做小报和网站，我们结合一定的主题，通过一定的技术实施，使学生学到更多的知识，发展思维能力。如做网站，我们要求学生要像写文章一样，先确定主题，再列提纲，最后才技术实现网站。列提纲，可以设计一张层次图，也可做一概念图。针对这个提纲，小组内还要展开讨论，增加删减，最后定稿。

第三，主题实践活动——发展高级思维能力的"饭后甜点"。培养学生的高级思维能力，除了校内课堂主渠道外，学校还在业余时间组织学生因地因时制宜进行主题实践活动。学生利用课内学到的方法，自主合作搞研究。如，寒假期间，实验班举行了"新春佳节话民俗"的主题探究活动，目的是让学生在春节娱乐之余，调查自己家乡的新年民俗，并进行思考。这一活动中，我们发现很多学生有很多独到的见解。

经过几年来的探索实验，我们认识到，网络学习是一个积极地获取信息、处理信息、综合信息的过程。在这一过程中学生获取的信息更全面，对内容理解更深刻、更准确。它实现了真正意义上的自主性学习、探究性学习、个性化学习、开放式学习，是一种高智慧学习。它具有其他任何教学方式所无法比拟的优越性。但是，实践信息技术与学科教学的整合，首先要树立正确的整合观，真正意义上的整合，应该是教师的教学观念、教学模式、教学过程等多方面的根本变革，每个教师都能掌握现代教育技术的理论和信息技术的操作技能，使信息技术的方方面面与自己的教学经验全面整合，用以改变教学过程的模式，用来优化教学过程，提高教学质量。反之，即使有了出色的多媒体课件，它也只能算作一个简单的教具，成为课堂教学的点缀。其次，学生永远是课堂的主人。教师的课件、网页做得再好，也只是教师一个人的智慧，永远都表达着教师个人的思想；学生无论怎么被吸引在课件、网页当中，也只是一个字"看"。学生是课堂的主体，他们要成为课堂的主人，只"看"如何能主宰课堂呢？因此，我们认为除了在课堂上多设计互动性强的软件以外，可以尝试着让高年级的学生和老师一起制作一些简单的学习网页。他们在制作网页的过程中，需要对知识有了一定的了解，有时需要去搜集、整理、分析信息，这样更加便于教学活动的开展。教师的网页则是学生补充、完善信息的来源，同时也是下一次学生制作的指导。最后，教师把学生的网页连接到教师的网页下，成为学生课后学习的重要资源库。这样的活动不仅实现了信息技术与数学学科的整合，也实现了师生资源的融合，充分体现了学生是教学活动的主导者，教师是指导者、参与者。

信息技术与课程的有机整合给教师的教学、学生的学习注入了新的生命和活力，为学校教育教学创新注入了新的动力、为学校发展营造了更加理想的环境。我们相信，随着科学技术的不断发展，信息化技术必将越来越广泛地应用在教育教学中，必将会在提高学生整体素质、提高学校教学质量方面发挥更加重要的作用。

第二编 >>>

教学研究与探索

探索构建符合本校特色的自主校本课程

摘　要　构建符合本校实际的自主校本课程，对于学校教育教学来说是一项非常重要的内容。我们在贯彻落实国家课程、地方课程的基础上，探索开发了以"写字育人"为代表的校本课程，并在全校扎实开展教学并推广，取得了良好的效果。

关键词　写字教学；自主课程；校本课程

学校贯彻落实国家课程、地方课程，积极探索国家课程校本化实施，探索开发学校的自主课程，构建符合小学办学特色的素质教育课程，全面推进以创新精神与实践能力为核心的素质教育。

一、守正创新，突出写字教学特色

（一）学高为师，字正为范

为落实"小学语文国家课程校本化"工作，学校把"让学生写一手规范、工整的汉字"提升为语文教学最重要的任务，学校要求书法功底深厚的教师重在亲身示范与现场讲解，并且制作相应的视频资源，为其他的教师提供素材。其他的教师借用优秀教师的素材来帮助完成写字教学。刘钢老师制作了一套爱学习电脑辅助写字视频，按课分类，编入微信公众号，独立制作了一套字帖，内容完全与视频教程同步。学校其他教师也制作了类似的辅助习字教学的资源，比如吕跟华老师、司涛老师将自己书写的过程录制下来，把视频发布给家长，帮助孩子在家完成习字练习，其他教师也可共享这些资源。这是学校在"语文国家课程校本化"这项工作中所开发的有效成果。

（二）教师培训，行政推动

每学期都进行写字教学业务展示与交流，并对教师进行写字基本功培训，不断提高书法指导教师的鉴赏与指导水平，为写字课程的开展提供了充分的师资条件。除了规范每周一节写字课的授课时间、由语文教师教授学生写字训练外，将硬笔书写的练习融入了各学科平时的作业之中，对凡有书面作业的学科均提出卷面要求，并且通过加卷面分等形式来激励学生提高写字要求，多学科齐抓共管，促进写字水平。

（三）榜样引领，营造环境

学校努力营造校园书法环境，在教室、楼道、宣传橱窗等地方装裱学生的书法作品，用书法作品本身具有的赏心悦目的感染力，对学生起到熏陶的作用。学校每学期组织一次师生书法比赛，优秀作品都会在这里进行展览。学生的书法作品与校园人文建设融为一体，是提高学生主动书写的有效策略。这样既建设校园人文环境，又使学生每日置身于硬笔书法的氛围中，耳濡目染，起到引领学生产生主动书写的作用。

（四）写字教学，扎实训练

一是要集体指导与个别指导相结合。教师因材施教，在集体指导的基础上，特意空出时间进行个别教学。二是要注意训练的多样化。如不同结构、不同特点的字的写法，可以编成儿歌，便于掌握。针对学生普遍存在的问题，让学生在赛中练，字形相同写法相近的字放在一起配对练，反之可进行对比练，等等。三是要注重课堂的趣味性。如利用电化教学，学生练字时播放舒缓的音乐，使学生在优美的乐曲中养成心静如水，认真成性的习惯；展示学生优秀作品，引导学生讲评，让学生体验成功的愉悦。

（五）多元评价，评优树先

在课程实施过程中，学校将写字课程的实施纳入教学业务常规检查，由学校教导处负责校本课程实施的日常管理工作。通过过程督导、听课评课、教案检查、问卷调查等形式对教师专业和课程价值进行评价。另外，对教师的教学过程实行阶段访查，对成绩突出者学校予以物质和精神奖励。

二、扎实推进篮球运动，构建篮球文化

学校将篮球运动与学校文化融为一体，以体启智，以体育德，形成了独特的篮球文化生态，成为学校面向社会的另一张特色鲜明的名片。

（一）建构课程，育人为先

学校将篮球运动单独作为一门课程设计，提出了"四会"的篮球文化精神：学会尊重，学会合作，学会拼搏，学会执行。学校给队员渗透"学习不努力就打不好篮球""没有集体荣誉感就取得不了好成绩"的理念，养成了进出场列队、向裁判和教练致谢的礼仪，培养队员场上不抱怨、相互鼓励、承担责任、勇敢拼搏的篮球文化和篮球精神，很多孩子都以进学校篮球队为荣。学校将篮球课程分为普及类与提高类。普及类主要依托体育课，面向全体学生，培养篮球兴趣；提高类课程主要依托篮球艺术团训练，队员以在篮球方面有天赋且喜欢篮球的学生组成，教学内容除了基本的知识与技能外，更多的是篮球技战术、篮球素养、篮球思想。

（二）自建平台，形成品牌

一是搭建学校平台，建立联赛机制。学校建立了三级队伍体制。篮球队伍建设由校级篮球队、级部篮球队、班级篮球队组成。三级体制的建设，有效推动了篮球的普及与提高，营造了浓厚的篮球文化氛围。在此基础上，专门建立了学校的篮球联赛制度。每年举行一次中高年级级部篮球比赛，学期末评选在篮球运动开展中表现突出的班级与个人，进行表彰奖励。

（三）依托高级平台，形成文化认同

自2010年以来，学校男子篮球队取得了特别突出的成绩：在淄川区中小学篮球比

赛中实现九连冠，连续四年获得淄博市中小学篮球联赛冠军，受邀参加了淄博市篮球协会首次承办的四国篮球邀请赛开幕式现场的颁奖仪式，并四次作为淄博市冠军参加了山东省中小学篮球联赛，分别获得全省第六至第九名的成绩。学校男子篮球队从2010 年开始在参加的所有市、区比赛中全部夺冠，创造出 9 年 13 冠的骄人战绩。

（四）坚实基础，着眼未来

近年来，从学校毕业的篮球队员很受欢迎，每年四五月份很多初中篮球强校都来学校选人，比如淄川区实验中学、张店区实验中学、淄博市竞技体校等。从附小毕业的学生，活跃在省、市、区各类篮球比赛的舞台上，或者以篮球专业考取了清华大学、浙江大学、河南大学等，其中，2009 届毕业生康鸿超以篮球专业考入清华大学，并代表清华大学篮球队夺得了全国 CUBA 冠军，他自己也获得 CUBA 扣篮王的殊荣。

综合的魅力——对当今综合艺术课程的评价

摘 要 综合的魅力在于它的整体性，整体的体验、整体的认识、整体的获得、整体的创作。整体的东西总是持久的。综合艺术课程中儿童每一个艺术活动都是一个整体感知并整体认识世界的过程。综合艺术课程使儿童创造性地体验到了认识的快乐和创造的快乐。

关键词 综合；综合艺术课程；艺术活动

综合的魅力在于它的整体性，整体的体验、整体的认识、整体的获得、整体的创作。整体的东西总是持久的。综合艺术课程调动了人的外显学习与内隐学习的整体积极性，杨治良认为内隐学习获得的知识更深刻、更持久。综合艺术课程极大地挖掘了人的内隐学习的潜力，而内隐学习是与人的创造性直接联系在一起的。综合艺术课程犹如整体的"在人间建起了上帝的天国"，使每个人都享受情感、体验快乐、无限创作。

综合艺术课程中儿童每一个艺术活动都是一个整体感知、认识世界的过程。整体的感知包括触觉、味觉、嗅觉、视觉等感、知觉的协同合作，使学生获得整体的体验和认识。儿童在每个艺术活动中都调动了整个身心参与活动过程，通过与学习环境中的各个因素的全方位的信息交流，发展创造的潜力和学习的动力。综合艺术课程给以理性思维为中心的"学习观"以巨大冲击，因为整体的认识和体验世界符合儿童的发展规律，且它以最自然的方式激发孩子走进艺术殿堂的兴趣和满足儿童进行艺术创作的需要。

综合艺术课程使儿童创造性地体验到了认识的快乐和创造的快乐。它打通了儿童身体各个体验器官的界限，使儿童整个身心都浸泡在艺术的"牛奶"中，吸收它的营养，成长自己。这就是综合的魅力，它犹如给我们全身心浸泡了丰富的"牛奶"，给予我们最有价值的营养，从而使我们获得最大限度的发展。

向"文化"深处漫溯

摘　要　语文教学的终极目标是什么？是"学习语言文字运用"吗？如果不是，比之更高的追求应当是什么？答案是，两个字，文化；四个字，以文化人。作为语文教师，我们理应具有文化传承的担当和自觉——寻梦，向"文化"更深处漫溯。

关键词　语文教学；终极目标；文化传承

当下，关注"言语表达"、突出"语言运用"，已然成为小学语文教学研究的焦点和热点。应该说，从课改初期的"以读为本"，到十年后的"语用为本"，小学语文教学在回归学科本位的道路上进了一大步。

常言道："学无止境，教无定法。"作为有着五千年文明积淀、三千年文化传承的人文学科，我们不禁要追问，"学习语言文字运用"是否就是语文教学的终极目标？如果不是，那么，比"语用"更上位的追求应当是什么？答案是，两个字，文化；四个字，以文化人。赘言之，是文化的熏陶，文化的浸淫，文化的引领，文化的传承。

识字教学中，某老师教学"舒"字。为了识记字形，学生想到了"加一加"的办法，左边是个"舍"，右边是个"予"，合起来就是"舒"。然后，老师进行了书写指导，"舍"的捺要变成点，右边的"予"不能加撇，要和"矛"区分开来。最后，老师引导学生通过组词和造句的方式进行巩固运用。教学流程前后连贯，似乎无懈可击。可是，到了当堂反馈的时候，有些学生还是把右边的"予"误写成了"矛"。识字教学走入了不讲还明白、越讲越糊涂的误区。那么，该不该讲，怎样讲学生才能记得清、写得对？我们可否这样，在学生分清了字形之后，顺势点拨，"舍"意味着付出，"予"意味着给予。当我们多一份付出、多一份给予的时候，就是心中最舒服、最快乐的时候。如果把"予"写成"矛"，心中充满了矛盾，肯定不舒服。如此一来，学生不仅牢记了字形，还受到了"舍得"文化的熏陶。

阅读教学中，某老师教学《军神》一课。老师引导学生在通读全文的基础上，选择最受感动的地方，做批注、谈感受。当学生联系刘伯承与沃克医生的对话，为刘伯承不用麻醉剂竟能数得清刀数而震撼，对沃克医生的赞叹产生强烈共鸣的时候，老师引导学生在朗读中升华和释放情感，进而启发学生关注话语形式，语言、动作描写对于刻画人物形象大有裨益，值得借鉴。教学至此，本无可厚非。然而，无独有偶，《三国演义》中关羽刮骨疗毒的故事与此文有异曲同工之妙。"佗用刀刮骨，悉悉有声。帐上帐下见者，皆掩面失色。公饮酒食肉，谈笑弈棋，全无痛苦之色……佗曰：'某为医一生，未尝见此。君侯真天神也！'"如果把这一片段和文本内容做一比较印证，想必学生对人物形象的理解会更深刻，对言语表达的感悟会更透彻。更重要的是，将文化的活水引入文本，引入课堂，能在学生心湖中漾起英雄情结、英雄崇拜的涟漪，为学生打开一扇涉猎古典名著和传统文化的窗口。

写话教学中，某老师结合《第八次》一文中的"一阵大风吹来，丝断了，网破了"这句话，进行读写结合的言语表达训练。首先，老师让学生比较把"丝断了，网破了"改成"网破了，丝断了"行不行？当学生明白了"丝断了"和"网破了"之间的顺序不能打乱，彼此存在着先后承接的关系之后，老师顺势而导，出示了一幅深秋时节的情境图和与之对应的"秋风吹""天气凉""落叶飞""遍地黄"三字短语，打乱顺序后，让学生联系情境和语感，排列组合成前后联系、通顺连贯的一段话。在这一过程中，学生在语境中及时巩固了文中的表达方法，达到了以读带写、学以致用的效果。客观地说，这是一个比较成功的读写结合的教学案例，但是美中不足的是，三字短语选的不够经典。古人《秋风辞》中的两句"秋风起兮白云飞，草木黄落兮雁南归"。拆分开来，就是"秋风起，白云飞，草木黄，雁南归"。如果让学生排列这组短语，是不是更好？既练习了表达，又达到了在"含英咀华"中，触摸"悲秋"文化的妙境。

行文至此，想起了徐志摩《再别康桥》中的"寻梦，撑一支长篙，向青草更青处漫溯……"诗中唯美主义、浪漫主义的意境令人神往。作为语文教师，我们理应具有文化传承的担当和自觉——寻梦，向"文化"更深处漫溯。

从古代埃及艺术"正面律"看现代艺术教育

摘　要　一个没有艺术的民族和社会是不可思议的。正如没有艺术的教育是不健全的教育一样，艺术教育已成为学校教育里不可或缺的教育内容。我们从古埃及艺术的"正面律"，对两代艺术教育的两个90°做了详尽的分析。

关键词　正面律；现代艺术教育；两个90°

埃及艺术的神秘无时无刻不吸引着人们探询它的瑰丽。埃及对宗教很崇拜，是一个多神崇拜的国家。

一、充满鬼魅的古埃及艺术

布哈林曾在他的《历史唯物主义理论》一书中指出：艺术是感觉、感情、形象的体系。艺术在任何一个时代都有自己的特殊"风格"，即通过特殊形式表现的特殊性质。这些特殊形式（例如埃及艺术）与特殊的内容相适应，这种内容与一定的意识形态相适应，这种意识形态与一定的心理相适应，这种心理与一定的经济相适应，这种经济与生产力的一定阶段相适应。埃及艺术也符合这个规律，最终与埃及的经济相适应，与其特定的心理相适应，与其意识形态相适应。宗教在古代世界意识形态的领域中，占有重要地位。古代埃及则是古代世界中宗教意识最强烈、最浓厚的国家之一。宗教不仅干预国家政治和经济生活，而且影响了文化的发展，甚至渗透到每个人的现实生活中。其之所以如此，一方面是相对闭塞的古埃及自然环境对人们的无形的控制和影响；另一方面更重要的是长期的神权、王权的专制统治。

古埃及艺术的魅力所在无不同他们虔诚的宗教信仰联系在一起。至今流传下来的许多艺术作品，如雕塑、绘画等，我们都可以从中发现它的宗教意味。法老的立像、坐像实际上是木乃伊的一种变种，是法老灵魂的依附对象。

二、古埃及艺术的"正面律"

正面律是古埃及艺术的最主要的特征。参观艺术品，为什么我们可以很容易地从许许多多的艺术品中归纳出哪些作品是埃及艺术品，哪些不是，除了色彩及其他内容上的原因外，我想最重要的原因就是埃及艺术的正面律。什么是"正面律"呢？为什么埃及艺术会有这样的"正面律"？这与埃及的宗教崇拜有很大联系。上边已经陈述过，埃及是一个多神崇拜的国家，他们认为万物有灵，因此他们所塑造的雕像和绘画都是有特定规律的。古埃及人笃信来世，因此他们在生前就花费大量的心血为自己准备来世所需要的一切东西。他们用坚硬的石材建造坟墓作为自己来生居住的地方，做大量的壁画来反映现实生活的情况，在坟墓里放入大量的人形或神形的雕塑，还有大量的实用物品和大量的金银财宝作为陪葬。首先从雕像上来看：他们的法老的立像都是一脚前、一脚后，双手或曲或交叉于胸前，手上握有代表王者权利象征的蛇头杖；坐像则是两手放于膝盖或两手交握于胸前心脏部位。整个身体没有一丝一毫的转侧，眼睛直视前方，眼神给人一种神圣不可侵犯的威严。其次从浮雕和壁画上来看："正面律"则表现为他们的头都是侧面的，描绘出额头、鼻梁、嘴唇的外轮廓，但头上的眼睛却是正面的，描绘出完整的眼睛的整个形状；同时，上身是正面的、宽阔的肩膀，完整的双肩、两臂；两腿则是侧面的，充分地描绘出从大腿到脚趾的长度、形状。可见，不管是身体毫无侧转且面向前方的雕像，还是两个90°向前的浮雕和壁画，古埃及艺术的这个独特的艺术"正面律"都是源于它神秘的信仰和崇拜。美丽的眼部只有面向前方才能完整地表现其优美的线条，宽阔的肩臂只有面向前方才可表现其力与美的结合。正是其独特的约定俗成的格式化的规定，才成就了古埃及艺术的独特的艺术气息。

三、"正面律"与艺术教育

从分析"正面律"的两个90°来联系中国的艺术教育，我们可以看到很有意思的相互的一致性。

（一）只有正面面对才可以看到优美的线条和蕴藏的力量——第一个90°

中国历来艺术教育都是作为所谓的副课出现在教育教学中的，在教育中的地位都是以侧面示人的。现在，艺术教育在教育过程中越来越重要，艺术在人的一生中都占有很重要的地位，因为只有艺术才能弹拨到心灵中最微妙的那根琴弦。艺术教育正像古埃及艺术的"正面律"第一个90°那样以正面来面对大家，越来越以其完美、完整、充满神秘魅力的姿态出现在人们的面前。究其原因，与古埃及艺术特色产生的原因也是一致的：艺术在任何一个时代都有自己的特殊"风格"，即通过特殊形式表现的特殊性质。这些特殊形式（例如埃及艺术）与特殊的内容相适应，这种内容与一定的意识形态相适应，这种意识形态与一定的心理相适应，这种心理与一定的经济相适应，这种经济与生产力的一定阶段相适应。我们国家发展到现阶段，越来越认识到艺术教育的重要性。艺术教育跃出被忽视的地位，与我们的意识形态、心理、经济和生产力联系在一起，成为学校教育里所不可或缺的教育内容。正像美学家滕守尧先生所讲的一样，艺术世界是奥妙无穷的世界，艺术与人生中最深层的东西息息相通。一个没有艺术的民族和社会是不可思议的，正如没有艺术的教育是不健全的教育一样。在人类历史长河的每一关键时刻，艺术都给人以希望和勇气，使人类的天才和智慧得到充分的发挥和施展，并保证了人与人之间心灵的交流。

　　仔细分析，艺术教育正像古埃及艺术的"正面律"一样，虽有其固定的格式，这个格式在束缚本身的同时也正是其魅力之所在。古埃及艺术的"正面律"就像一个硬币的"两面"一样，"两面"都很重要，正面与反面共同组成了一个完整的硬币。就像艺术与科学，两者并非是相互对立的。艺术与科学都有其所能和所不能，在一定意义上两者是可以互相交融的。达·芬奇说，绘画是一门科学，雕塑是一门具有数学特征的艺术，这正是强调了艺术创造中的科学因素和认识因素的重要性，其作品也堪称将科学与艺术融为一体的典范。伟大的阿恩海姆也曾说，科学就是从个别的、表面的现象不断后退，然后从而可以更加直接地把握世界的本质，这就是科学的方法。这种对纯粹本质的直接把握（即科学的方法），正是那些优秀的现代派绘画和雕塑企图通过抽象而要达到的目的。这里的科学与艺术达到了一致。

　　（二）正面侧面结合产生了永恒的艺术特色——第二个90°

　　艺术教育只有与教育过程中的其他的因素相互对话才能充分发挥其作用。这个对话是运动中的对话，并非静止的结合。艺术教育已由不受人重视，变为重要的学科。它有自身的特点，其作用日益被重视，虽然它有其所解决不了的问题。就像古埃及艺术的"正面律"一样。它的美、它的神秘是在两个90°不断转换的过程中展现出来的，我们不禁被它的"运动"中的魅力所吸引。伟大的 M·M·巴赫金曾说过，对艺术的知觉，按其纵深的、特殊的本质而言，是对话性的。

　　这个对话可以从两个方面来阐释。首先是艺术与其他内容的对话，其次是艺术进行过程中本身内部各个因素的对话。第一方面是指艺术在我们的教育过程中不是脱离其他内容而单独存在的。亨利·穆尔（Henry Moore）说过：艺术可以是对现实的渗透——且是对生命意义的表达——是对尽努力而生活的激励。艺术是生活的一部分，它可以渗透于我们生命每一个细胞，是与生命同在的，只有与生命交流才能演奏出华美的乐章。曾有人讲过，就像文学作品一样，它像一个乐谱，要有许许多多的演奏者才能将它变成音乐，才能赋予它生命。第二方面是它内部各个因素的对话。艺术有许许多多的形式、内容，各个之间不是相互独立而存在的，而是相互联系、相互依存、相互渗透、相互作用的。就像美学家滕守尧先生认为的那样，是一个生态的关系。当然，本人也同意这个观点，同样也适应第一个方面。

　　从更高意义上来说，这个"运动"实际上也是一种心理上的对话。其意思是不仅表现在形式和内容上的对话，因为整个审美活动的实现最终还要靠主体人来实现，所以是主体人与人之间心理上的对话达到了一个互通的地步才能真正实现艺术的价值。当然这种主体人与人之间的交流和对话不是我们所认为的广泛意义上的"对话"，而是一种"潜对话"。所谓"潜对话"是指欣赏者与创作者之间达到了心灵上的对话与交流，而并非我们现实生活中的对话。它是一种结合人们社会经验、文化心理等因素进行的交流和沟通，是一种超出了纯感官与纯知觉意义上的"对话"，因此这种"对话"才是艺术之所以完成的关键。只有达到了这种"对话"，人们才能真正解读到艺术的真正意义之所在。

　　艺术是一个生命的永恒话题，它的发展跟随着人类的发展将永远存在。艺术教育也将永远与生命共存，与生命的各个细胞共呼吸。

　　最后，让我们以一段论辩来结束这篇短文："庄子与惠子游于濠梁之上。庄子曰，鯈鱼出游从容，是鱼乐也。惠子曰，子非鱼，安知鱼之乐？庄子曰，子非我，安知我不知鱼之乐？惠子曰，我非子，固不知子矣。子固非鱼也，子之不知鱼之乐全矣。庄子曰，请循其本，子曰汝安知鱼乐云者，既已知吾知之而问我，我知之濠上也。"在这个著名的论辩中，惠子是逻辑的胜利者，而庄子却是美学的胜利者。愿我们的艺术教育能够启人生之奥秘，使人们既知鱼之乐，也晓人之乐。

追寻语文的本真

摘　要　纵观语文教学，存在诸多本末倒置、避重就轻的现象。比如识字与写字、阅读与表达、课本与读本，等等，我们的任务是让语文教学正本清源，回归原点和本真。

关键词　语文教学；识字与写字；阅读与表达；课本与读本

孔子说："君子务本，本立而道生。"然而，语文教学中本末倒置、避重就轻的现象却大行其道。比如，阅读与表达，表达远比阅读难得多，朱自清的《背影》读上两三遍就能读得懂，要写出这样一篇文质兼美的文章却绝非易事，可我们往往满足于文本意义的获取，忽视了语言运用的训练。课本与读本，课本是课程的重要载体，是教学的主要对象，但受主题教学、海量阅读等思潮的影响，却存在受冷落和边缘化的趋势，取而代之的是由其衍生的各色读本，还美其名曰"课程开发""高效语文"云云。殊不知基础不牢，地动山摇。凡此种种，语文教育必须正本清源，回归原点和本真。

一个突出，即突出课程意识。叶老说过"教材无非是个例子"，要借文本之力，使学生得语文之力。不能仅仅盯着文本内容，满足于对文本意思的获取。应当由跟着内容走，到跳出内容教。教什么？由教课文内容到教课程内容。要保持清醒的课程意识，擎起语文的独当之任，将非语文泛语文的元素剔除，确保不偏位。以课文为例子和载体，理解文本内容，学习语文知识，培养语文能力，习得语文方法，确保不缺位。

两个并重，即理解表达并重。理解和表达是语文的两翼和两极，不能偏执一端，偏废另一端。阅读理解是基础，语言训练是中心，语言运用是目的。但是，要防止像教数学那样教语文，把语文课上成机械枯燥的语言文字训练课。因此，要以阅读理解为主线，以语言运用为重点，把语用之点嵌入阅读之中，用阅读之线串起语用之点，融会贯通，浑然一体。

三个为本。在师生关系上，要以学生发展为本。学生是学习发展的主体，教师的教要服务于学生的学。一滴水落在地上，并不起眼，落在荷叶上，就是一颗晶莹的露珠。理想的教学就是甘做荷叶托举露珠的过程。在读写关系上，要以语言运用为本，学习语言运用是语文课程的核心目标，要把表达运用作为语文教学的着力点和落脚点。在课堂形态上，要以朴素平实为本，拒绝浮华之风，拒绝华而不实、夺人眼目的花拳绣腿，简简单单、实实在在地学语文用语文，让语文课堂洋溢清新自然之风。

　　四个获得。得意，即理解文意，获取文本意义，获得情感体验和审美熏陶，这是语文教学的基础。得言，即落实语用，关注言语规律，关注表达运用，培养语文能力，这是语文教学的目的。得法，即习得方法，掌握读法、写法、学法，授之以鱼莫若授之以渔，这是语文教学的根本。得魂，即以文化人，认识中华文化的博大精深，培养文化自豪感和归属感，激发文化传承的自觉性和使命感，这是语文教学的归旨。

在美术教学中培养学生的创造能力

摘 要 美术教学的任务之一就是让学生在感受美、欣赏美、创造美、体现美的过程中培养学生的创造能力。在此，我们阐述了通过不同的途径在美术课堂中培养学生的创造能力的一些具体做法。

关键词 美术教学；创造思维；创造能力

从小对学生进行感受美、欣赏美、创造美、体现美的教育，引导学生从不同途径、不同角度的思考问题来激发学生的个性潜能，对于培养学生创新精神和实践能力、创新品格的形成、个性的发展、完成美育教育的内容具有重要的意义。在美术课中怎样培养学生的创造思维和创造能力呢？笔者认为应做好以下几点：

一、更新教学观念，破除条条框框，提倡标新立异

培养学生的创造能力，必须强调学生的主体地位，一切教育活动必须服务、服从于受教育的主体。在教学方法上，要彻底摈弃那种"教师范画、学生模仿"的美术教学模式，探索、实施以学生为主体，体现学生合作学习、自主学习，以培养学生发散思维和求异思维为特征的，能促进学生个性发展为主的教学模式。在以往的教学过程中，老师往往以成人的审美观点、常规的思路去衡量学生的作品，过于突出了作品的完美程度，条条框框过多，束缚了学生思维的发展，结果往往事与愿违，妨碍了学生去发挥自己的创造力，从而抹杀了学生的创新精神。学生往往只能跟着老师的思路走，亦步亦趋，这样做的结果，学生永远超不过老师。素质教育要求老师不能做领路人和带路人，而应当做一个指路人。只有尊重学生的审美个性，引导学生发散思维，鼓励其独立创新，启迪学生的创造想象和创作构思，才能使学生的个性品质得以张扬、得以发挥，才能使学生保持良好的创造欲望和创造能力。比如在构图上，启发学生运用多方位、多角度、多层次、新颖独特的构图形式；在色彩的运用上，鼓励学生大胆地使用色彩作画，虽然看似随心所欲，但效果却生动形象，趣味无穷。

二、通过观察训练培养学生的创新意识

观察是培养学生创造力的源泉。美术教学十分重视通过感知、比较、分析从而鉴别事物的本质，形成对物质独特的理解。"学生许多新奇的想法来源于观察和实践，创

造思维的萌发，更取决于学生接触过的、熟悉的事物，多感才能多知。"通过作品欣赏、影视材料欣赏、实物观察等等，让学生在头脑中形成对事物的表象，形成自我意识，进而引发创作欲望。要教给学生观察的方法，引导学生对绘画的对象进行认真的观察分析，由简单到复杂，由部分到整体，边观察、边启发学生思维提出问题，引导学生抓住最能体现事物特征的一点或一面，进而了解事物之间的联系，了解事物与人的相互联系，用自己的笔触表现出事物的典型特征，从而激发起学生的创新意识。

三、努力创设提高学生创造能力的条件和环境

让每一个学生感到自己是一个发现者、研究者、探索者，多为学生提供这种探究的机会，激励他们不断探索，从而走上成功之路。比如，在教学《我为学校设计校徽》时，我集中向学生提出：为了设计出体现学校风格和特色的校徽，应当"了解图案的基本知识""寻找在哪些地方能见到图案""搜集各种商标、会徽，找出图案设计存在的规律""调查学校的实际情况、设计出体现学校风格和特色的校徽"。引导学生分组查阅有关书籍、上网查询资料、向专业人员调查，然后小组成员交流材料，利用图案、纹样、连续、构成、色彩等知识，设计出不同的体现学校特色的校徽，学生的创造能力得到了淋漓尽致的发挥。

四、在正确评价导向中引入竞争激励机制

学生十分注重老师对他们的评价。教师的评价观念必须及时得到更新，要符合学生的年龄特征，站在学生的视点上，用学生特有的思维方式去认识世界、解释世界、创造世界。对于学生的奇思异想要给予充分肯定，鼓励学生用他们自己的、独特的、崭新的眼光去观察事物、描绘事物，对学生标新立异的作品应及时进行表扬和适当引导，关注谁的作品有独到之处。成人完全不明白所以然的图画在学生眼中却有着近乎完美的解释，几个三角形、圆形、不规则图形的简单重叠，是他们想象中的童乐城，是美丽的象征。同时，评价过程中注意引入竞争激励机制，经常将那些构思新颖独特、绘画速度快的学生和作品请到前面展示给其他学生观看，请他们讲自己的构思过程，启迪、激励其他学生，让学画有困难的学生取长补短，丰富自己的创作。

创造力人人都有，只要教师引导得法，充分挖掘学生自身的创造潜能，就一定能培养出具有创新精神和创造能力的人才。

原始艺术与儿童的艺术

——关于《维林多夫母神》与儿童所画母亲像的比较

摘　要　儿童的世界是一个万物有灵的世界、一个鲜活的世界。儿童的艺术也以其淳朴、充满魔力的画面吸引着我们成人的眼光。许多艺术大师甚至耗尽生命中最后一丝精力不懈地追求儿童的艺术。因为儿童艺术不仅仅是简单的涂抹或者白描，从某种意义上说它是在以其与生命本原的接触来探索人类的奥秘。通过对人类原始艺术与儿童的艺术进行一个简单而又确切的比较，可以更形象地说明儿童艺术的魅力所在。

关键词　艺术；原始艺术；儿童艺术

我们曾说："每个儿童都是艺术家。"

儿童的世界是一个万物有灵的世界、一个鲜活的世界。儿童的艺术也以其淳朴、充满魔力的画面吸引着我们成人的眼光。许多艺术大师甚至耗尽生命中最后一丝精力不懈地追求儿童的艺术。因为儿童艺术不仅仅是简单的涂抹或者白描，从某种意义上说它是在以其与生命本原的接触来探索人类的奥秘。通过对人类原始艺术与儿童的艺术进行一个简单而又确切的比较，可以更形象的说明儿童的艺术的魅力所在。

一、关于《维林多夫母神》和儿童所画《母亲像》

图1《维林多夫母神》是一尊很小的女性裸体雕像，高仅11厘米。据考证，这是旧石器时代晚期属于奥瑞纳文化期的作品，距今两万年左右。雕像的体积虽然很小，但以其肥胖、成熟而有力的形态，显示了宏伟的纪念碑式的气度。

这是一尊石质圆雕女性形象，从她卷曲的头发、硕大的乳房、夸张的腹部可以清晰地看出她的性别，并给人一种伟大的母性和生命力的象征。

图2、3、4、5是幼儿园大二班几个小朋友画的"我的妈妈"。

图1　维林多夫母神

其中图 2 是史皓男画的自己的妈妈。妈妈肚子里有了小宝宝了，左边的小宝宝好小，右边的表示小宝宝长大了一点点。史皓男说妈妈有小宝宝的时候可胖了，他没有办法表示胖，于是就把妈妈的整个身体画成了大大的三角形。

图 3 是谢予欣的妈妈。谢予欣画的内容是妈妈在生小孩子，是整个生产的过程。

图 2　史皓男的妈妈

图 3　谢予欣的妈妈

图 4 是吴宇航的妈妈。吴宇航认为，两个大大的乳房代表了他的妈妈。因为她的妈妈有两个大大的乳房，妈妈的整个前面只有两个乳房和一个肚脐眼。

图 5 是潘颖然的妈妈。潘颖然的妈妈大概很瘦，因为即使肚子里有了一个小宝宝，妈妈的腰还是那么细细的。潘颖然说妈妈很爱漂亮，头发是长长的大波浪，可漂亮了。

图 4　吴宇航的妈妈

图 5　潘颖然的妈妈

二、《维林多夫母神》和儿童所画母亲像的可比性

如果要想对两件物品进行比较，首先要看两者有没有可比性。两者是有可比性的。

从艺术创作角度来看，狭义的艺术创作又称为造型艺术，主要包括绘画、雕塑、书法、建筑等。《维林多夫母神》是雕塑中的圆雕，石质；而儿童的作品《母亲像》是用绘画的形式表示的。两样作品虽然形式不同，但都为造型艺术的一种，艺术作品的形式对作品所传达的情感是无碍的。艺术是世界的语言，不管是绘画或者是雕塑，它的价值在人看到作品的一刹那就能实现。

从作品的内容上来讲《维林多夫母神》是对女性形象的刻画，整个雕塑在外形和质地上都给人以生命勃发的感觉。儿童的作品《母亲像》是儿童对于自己母亲的刻画，儿童用他自己略显生涩的线条表现了自己所认为的母亲应该是怎样的。绘画中表现出了妈妈孕育新生命的整个过程，母性的伟大在儿童笨拙的白描中得到最大的展现。两样作品刻画的内容都是女性且都是母亲，因此从作品的内容来讲，两者具有可比性。

从心理学的角度阐释艺术作品的主体，两者具有可比性。《维林多夫母神》的作者为原始人类，《母亲像》的作者为幼儿园中的儿童。人类复演说认为，儿童复演了人类进化的过程。美国心理学家霍尔在生物学上运用复演学说来解释儿童心理发展。他认为，胎儿在胎内的发展复演了动物的进化过程，而儿童时期的心理发展则复演了人类进化过程。从心理学角度讲，艺术作品的主体具有可比性。

三、《维林多夫母神》的艺术特点

《维林多夫母神》雕像的这种女性造型很可能是作为神灵偶像，以供崇拜。原始艺术家造此雕像有意夸张和强调了女性的性生理特征，是符合原始人的理想追求的。因为在原始社会的部落中，只有那些最肥胖、最强壮的女性能生育，能有力量抚养后代，能避免被饿死，所以肥胖是富足、力量和称心如意的象征，它是性的一种特殊魅力。女像的整体近似球形的造型，也可以使人联想到一种象征原始生命的蛋形圣石。从《维林多夫母神》的立体造型特点来看，它由许多大小不等的球形体积所组成，这些球状体积又都服从于蛋形石块原来形态的大轮廓。各种球状体依据人体各部分的生理特征有序地组合成统一的人体，给人的视觉印象是整体、单纯、厚重、体积感很强。由此可见，原始雕刻家已会使用雕刻语言，并有形象的想象力和创造力，从而开创了雕塑艺术的历史。

四、儿童所画《母亲像》的特点

儿童所做《母亲像》表达了儿童对母亲的理解。儿童认为妈妈是可以生小宝宝的，所以许多儿童都画了怀孕的妈妈。儿童的技巧是很生涩的，因此，在表现母亲怀有小宝宝后的腹部时，有的儿童用三角形表示，有的儿童用大大的正方形表示，有的儿童用不规则的圆形表示。儿童的思维是直观的、具体的，因此从图中我们可以看出，妈妈的肚子里都有一个小宝宝可以看见。有的儿童认为妈妈是有两个大大的乳房的，因为小宝宝可以吃奶，这样小宝宝就可以长大了。因此，儿童就夸大了母亲的乳房，整个正方形的身体上只有两个大大的哺育小宝宝的乳房。儿童用乳房作为母亲的符号表示，并将其夸大。儿童用平面的绘画来表现妈妈生产的过程。谢予欣在表现妈妈生产的过程中，用躺着的肚子小小的妈妈表示刚刚怀孕；然后肚子大大的妈妈要生产了，接着羊水破了（像水波的曲线），小宝宝出生了，还有脐带连着呢（小宝宝和妈妈之间的连接的小曲线）。从儿童作品的造型特点上看，儿童总是夸大自己认为重要的东西，而把那些自己认为不重要的细节省略。儿童眼中的母亲是可以生育、哺育小宝宝的，因此儿童夸大了母亲的乳房和肚子。

五、原始艺术与儿童艺术的异同

不管是原始人所做的《维林多夫母神》还是儿童所画的《母亲像》，两者在艺术形式上是不同的，但在艺术意味上达到了一致：母亲或女性的形象在这里得到了统一。简单地从外表上来看，母亲本来就是母神的化身。母亲和母神都一样的漂亮，都有卷卷的头发。从形态上来看，母神和母亲都拥有孕育新生命的力量，生命的意韵在这里达到了一致。但原始艺术的母神更多的是对所有的母性的一种崇拜，而母亲则是母神形象的具体化。他们从刻画手法上不同，但从有关母性伟大的观点看，他们所代表的意义是相同的。

从艺术的起源来谈论原始艺术《维林多夫母神》和儿童所画的《母亲像》，我们可能会发现两者有不同的地方。主要的艺术起源说有以下几种：

1. 游戏说。认为艺术起源于原始人的游戏，艺术是原始人进行游戏的一种方式。

2. 生殖崇拜说。这种起源说认为艺术起源于人类对于生殖的崇拜。猜测主要原因为原始人生活条件恶劣，他们没有办法与自然恶劣的环境相抗争，于是为了保存物种的存在、延续，他们只能将希望寄托在人类的生殖能力上，于是产生了突出生殖器官的母神形象。

3. 巫术说。原始人对无法预测的自然环境、无法预测的生老病死都显得那么无能为力，他们认为万物有灵。远古时代的人类于是就求助巫术，这是他们还处在不文明时代的象征。

4. 劳动说。这种起源说认为原始人的艺术起源于劳动。为了生存，他们要将他们的劳动技巧传给下一带，于是，在洞穴壁上才出现了射箭、被箭射到的动物等打猎的场面。

对待原始艺术我们有许多的猜测，无数的起源说只能是对原始人为何出现艺术的种种猜测，但从这些猜测中我们对原始人艺术有些许的了解。而儿童的艺术是儿童发现世界、认识世界、把握世界的一种方式，儿童的艺术是儿童对待未知世界的一种内心表现。从这个角度上讲，与原始人又有些许的共通之处。

原始艺术的伟大在于它的神秘莫测，儿童艺术的伟大在于它的淳朴稚嫩。我们要给予儿童展示其艺术的舞台，为儿童创设艺术创作的空间。那时我们就会发现儿童的世界有多么奇妙，儿童眼中的世界又是多么精彩！

浅论美术课的观察能力

摘　要　观察能力是指通过观察把握物象形体、色彩、结构、质量等外部特征，全面深入地认识事物的能力。美术课的观察，主要是为了把握对象的整体或局部的外部特征及其变化，来表现对世界的认识和作者的情感。因此，注重美术课堂中学生观察能力的培养，是学生学好美术的重要前提和基础。

关键词　美术课；观察能力；学生

观察能力是指通过观察把握物象形体、色彩、结构等外部特征，全面深入地认识事物的能力。观察能力是人类智力活动的门户。没有观察能力作基础，就谈不上艺术表现能力。美术课的观察，主要是为了把握对象的整体或局部的外部特征及其变化，来表现对世界的认识和作者的情感。所以，在教学中应注意以下几点：

一、向学生提出明确的观察任务

美术课上的观察对象，主要涉及对范画、实物、模型等写生对象的观察及对自己作业的观察。但由于兴趣和方法的关系，学生很可能只注意观察某一方面而忽略其他方面，因此，在美术课上教师要向学生提出明确的观察任务。观察任务主要有两个特点：一是捕捉形象的主要特征。对主要特征的观察是一个去粗取精、概括提炼的过程。抓住主要特征，才能使观察对象的形象个性更加鲜明。二是观察事物的个性与共性、区别与联系。把握形象的主要特征，是在与同类物象的比较中，对个性的认识。因此观察物体既要注意个性，又要把握共性。比如教师教画人头像，首先让学生观察人的头形、五官位置的共性特点，在此基础上再区别老幼、发式、表情等，个性特征就很容易掌握。

二、指导学生掌握正确的观察方法

正因为视觉具有选择性，所以教师不单要向学生提出明确的观察任务，而且更要指导他们如何进行观察，即教给学生正确的观察顺序和观察方法。首先，是审美观察。要引导学生观察物象的美点，使学生能够受到美的感染，产生激情，这样作画时方能立意明确。其次，要整体观察。先观察整体大小关系，再深入局部仔细观察。第三，要比较观察。比较观察方法是观察物象特征、区别物象异同的有效方法。对小学生来说，整体观察难于理解，但比较观察则是好理解好掌握的。第四，要先形状后色彩观察。因为形状是稳定的因素，色彩是可变的因素，这样的观察便于抓住物象的主要特征。

三、培养有意观察的习惯

观察能力的提高也在于锻炼，经常有目的有意识地观察，其观察能力自然会得到提高。画家叶浅予曾说：他走路或乘公共汽车时，都不停地注意观察分析各种人，这已经成为一种职业习惯。因此培养学生的观察能力，要引导他们自觉地形成善于观察的习惯，使其头脑中形象储存逐渐丰富。

四、安排培养学生观察能力的写生课

小学生的写生课仅仅是写生的启蒙，是引导观察兴趣的绘画表现课，不必过多地讲述写生技法与道理，不必过多干扰儿童天真的观察，开始只是引导其写生作画时能观看实物对象，进而要求对照实物的角度进行绘画，这本身对培养儿童的观察能力就具有积极意义。当然，对美术小组的高年级学生则应有较严格的写生要求。

基于移动互联网的新型学习方式探索

摘　要　进入 21 世纪，信息技术突飞猛进。信息技术辅助课堂教学已经是大势所趋。面对迅猛发展的互联网技术，学校教育教学如何与信息技术接轨、利用好现有的技术手段和设备辅助课堂教学，我们采取了一系列手段探索互联网环境下的新型的学习模式，助力课堂教学改革。

关键词　移动互联网；学习模式；一对一

从 2001 年开始的台式机信息化实验班，到 2006 年开始的笔记本支持下的小学语文提前读写实验，再到现在的基于平板的一对一数字化学习，我校在信息环境下的小学各学科教学探索已达十几年。每次设备的更新，我们并不是一味地追求时髦，而是基于技术的成熟，对教学是否具有促进作用。平板电脑，待机时间长，携带方便，不用刻意布置教室，更适合常态教学。

一、整体规划无线网络，全力打造高端教室

泛在学习环境，必须有无线网络的支持。无线网络的部署最好站在学校全局的角度规划，合理部署 AP 的位置，避免 Wi－Fi 信号的串扰。实验班全班近 60 人需同时平板上网，因此，也要在教室前后两端各部署一个 AP。经过近一年的实践，学校基本解决了教学区无线覆盖的问题。

学校还一改电子白板的配置，为实验班配备了液晶触摸一体机。高端、上档次的现代化教室显示，使我校教学真正进入了触控时代，淄师附小教育信息化迈上了新的台阶。

当然，在建设现代化高端教室的过程中，我们得到的教训是，大规模部署平板电脑之前，应想好以下问题：无线网络是否能够支持高密度的平板电脑无线接入，并提供足够的互联网带宽；能否针对师生提供及时或是有限的技术支持服务；是否有足够的软件平台资源支持各类教学应用。

二、多种渠道，开发资源，支持课堂变革

离开了合适的平台、资源，学生的平板电脑就成了高端摆设。因此，首要任务就是寻找平台、建设资源。通过各种渠道，只要对教学有好处，只要对教学有利，不管

是公司开发的教育软件，还是流行的社会性软件，我们都采取"拿来主义"。

（一）借助公司的力量，尝试多种平台与学生互动，打造高效课堂

专业的事情有专业的人来做。软件开发、平台制作，自有专业的公司来打造，作为教师，我们的主业就是做好教学设计，提高教育教学质量。为了"基于平板的一对一数字化教学"，我们选择了"乐教乐学云平台"作为支持平台进行实验探索。同时，新的"创而新"平台，也即将投入使用。

两种平台，都是基于云端开发，学校不必再自架服务器、专人管理。教师的精力，可以全身心放在教学设计上。

课前，借助云平台，教师上传电子教材、教学设计、PPT、Flash、音频、视频，为学生布置特色作业，形成一个全方位的教学资源包。

课中，教师端与学生端互动。教师可以查看学生的登录情况；可以接管学生屏幕，展示给全班学生；教师可以向学生推送资源和作业，学生可以进行个性学习和测试，教师随时查看学生学习及测试反馈。

课后，学生登录网页端，查看教师布置的作业，及时完成上传。并且，学生与学生之间可以进行互动评价，家长可签字。

（二）挖掘社会性软件教育功能，服务教学

移动互联网的发展，基于云计算的免费软件大量涌现，用心的教师会择其优秀者为教育教学服务。360云盘、手机啪啪、微信等都是泛在学习、移动学习、碎片化学习的好工具，教师与学生，学生与学生之间的互动无处不在，教师可以随时一对一辅导。

实验班的教师与学生，每人都有一个360云盘，建立班级共享群，教师随时发布资源，学生随时转存下载；学生上传自己的电子作业，比如，PPT、课文朗读录音等，教师利用随身携带的手机，走在路上都可查看，便于掌握分析学情。

手机啪啪是语音作业的好助手。对着家长的手机，大声读课文、背古诗、朗读英语，讲出自己的解题思路……一键推送，老师和同学都会听到这动听的声音，并能语音回复评价。手机啪啪的应用，也催生了一种新型的学习方式。比如，实验班的司鸿硕同学，开创了"鸿硕讲堂"，读名著、说评书。"鸿硕讲堂"吸引了大批老师、家长、学生粉丝，一时好评如潮。从最初生涩地"读"到后来流畅地读，到现在的声情并茂地"讲"，还真有点评书的味道，这是实实在在的学生成长。受"鸿硕讲堂"的影响，有的学生开始每晚读背《增广贤文》、讲故事……二年级实验班的"家骅电台""秉霖讲坛"等也得到了大家的高度关注和支持。讲名著、谈科学、说生活……手机啪啪带动了大家读书的热潮。

微信，是一对一辅导的好助手。教师与家长建立好友关系，可以群聊，也可以私聊。针对学习有困难的学生，学生可把自己的作业拍照发给教师，教师及时点评指导，帮助学生成长，增强学生自信。这样的互动，家长也很喜欢。

（三）微课程，支持翻转课堂

开发微课程、翻转课堂，势在必行。在全市的微课程大赛中，我校积极参与，获

得了教师特等奖、学校突出贡献奖。获奖固然可喜，但是我们的目的不是为了获奖，而是在常态教学中如何支持教学变革。

比如针对低年级学生的写字教学，语文教师开发了成套的写字微课。手机成了教学改革的利器。利用手机录像功能，把每课的生字书写录制成微课，在微课中，既有教师的讲解和书写示范，也会引导学生观察书写特点，每个微课四五分钟。学生可以提前预习，也可课后复习，效果甚好。

传统的学习，在固定的地方、固定的时间按照固定的大纲，以教师为中心开展，没有显性的学习体验设计。并且，学生的学习一旦脱离课堂，教师便无法追踪监控，质量得不到保障。有了这些现代化的工具，学习的概念才真正得到凸显：学习无处不在，一对一辅导可以随时进行，教师可以提前了解学生的学习情况，课堂教学更有针对性。

三、探索翻转课堂教学策略，打造高效课堂

学习理论文献，结合自己的实践探索，我们初步形成了翻转课堂的一般教学策略：学情分析—重点点拨—练习反馈—总结提升。

学情分析：翻转课堂要求学生提前自学，但是自学的情况教师难以掌握。借助现代技术手段，能较好地解决这一问题。比如，云盘收集学生的电子作业，啪啪收听学生的语音作业，还有各种在线调查表……教师在课堂教学之前，就可了解到学生的学习状况，从而能更准确地确定课堂教学的重难点，以便教学更有针对性，省时高效。

重点点拨：有了课前的学情分析，重、难点就突显了出来，课堂上，教师可以直奔重点，省去一些不必要的环节。比如，语文课上，检查学生的朗读花费时间较多，而事先通过技术手段，教师已经对学生的朗读情况了如指掌，有针对性地检查指导难以读好的段落就会更有针对性。

练习反馈：重难点解决了，要及时检测学生学习的效果。通过云平台，向学生推送针对新知识点的练习题，学生通过平板完成提交，云平台自动反馈学生的练习成绩。教师与学生一起查看，出错多的地方，再次点拨讲评，促进学生知识的掌握、技能的形成。

总结提升：利用大屏幕，回顾总结重难点，以及练习中出现的问题，再次展现学习的过程，总结学习方法，提升学生的学习技能。

以上仅是我校在基于移动终端的一对一数字化学习中一点粗浅的认识与实践，我们期待与各位同仁碰撞交流，在这一领域共同提升。

春风化雨 谆谆传道

——经典诵读活动践行探索

摘　要　中国传统文化博大精深，将经典诵读引进校园，引进课堂教学，让孩子们在诵读中积累，在积累中拓展，在拓展中成长。通过诵读，让其领略传统文化的精髓与魅力，塑造其人格、提升其素养，崇德尊礼、知行合一，进而渗透到每一位中华儿女的血脉！

关键词　传统文化；经典诵读；活动方法

中国传统文化博大精深，古诗词更是中华民族优秀文化的重要载体。因此，让学生从小开始学习中国的传统文化，有着诸多意义。在传统文化教育中本着"弘扬传统文化，涵养人文情怀，塑造文化人格，提升人格境界"的宗旨，将经典诵读引进校园，组织开展了一系列丰富多彩的诵读经典诗文活动，让孩子们在诵读中积累，在积累中拓展，在拓展中成长，领略传统文化的精髓与魅力，增强民族自豪感。

一、远近兴来，芳菲忘归

以中华文化经典诵读活动为载体，通过日常点滴时间，让孩子充分利用班级读书角、学校图书馆等方式，来随时随地阅读，以此增强孩子人文知识的积累，提升他们的思想道德水准；同时，在每天的诵读中，带领孩子诵读古诗词等，让孩子感受古诗词的魅力，初步形成了低年段诵读《弟子规》《笠翁对韵》和经典古诗、中高年段诵读《论语》《大学》等节选为梯队的经典诵读模式，在孩子们纯洁的心灵中培植下了爱心、诚心、孝心，使他们懂得了"父母呼，应勿缓。父母命，行勿懒。父母教，须敬听"，也懂得了"人而无信，不知其可也"等道理。

二、润物无声，浸润心田

无论是从学校班牌的放置，还是抬头仰望的瞬间，都把经典渗透到身边的每个角落，让面面墙壁都会说话。美观大方的校园文化让校园里的每个角落都洋溢着浓浓的文化气息，使学生时时刻刻都可与古圣先贤对话，校园的一砖一瓦都蕴藏了丰富的文化内涵。

三、丰富视听，以文化人

传统节日是民族文化的根，也是民族精神的瑰宝。结合每个传统节日的不同特点，开展了许多独具特色的活动，让学生了解这些传统节日的由来、节日的风俗习惯及其象征意义，并结合相关诗词诵读让学生深切感受到中华民族文化的魅力，从而受到潜移默化的教育。

比如清明节开展"为革命先烈扫墓"的活动，进行爱国、爱家的教育；端午节开展"端午粽香"师生经典诵读活动，来感受传统节日中的民俗文化；重阳节时举行"说'重阳'、诵'重阳'，善心善行暖'重阳'"的活动，引领孩子们走进诗词书画中的重阳节，传承中华传统文化……

学校丰富多彩的诵读活动调动了学生们诵读的热情，孩子的进步使得家长对学校的诵读活动也越来越支持。

四、家校共育，校本开发

将德育实践课程生活化，将"传统文化、道德与法治、语文、美术"等基础学科内容进行选取和统整，设置课程，每一课程，都结合古诗词诵读，让学生进行学习、展示。如《走进秋天》这一主题课程，是以"收获、感恩、勤奋"为主题的德育课程。我在第一阶段教学中，通过多种形式，引导学生感受优秀传统文化的博大精深。具体活动如下：

1. 通过家长、教师、学生推荐优美、简单浅显的词句，开展"秋之声"诗词竞赛。

2. "诗情画意"诗词配画活动，让学生积累优美词句，增强对美好秋天的切身体会。

3. 通过自己喜欢的方式赞美秋天，可以唱、诵、画。

学校是弘扬与传承传统文化的主阵地，可以说，日常教学中，无不彰显着对优秀传统文化的传承。弘扬传统文化是永恒的教育主题，我们将一如既往、持之以恒地继续坚持抓好这项工作，传承中华文化，发扬中华传统美德。相信我们会用传统文化做底蕴，使校园处处弥漫传统文化的芬芳，让传统文化渗透到校园的每一个角落。

五、百花成蜜，虽苦亦甜

经典诵读开展以来，有付出有收获，有精彩有感动。在学校建校 30 周年之际，我们举行了"传承经典，爱我中华"的经典诵读展演活动。在全体教师深情朗诵之后，孩子们融吟唱、表演、演唱、武术、演奏、书画、太极等元素于一体的经典诵读震撼人心。《诗经·小雅·鹿鸣》《声律启蒙——一东》《大学》《中庸》等丰富多彩的节目，是学校努力打造书香校园，以"晨诵、午写、暮读"的形式，引领学生大量阅读、大量诵读经典的凝练。

　　学校一直以来非常重视传统文化的教学，尤其关注师生的人格塑造和素养的提升，积极参加各级部门组织的传统文化有关的活动。今年全校师生一起参加了全国首届青少年中华传统文化大赛，学生表现积极成绩优异，在省决赛中晋级全国国学大赛的淄川区的8名选手全部来自我校。我们也将会以此为契机，崇德尊礼，知行合一，让经典渗进每一位中华儿女的血脉！

"学困生"转化策略刍议

摘　要　"学困生"问题一直是困扰全面实施素质教育的一个难题。"学困生"的存在是一种普遍现象，也是亟待解决的问题。文章探讨、提出了教师在转化"学困生"过程中的一些具体策略。

关键词　学困生；转化策略；刍议

学困生问题一直是困扰全面实施素质教育的一个难题，并成为一个社会问题。目前我国教育的现状是：一方面新课程改革正在不断地探索之中，另一方面教师和学生的压力并没有减少。弄清这些学生学习困难的原因，制定相应的教育策略进行因材施教，是当前各个学校面临的一项重要课题和挑战。因此，广大教师应当更新观念，重视学困生，分析学困生的成因，有针对性地指导学困生，以提高教育教学质量。

一、了解关爱学困生

苏霍姆林斯基曾经说过："一个好的教师意味着什么？首先意味着他是这样的人，他热爱孩子，感到跟孩子交往是一种乐趣，相信每个孩子都能成为一个好人，善于跟他们交朋友，关心孩子的快乐和悲伤，了解孩子的心灵。"为此，首先应建立并完善学生的心理健康档案和个人成长档案。档案内容主要包括学生基本情况调查表、学生家庭休闲生活调查表、学生家庭情况调查表。通过建档，了解学生个人基本信息、家庭和学习基本情况以及心理发展特点，完善学生的心理健康档案，最终建立学困生学习进步档案。通过原因调查，跟踪辅导学生，了解学生的学习动态状况，有针对性地开展研究工作。

二、发挥集体教育的力量

首先，充分利用主题班会。通过主题班会，帮助学生明确学习目的和意义，扩展和完善原有的认知结构，重塑自我使心理发生量和质的变化；强化学习动机，培养积极上进、独立进取的个性；帮助学生制定适当的学习目标，帮助学生从学习中体验到成就感，从而产生学习兴趣，激发学习动机；注重学习方法的交流，帮助学生找到适合自己的学习方法；教会学生调整自己的学习心态，提高学习效率。

其次，充分利用小组合作学习模式。合作学习倡导小组的"积极互赖"，强调个人和小组的责任。学困生由于这种"积极互赖",会加倍努力,全神贯注,力争为小组奉献一分力量,不拖后腿。在学习中,让学优生自愿与学困生结成"一帮一"对子,通过"对学"和"群学"帮助学困生成长。

三、发挥家庭教育的力量

首先,班主任和任课教师的定期家访。及时了解学困生的家庭环境、亲子关系及家庭成员的关系,及时跟家长沟通学困生在学校的成长表现,并形成书面材料,学校存档。班主任和任课教师在家访过程中,若发现家庭对学困生的不利影响因素,应及时提供方法帮助,让家长认识到家庭环境、亲子关系、家庭成员的关系对学生的重要影响,协助家长加强对学困生在家庭中的帮扶。

其次,成立家长学校,定期召开家长会和家庭教育研讨会。学校积极开通与家庭同步实施心理健康教育的渠道,成立家长学校,选取有成功教育经验的家长组成家长委员会,同时定期召开家长会和家庭教育研讨会,让家长掌握科学的教育方法,相互交流教育子女的经验,了解学校对学困生的帮扶成效;学校举办亲子交流会,让家长走进学校、课堂,参加亲子交流活动,倾听学困生的心声;聘请专家、学者指导家长了解孩子心理发展的特点,掌握心理健康教育的方法,转变教子观念,注重自身良好心理素质的养成,营造和谐的家庭氛围,以家长的理想、追求、品格和行为影响孩子,与孩子共同成长。

再次,建设网络家长学校。积极运用现代化交流平台,开发建设网络家长学校,及时传递最新的教育方法。在网络家长学校设立"工作机构""父母课堂""教子方法""家长感言""专家推介"等板块,及时与家长互动交流。开通校长信箱、班主任信箱,家长可以及时获得帮助,为学困生的帮扶奠定家庭基础。

四、调动学困生自身的力量

"能够促使人去进行自我教育的教育,才是真正的教育。"为此,需要帮助学生认真分析、及时疏导成长过程中的心理问题,排除心理障碍,重新认识自我、塑造自我,促进自我教育。

首先,成立成长咨询室。心理学告诉我们:学困生会产生自卑心理、戒备心理、逆反心理、厌学心理、孤独心理。同时,学生——只要给点阳光就灿烂。学校可设立成长乐园咨询室,让学生在心理上完全放松,将自己在学习上遇到的困难和疑问毫无保留地倾诉出来;通过专业的咨询技巧,一对一地帮助学生解决学习过程中出现的心理问题;开通咨询热线,让家长和学生都参与进来,不仅可以解决家长和学生的学习问题,而且学生可以直接将自己的学习心得和体会写出来或说出来,或将自己曾经遇到的心理难题说出来,让其他的同学以此为鉴,更好地走出学习中的误区。

其次,充分发挥心理健康教育活动的作用。设计简单而有效的游戏,让学困生主动参与,积极表现和发言,建立起他们的自信心。心理活动课以活动为主要形式,在班级中一般以小组为单位开展各种活动，主要有游戏、情景创设、角色扮演、讨论等方式。活动的设计和组织实施不拘泥于一般课堂教学的时间限制，可长可短，视具体情况而定，具有一定的灵活性。活动空间不拘泥于教室，可根据活动内容的需要选择教室、校园、户外等作为活动空间。可引导学困生正确面对学习生活中的困难和压力，学会融入集体生活，学会积极调整学习心态，能以一颗健康、快乐、激情和感恩的心来面对成长之路。

五、选择适合学困生的教育

把握学困生心理状况，选择适合学困生的教育，是实现学困生转化、促进学困生发展的重要途径。学困生自尊心比较脆弱，如果没有恰当的方式方法进行教育教学，就可能使这些学生产生强烈的消极情绪。为了增强他们的自尊心，就要求我们在教育教学过程中既要注意教育方式又要讲究教学方法。如批评学生时讲究艺术性，做到批评讲场合、讲时间、讲善后工作，把尖锐的批评软化处理，把敏感的问题含蓄处理，用现身说法感动学生。在教学上，我们重视这些学生的存在，采用一些比较有效的方法，如愉快教学、分层次教学、成功教学等方法进行教学。在课堂上贯彻"三优先"政策，即优先提问、优先解答、优先辅导；布置作业时分梯度、分层次，确保他们写作业时的实际效果；如使用导学案授课，在练习题上让学生分层达标，让不同程度的学生都能有的放矢，增强他们的自信心和自尊心。可以设立学困生"进步奖"，将这学期与上学期成绩进行比较，对提高进步幅度较大的学生进行表彰，颁发"进步奖"，抓住学困生的"闪光点"，激励他们进步。

总之，学困生在每个班级中不可避免地相对存在着，转化学困生是一项长期而又艰苦的工作，需要每一位教育工作者付出常人难以想象的耐心和爱心，需要坚持不懈，充分调动学生的兴趣，严格要求，不迁就；教师需要根据学生不同情况提出不同的标准，采取不同的措施，不断鼓励。

家校携手　合力为学困生的成长撑起一片蓝天

摘　要　"学困生"产生的原因很多，由于家庭的原因，致使学生丧失学习兴趣是很重要的一点。文章从学校教师和家长增强联系的角度，探讨了面对学困生问题，教师教育的方法问题和家校联系的重要意义。

关键词　学困生；家校携手；转化

《中共中央关于深化教育改革全面推进素质教育的决定》明确指出，要"加强学生的心理健康教育，培养学生坚忍不拔的意志、艰苦奋斗的精神，增强青少年适应社会生活的能力"。素质教育的最终目标是提高国民素质，这就要求教育要面向全体学生，面向每一位未来的国民，教会学生学会学习，因为这是未来每位公民应该具备的基本能力。

资料显示，在我国有10%左右的学生认为自己存在不同程度的学习困难问题。经过我们在学校的严谨调查，我校有近10%的学生存在学习困难问题。"学困生"在同学中往往受到有意无意的歧视，他们往往自卑、沮丧、孤僻，妨碍了学生心理的健康发展，也与素质教育的理念背道而驰。

一、我校学习困难学生的主要表现

改革开放以来，随着社会的发展，学生的经济条件普遍越来越好，但学习困难个案却越来越多。特别是近几年，媒体上曾多次报道部分富裕家庭，因父母忙于生意无暇照料孩子，致使部分学生因沉溺"网络"而荒废学业……

我校地处城区，受周边环境的影响，很多家长忙于生意疏于对孩子的教育，不少学生学习动机不明确，厌学情绪比较明显，每个班级都普遍存在着学习困难学生。主要表现为：

1. 家长因忙于工作和生意，孩子一般由老人帮助照看和教育，自己过问很少，甚至放任自流。

2. 离婚率的攀升，导致单亲家庭的学生比较多，个别班级高达20%。单亲家庭的孩子往往存在心理障碍，严重影响到学习。

3. 部分学生迷恋上网玩游戏，对学习失去了兴趣。

4. 部分家长在教育子女问题上方法不对，不懂得教育心理学，忽略了良好习惯的养成教育，导致子女从小没有形成良好的学习习惯。还有部分家长，单纯采用物质奖励的形式，时间长了，当孩子对物质刺激变得麻木时，也就没有了学习的内在动力。

5. 进入初中后，学习科目增加了，学习内容也变化很大，部分学生仍在沿用过去小学时的方式方法，跟不上初中的学习节奏，从而造成学习困难。

6. 还有一些其他方面的因素，导致了学困生的产生。

为了解决学困生问题，我们通过对学困生学习困难问题的成因进行细致分析，弄清了主要原因。我们深深认识到，学校教师必须和家长密切联系，共同携手来解决这一问题。

二、因材施教，保护和增强其自信心和自尊心

苏霍姆林斯基曾感叹："从我手里经过的学生成千上万，奇怪的是，留给我印象最深的并不是无可挑剔的模范生，而是别具特点、与众不同的孩子。"对学困生这样一个"与众不同"的特殊群体，教育者必须正确认识他们、研究他们，保护和增强其自信心和自尊心是最为关键的一点。

自尊心和自信心是一个人潜能得以释放的精神源泉，是人们克服困难获得成功的重要保证。学困生自尊心比较脆弱，如果没有恰当的方式方法进行教育教学，就可能使这些学生产生强烈的消极情绪。为了增强他们的自尊心，教师在教育教学过程中既要注意教育方式又要讲究教学方法。如批评学生时讲究艺术性，做到批评讲场合、讲时间、讲善后工作，把尖锐的批评软化处理，把敏感的问题含蓄处理，用现身说法感动学生。在教学上，我们采用了一些比较有效的方法，如愉快教学、分层次教学、成功教学等。在课堂上对后进生贯彻"三优先"政策：即优先提问、优先解答、优先辅导。课堂上更多地关注学困生，多给他们回答问题的机会，灵活掌握对待他们的学习要求，由低到高，逐步提高。课后，抓住一切空余时间补缺补差，开小灶，降低要求，但力求做到要求严格、态度和蔼，消除其自卑心理，增强信心。学期结束，布置作业时分梯度、分层次，确保他们写作业时的实际效果。填写素质报告单时，评价由面向家长转为面向学生，不写结论性语言，改用形成性语言，用放大镜观察每个学困生的闪光点，多鼓励多肯定。

三、三条渠道让教师和家长形成了教育的合力

对于学困生，我们要以人为本，尊重、关爱他们，充分发挥社区、家庭、学校以及他们自身的力量，创设新课程所倡导的和谐的教育环境，全方位、全时段地对学困生进行帮扶。我们的经验是，学校密切联系学困生的家庭，组成一个由三条渠道进行交流的家校帮扶网络。

第一条渠道，班主任和任课教师的定期家访。为了及时了解学困生的家庭环境、亲子关系及家庭成员的关系，为了及时跟家长沟通学困生在学校的成长表现，学校建立了班主任和任课教师定期家访制度，并形成书面材料，学校存档。班主任和任课教

师在家访过程中，发现家庭对学困生的不利影响因素，及时提供方法帮助，让家长认识到家庭环境、亲子关系、家庭成员的关系对学生的重要影响，协助家长加强对学困生学习的鼓励和督促。另外，对网络比较熟悉的家长，我们通过邮件、QQ 等方式，密切和家长的交流，让家长及时掌握学生的情况，并为家长提供教育方法的指导。08 级5 班学生阳阳（化名），一向活泼、做事认真、善解人意、乐于助人。可是最近一段时间她变得脾气暴躁，喜欢独处，上课精力不集中，常常走神。班主任老师发现情况后，多次找她谈心效果不佳。在此情况下，老师与家长联系，了解到其父母近期一直因家庭琐事吵架并当着孩子的面说"没法过了要离婚"，忽视了孩子的感受，给孩子的心理带来极大的不安全感。在了解到情况后，家长和老师共同努力帮助孩子走出阴影，使其恢复到正常的学习状态。

第二条渠道，成立家长学校，定期召开家长会和家庭教育研讨会。为了让家长掌握科学的教育方法、相互交流教育子女的经验、了解学校对学困生的教育情况，学校成立了家长学校，选取有成功教育经验的家长组成家长委员会，定期召开家长会和家庭教育研讨会。学校每月举办一次亲子交流会，让家长走进学校、课堂，参加亲子交流活动，倾听学困生的心声；聘请专家、学者指导家长了解孩子心理发展的特点，掌握心理健康教育的方法，转变教子观念，注重自身良好心理素质的养成，营造和谐的家庭氛围，以优秀家长的理想、追求、品格和行为影响孩子，与孩子共同成长。2009年学校特意邀请"知心姐姐"心理健康教育培训中心研究员、北京金智阳光国际教育科技发展中心总顾问毕退明老师走进校园，为学生家长做了精彩的心理健康报告，听讲的家长表示收获很大，有豁然开朗的感觉。

第三条渠道，建设网络家长学校。学校积极运用现代交流载体，开发建设了网络家长学校，及时传递最新的教育方法。网络家长学校设立了"工作机构""父母课堂""教子方法""家长感言""专家推介"等板块，及时与家长互动交流。另外，学校还开通了校长信箱、班主任信箱，家长可以及时了解学生的学习情况，及时获得帮助和指导。

精诚所至、金石为开。学困生是可以改变的，只要我们教育者拥有一颗爱心，根据学困生的不同情况和家长紧密联系、相互配合，给予他们更多的理解与尊重、宽容与关爱、支持与鼓励、督促与鞭策，就一定能收到很好的效果。让我们教师和家长手拉手，以辛勤的汗水、恒久的耐心、火热的爱心，来精心培育那些"迟开的花朵"吧。让我们怀着一颗虔诚的心，相信他们一定会绽放的，也迟早会鲜艳的。

巴金的"缝隙"与叶圣陶的"空隙"

摘 要 人教版五年制小学语文四年级上册第一组课文中收录了巴金先生的《鸟的天堂》，第二组课文中收录了叶圣陶先生的《爬山虎的脚》。细细品味这两篇名作，体味大师的经典用词，享受中华文化的优美意境！

关键词 《鸟的天堂》；《爬山虎的脚》；巴金；叶圣陶

人教版五年制小学语文四年级上册第一组课文中收录了巴金先生的《鸟的天堂》，第二组课文中收录了叶圣陶先生的《爬山虎的脚》。这两篇文章都是名人名篇，随手从文中捡几片"绿叶"，就会使我们细细品味很久。

《鸟的天堂》写榕树的叶子：

榕树正在茂盛的时期，好像把它的全部生命力展示给我们看。那么多的绿叶，一簇堆在另一簇上面，不留一点儿缝隙。

《爬山虎的脚》写爬山虎的叶子：

那些叶子绿得那么新鲜，看着非常舒服。叶尖一顺儿朝下，在墙上铺得那么均匀，没有重叠起来的，也不留一点儿空隙。

同样是写叶子，巴金先生用"缝隙"，而叶圣陶先生用"空隙"，两位为何用得不一样？请仔细读一读这两部分，谈谈自己的看法。我把问题抛给了学生。

学生们眉头紧锁，眼睛注视着屏幕上的这两段文字，静静地思考着。此时，课堂归于宁静，思维的宁静。过了一会儿，紧锁的眉头舒展开来，小手高高地举了起来。

师：我们先来谈谈巴金先生的"缝隙"。

生：我觉得没弄错，"缝隙"说明榕树叶子很多，连一点缝都没有。

师：是啊，榕树的叶子很多，从哪个词读出来的呀？

生：一簇一簇的。

师：是很多，一簇一簇地摆在这里吗？

生：是堆在一起。堆在一起说明叶子一层压一层，很多。

师：一层压一层，用很多似乎不太准确，是很……（教师做手势启发）

生：是很厚。

师：对呀，"堆"在一起，所以才会不留一点儿"缝隙"。一个"缝隙"不但让我们体会到榕树叶子多，而且让我们体会到榕树叶子的厚度。

师：那为什么写榕树的叶子是一簇一簇的生长呢？（想想这棵榕树枝干的特点。）

生：这棵榕树很大，书上说枝干的数目不可计数，这么多枝干交叉在一起，枝上长满叶子，所以用一簇一簇。

师：是啊，正是榕树枝干的特点决定了它的叶子生长特点，也决定了巴金先生用"缝隙"这个词。

师：我们按分析"缝隙"的方法再来分析"空隙"。

生：爬山虎的叶子作者用"铺"来写的，这个铺就像我们在家铺床一样，只有一层，很薄，所以作者用了"空隙"这个词。

师：看来"空隙"不能用在有厚度的地方。

师：那"空隙"与"缝隙"的区别在哪里？

生："缝隙"能让我们体会到厚度，"空隙"则不能。

师：是呀，爬山虎的叶子为什么不像榕树的叶子，一层压一层呢？（想想课下观察到的爬山虎的脚与叶子的特点。）

生：文中说了，爬山虎的叶子铺得很均匀，没有重叠起来的。

师：爬山虎的叶子为什么不重叠呢？

生：我昨天去观察爬山虎了，发现它是一只脚带一片叶子，并且每只脚都相隔一段距离，紧紧地扒住墙，所以它的叶子不会重叠。

师：你真会观察！爬山虎的脚决定了它的叶子在墙上的位置，才会铺得那么均匀。正是因为铺得均匀，薄薄的一层，叶圣陶先生才用了"空隙"这个词。

师：同学们，"缝隙"与"空隙"这两个词，只有一字之别，不仅让我们体会到了两种植物叶子不同的生长布局，还让我们知道了形成不同生长布局的根本原因，更让我们体会到了两位大作家用词的准确，这可真是"一字千金"呐！

师：以上是我们对这两个词的解读，字典中对这两个词又是怎么解释的呢？请同学们迅速查一查字典。

生：字典中"空隙"的解释为"中间空着的地方"；"缝隙"的解释为"裂开或自然露出的狭长的空处"。

师：同学们，看来我们的理解与字典的解释是吻合的。我们得感谢巴金先生与叶圣陶先生，他们的用词，引发了我们的思考。我们更应该感谢自己，是我们抓住了这些词，进行了高质量的思考，才会有个性的解读。孔子曰：学而不思则罔，思而不学则殆。学思结合，是一种提高学习质量、提高生命质量的好方法。

课罢，细细地咀嚼两位大师的语言，回味着与学生的一幕幕，如沐春风、心旷神怡。在教育的路上，我们还是多找些大师的"绿叶"与学生一起细细地"咀嚼"吧！

从创新中寻找生命

摘　要　创新是一个民族发展的不竭动力。突破传统的授课模式，结合社会课的特点，充分发挥学生的主体作用，促使学生主动求知、勇于探索、大胆想象、敢于开拓，是社会课新型课堂的必然趋势。

关键词　创新；课堂教学；方法

创新是民族进步的灵魂，是文明发展的阶梯。我们的目的是教育学生成为全面发展的人，社会课教学同样肩负着这种神圣的使命。结合社会课特点，充分发挥学生的主体作用，促使学生主动求知、勇于探索、大胆想象、敢于开拓，是社会课新型课堂的必然趋势。我在社会课教学中，大胆地进行了改革，取得了比较好的效果。

一、"师不必贤于弟子，弟子不必不如师"

学生自主学习能力的培养是我们追求的目标，三人行，必有吾师。我们应该把每一个学生当作一个有独立思想的个体。学生本身就是资源，也是课程。我们完全可以充分调动学生的兴趣与能力，让"小老师"登台讲课，分享知识，共生智慧。"小老师"要登台授课，需要做大量准备工作，查找资料、制作 PPT 等，这个过程就是最好的学习。

总是老师们来上课，学生多多少少会有审美疲劳。从另一个角度看，"小老师"上课，其他学生的关注度会非常高，更容易培养自信，激发学生的学习兴趣。

我在教五年级社会课时，在学期初做好统筹，让愿意讲课的学生按自己的喜好准备一节课。届时由他主讲，我当助教。"小老师"的授课给了我和学生太多的惊喜。如一生在讲战国时期各个国家时，搜集整理了相关知识，齐、楚、燕、韩、赵、魏、秦在地图上标注得非常清楚，形象直观，让课堂充满了生命的张力。

"青出于蓝而胜于蓝。"向孩子学习，真正地做到"教学相长"。

二、"问君哪得清如许，为有源头活水来"

局促于一室之内，与学生共勉，其知也有限。"问君哪得清如许，为有源头活水来"，社会生活才是真正的知识的源泉。让学生深入生活，在社会这个大舞台上历练，才能真正学会求知、学会办事、学会生存、学会合作。

有些课如果在课堂上教，味同白开水，学生无兴趣，教师白饶口舌。倘若带着学生走出课堂，躬身实践，效果胜课堂何止数倍。如与学生在课堂上谈环境污染问题，事倍而功半，相反，让他们去调查我们周围的环境污染状况，学生不仅看到了现象，并会深思产生这种现象的原因和解决的方法，不用费劲，学生思想得到了升华，获得了获取知识的方法。在一次调查结束后，有的同学这样写道：看到孝妇河里面的臭水，看到随处都是垃圾，想想我们生活在一个怎样的生活环境中啊？有的同学这样写道：当我与环保局的叔叔共同完成这次调查，从结果中得知我们区的地下水如果通过自然净化的方式，要经过700年才能净化到我们人类饮用水的标准时，我心里感到很害怕，是我们人类自己在毁灭我们自己，我长大了一定要做一个环境工作者，使我们的地球不再受到破坏。

三、让学生大胆想象，打破思维定势的阻碍

定势是学生解决问题的经验化。学生对知识的理解以及习惯性的思维方法，常常产生定势心理，它严重地阻碍了学生创造性思维的发展。爱因斯坦说过：想象比知识更重要，因为知识是有限的，而想象概括着世界上的一切，推动着进步，并且是知识进化的源泉。心理学家认为，人类的创造性活动总是伴随着想象，有了创造的想象，才可能有创造的行动。我在教学中，鼓励学生大胆想象，想别人所未想，打破自己思维上的定势。学生已经能够联系当前实际，展开想象的翅膀，阐明各自的观点，这就是一种成长，一种社会能力的增强。

四、挖掘教材中美的因素，引导学生正确审美，丰富情感

正确的审美意识往往是创新成功的导向。社会教学乍看起来似乎只是一些知识，其实，在许多课文中包蕴着丰富的美感。学生的审美素质是不容忽视的一环，因此，我在教学中注意挖掘教材中的美的因素，提高学生的审美素质。

如我在教学《撒哈拉以南的非洲》这一课时，不仅仅是空洞的谈地形地貌，谈自然生态，而是让学生观看了著名的影片《乞里马扎罗的雪》片段，从中学生欣赏了自然生态的美，不由为之折服，也从中看到了为了金钱去滥捕滥杀野生动物的场景，激起了学生对这些不法分子的憎恶，丰富了学生的情感。

当我们回想自己小学时老师教了些什么时，脑中茫茫一片空白，想来想去，倒是儿时自己获取来的知识至今还清楚地记得。我们让学生主动求知，在不经意间接受知识，在新的环境中学习知识，让学生多了一些实际的生活体验，其印象之深刻，单调的课堂教学恐怕难以与之相比。

《给予树》课堂实录及赏析

执　教　全国第六届语文优质课评选一等奖获得者　徐慧颖
赏　析　鹿纪林

转轴拨弦三两声　未成曲调先有情

课前游戏：

师：同学们喜欢做游戏吗？猜猜这是什么节日？

（出示相应节日的图片）

生：……

师：喜欢过节吗？

生：喜欢！

师：为什么？

生：团圆在一起，很快乐。

师：（出示圣诞节图），这是什么？

生：圣诞节！

师：为什么喜欢？

生：有礼物。

师：你还了解什么关于圣诞节？

生：在每年的 12 月 25 日……

师：老师发现一提起过节你们就特别开心。今天我们就上一课关于圣诞节的课。希望能给你们带来快乐。

上课！

评：课前游戏紧扣文章主题，既起到了缓解气氛的作用，又顺利地引入了本文即将学习的内容。

低眉信手续续弹　细处无声见真功

师：请同学们坐好，抬头看老师写课题。

（师认认真真、一笔一画板书课题）

师：这就是今天我们要学习的课文，谁会读课题？

生：（读课题）

师：真不简单，多音字"给"、生字"予"你都读对了，立即在题目中给这两个字注音。

师：谁能再读一读？

生：（读）

师：大家一起读。

生：（齐读）

评：题目"给予树"中"给"容易读错，"予"对学生来讲比较陌生，徐老师给予了第一个读的学生极大的肯定，又指一生读，再齐读，分三个层次，有效地解决了课文题目的朗读。

师：同学们都读得很不错。请大家打开书，翻到125页，找到认字表，同桌之间互相检查，有读不准的，就提个醒儿。

（生生互读，师巡视指导）

师：都读对了吧，那我来考考你们吧！敢不敢接受我的挑战？

出示"圣诞"，指一生读，表扬该生声音洪亮。

出示"分享"，指一生读。

出示"沉默不语"，指一生读。

师：下面的词，如果你会读，请你站起来抢着读。

依次出示：仁爱、如愿以偿、到处逛。（生争先恐后抢着读）

出示"援助"。

师："援"还可以怎么组词？

生：支援。

生：救援。

生：援救。

师：看来，平时同学们很注意积累。

师：课文还提到了"援助中心"，出示"援助中心"。

师：你对这个词有什么了解？

生：帮助有困难的人的。

生：帮助实现愿望的。

师：课文中说道：圣诞节这天，援助中心会在商场里设置这样一棵与众不同的树，而且这棵树上挂满许多人的心愿卡。（师边说边画圣诞树，画完后贴上心愿卡）

师：这棵树就叫给予树！

师：这树上有"棒棒糖"。

（出示：词"棒棒糖"）

（齐读词）

师：这"棒"怎么写？

生：左窄右宽。

师：还有一个规律：横多距离短！记住了吗？老师范写。自己动笔写一写。

生：（描写）

评： 从大家互相检查、提个醒儿，到指名读词、大家抢读，环环相扣，充分发挥了学生的积极主动性，灵活而不呆板。对于"援"的处理，贴近生活，"棒"的书写指导，扎扎实实，不仅培养了学生良好的书写习惯，同时培养了良好的观察习惯。整个处理词汇这一小节，水到渠成，无斧凿之痕。

大珠小珠落玉盘　情至深处见真情

师：先写到这儿，看来同学们生字掌握不错，课文一定读得也很好。边听边想，课文中都写到了谁？给你印象最深的是谁？

（分小节读）

师：读正确了吗？谁听出来了？有没有不对的地方？

生：落下了一个字。

师：你听得真仔细。请刚才的同学再来读读这句话。

（再读）

师：课文中写到了谁？

生：哥哥、姐姐……

师：谁给你们留下印象最深？

生：金吉娅。

师：他做了什么事给你留下这么深的印象？

生：他给陌生的小女孩买了洋娃娃，给家人买棒棒糖。

师：你有什么疑问？

生：为什么不给家人买好东西？

师：好，让我们一起走入课文，走进金吉娅的内心世界。我们先来看第三小节，请一位同学读，其他同学拿出笔画出描写金吉娅的句子。

（出示课文第三小节）

生："只有八岁的小女儿沉默不语。"

师：什么是"沉默不语"？

生：就是不说话。

师：老师明白了，"沉默不语"就是什么话也不说、什么事都不想。

生：错了！是什么都不说，但是心里想了很多事。

师：那沉默不语的她究竟在想些什么？自由读读1~3自然段。

生：（自由读1~3自然段）

师：金吉娅究竟在想着什么？

生：大家都买了很多很好的礼物，可是我只买了一些棒棒糖，他们会不会骂我呢？

师：心里想着家人，担心着家人的感受。

生：妈妈回家会不会说我呀？

师：你想着妈妈，担心妈妈生气，多体贴的孩子呀！

生：他没有买到像样的礼物，很难过，给了家人一些普通的糖，给了陌生女孩一个好礼物。

师：这个同学多会读书呀！联系课文中具体内容，体会到了因没有给家人买到礼物，心里很难过。

生：回到家，妈妈肯定认为那些棒棒糖不值20美元，她担心妈妈会怀疑她，她到底用这20美元做了什么？

师：她担心妈妈生气，心里很在乎妈妈的感受。

师：你看呀！透过"沉默不语"，我们体会到了金吉娅的内心。带着这样的体会，谁再来读这句话？

生：读。（读出了沉默不语的感觉）

师：是呀！沉默不语的金吉娅，心事重重。

师：如果，我们和哥哥、姐姐兴高采烈的样子对比着读，就更能读出金吉娅沉默不语时的心情。先自己试一试。

生：读。（突出了兴高采烈与沉默不语的对比）

师：兴高采烈是什么样子啊？表演一下，那沉默不语呢？

师：一边想象一边读。

生：读。（读得抑扬顿挫，很有味道。）

师：你看，透过沉默不语，联系上下文，我们体会到了金吉娅的内心，感受到了她心里想着家人、体贴家人啊！（板书：体贴）

评：抓住"沉默不语"这个词，深入课文，走进人物心灵。老师反语"沉默不语就是什么话都不说，什么事都不想"吊起学生胃口，深入思考；学生带着自己的思考，初步品味；对比读书，加强理解与表达；边想象边读，入情入境。整个朗读指导，引导学生体会、感受，无一句牵强之语，内化于心，故能披文入情。

师：通过"沉默不语"联系上文，我们走入了她的内心，感受到她的心里想着家人、体贴家人。这么体贴，为什么只给家人买了棒棒糖？让我们再来默读课文第四自然段，想想金吉娅为什么要给小女孩买洋娃娃？并划出相关的句子。

生：（默读）师巡视指导。

师：你们划了哪些句子读给大家听听？

生：（读相应句子）

师：同学们发表了自己的见解。不少同学都说了这句话，出示："可是妈妈，我们有这么多人，已经能得到许多礼物了，而那个小女孩却没有。"

生：看着屏幕读。（屏幕上那句话中少了"什么都"三个字。）

生：打错了，少字了。

师：出示"什么都"，我觉得少这三个字可以呀，不加不行吗，为什么？

生：这样就表现不出来，小女孩什么都没有了。

师：什么都没有让你知道了……

生：加上这三个字就表现出小女孩一丁点儿、丝毫都没有了。

生：少了，说明不了一点儿"都没有"。

师：是的，上课前，我们都说了，孩子们最想过圣诞节。孩子们唱啊，跳啊，沉浸在幸福快乐之中，可这个小女孩却什么都没有。想想她没有什么？

生：没有人关心。

生：没有人爱。

生：没有礼物。

生：没有圣诞节的快乐。

师：小女孩在金吉娅的眼中什么都没有。让我们再来读读这句话。

生：读"可是……没有"。（学生能读出对小女孩的同情）

师：多么可怜的小女孩，在圣诞节前夕什么都没有。如果你就是金吉娅，你来到这棵挂满心愿卡的树前，她会说什么？小女孩的心愿卡深深地吸引了你。请一生读心愿卡。

生：快乐的圣诞节又到了，可是我总想哭，我一直盼望有一个穿着裙子的洋娃娃，我要做她的妈妈，不让她孤单，请好心人帮我实现这个愿望吧！（配乐）

师：噢，小女孩一直在盼望一个洋娃娃呀！白天，她一个人孤零零的时候，一直盼望着；晚上，面对着黑漆漆的屋子，她一直盼望着，甚至连做梦啊，小女孩都在想着洋娃娃。（配乐）

师：指着一名学生说："金吉娅，看了小女孩的这个愿望，你的心里在想些什么？"

生：我一定要帮她实现这个愿望。

师：那你呢？

生：我要帮助她。

师：可是，这是妈妈辛辛苦苦攒下的钱，是希望你和哥哥姐姐分享圣诞快乐的，可你却要帮助小女孩，你想清楚了吗？

生：想清楚了。帮她买到洋娃娃。

师：你们有帮她的同情心与决心。谁带着大家再来读读这段话？

生：（读这段话）。

师：我体会到了金吉娅帮助小女孩的决心。现在，你们知道她为什么帮小女孩买洋娃娃吗？是啊，我们全明白了！她还送给了小女孩什么呢？

生：温暖。

生：真诚的心。

师：送给了她真诚的心，送给了她希望，多么善良的孩子！我们感受到了她的善良仁爱。

（板书：善良　仁爱）

师：听，圣诞的音乐奏响了，给予树上有一个小女孩的梦想，另一个叫金吉娅的只有八岁的小女孩，帮她实现了梦想。如果我现在就是金吉娅的妈妈，我曾担心过，生气过。可是现在，我高兴极了，紧紧地拥抱着金吉娅。你们还是她的兄弟姐妹，你们想说什么？

（出示：我……极了，紧紧地拥抱着金吉娅）

生：金吉娅，你很了不起。

师：如果你是金吉娅的家人，此时，你们的心情会是什么样呢？

生：我高兴极了，紧紧地拥抱着金吉娅。

生：我激动极了，紧紧地拥抱着金吉娅。

生：我自豪极了，紧紧地拥抱着金吉娅。

生：我兴奋极了，紧紧地拥抱着金吉娅。

师：出示课文："我紧紧地拥抱着金吉娅，这个圣诞节，她不但送给我们善良、仁爱、同情和体贴，以及一个陌生女孩如愿以偿的笑脸。"谁来读读？

（指名读）学生读得入情入境。

师：我们感动极了。让我们这些被感动的人们一起读读这段话。

生：（齐读）

师：八岁的金吉娅的善良，深深地打动了我们。收了洋娃娃的小女孩会对金吉娅说些什么呢？

生：谢谢你的洋娃娃。

生：谢谢你送给我的爱。

师：小女孩感受到了。

生：谢谢你（一时语塞，不知怎么说了）

师：（机智）小女孩愿望实现了，激动得说不出话。课后请同学们替小女孩写一写这段话。

下课！

评：

听罢此课，一股心灵之水汩汩从心底流出，这才是语文教育的真谛：通过文本，创造情境，唤醒学生心灵深处的美好品质，培养他们的美好情感、审美情趣。

情动之处，归至心灵的共鸣。老师巧妙的设计、感人的语言、贴切的背景音乐，令学生身临其境，故情深意切，言为心声。学生在此课中完成了从简单感知善良到深刻表达善良的蜕变，人与人之间的真爱从此在他们的心中埋下了种子。

育人非口号能行，心灵震撼才是捷径！

课堂教学"四变"

摘　要　课堂教学千变万化，但是归根结底是要让学生能够轻松愉快地学会知识，掌握知识，对学习产生浓厚的兴趣，进而掌握学习方法，为进一步的学习打下坚实的基础。因此，改变一成不变的一些所谓的教学模式和方法，在"变"中寻求更好的教学方法，让课堂真正成为学生学习的主场，是我们每一个老师都要不断尝试探索的。

关键词　课堂；教学方法；"四变"

一、变"知识"课堂为"生活"课堂，使课堂学习成为学生享受生活的一种方式

教学本来就是一种"生活"，一个来自学生生活的话题经过组织便开始了教学。课堂上气氛热烈，学生多方面的兴趣被激发了，每个学生都成为话题的主人，可以随意发言。宽松的情感背景，使学生自信、愉悦地交流，使得不同的思维相互碰撞、调整、接纳，人人都得到了参与和体验。

如我在教学《司马光》这篇课文时，假设了这么一个生活场景：如果我们班的某位同学不小心掉进大水缸里了，你会采取什么样的办法来救他。学生各自说出自己的解救办法，然后在这种场景下来比较学生想的办法与司马光用的办法，看哪一种最可行、最符合实际情况。一石激起千层浪，学生的思维生活化了，各抒己见、相互驳斥：有的说用杆子把孩子挑出来，接着便遭到了驳斥，说时间紧、人小，不可能把小朋友救出来；有的说把缸推倒；有的说用绳子……每个学生俨然已成为这个生活场景的主人，都在积极地想最有效的办法救人。最后，一致认为司马光的办法最可行、最符合当时的实际情况：司马光是让'水离开人'，而我们一般首先想到的是让'人离开水'。

教育的起点是生活，生活的中心是活动，活动的中心是学生，让学生真正成为课堂生活的中心，全身心地参与课堂生活，享受课堂生活带来的欢乐，学习将不再是一种负担，而变成了学生主动求知的一种乐趣。

二、变"教"教材为"用"教材

教材仅仅是一小部分知识的载体，教师的作用是运用教材，引导学生自主学习，

不经意地学习，在浓厚的兴趣中学习，而不是按部就班地去"教"教材。"教"教材只能把学生教"死"了，根据学生的心理特点和学科特点合理地去"用"教材，才会把学生教"活"。

教材只相当于一个最原始的剧本，老师就是导演，学生便是没有任何演技基本功的主角。"戏"的成功与否，关键在导。你的思维再活跃，也不能脱离于课堂之外；你的思维再迟缓，也会迸发出一点火花，那是星星之火，是学困生转化的苗头，那就是教育目的。如我在教《两只小狮子》这篇课文时，没有拘泥于"通过学习这篇课文，你懂得了什么样的道理"这样的"教"教材的模式，而是让学生续编两只小狮子后来的生活各自怎么样，以此来深化主题。"用"教材做了阶梯，让学生的思维向更深处发展。有的学生续编道：勤快的狮子继续苦练下去，终于获得了和他爸爸、妈妈一样的本领，深化出要成功就必须终生努力、刻苦的道理；有的续编懒狮子没有听妈妈的话，还是好吃懒做，长大后，因为没有本领，被老虎咬死了，深化出当今社会"优胜劣汰"的生存规则。

"教"和"用"之优劣，显而易见。每位教师都得是一位善用教材为学生、为自己服务的高手，才会使课堂真正焕发出青春活力。

三、变"老师"教学生为"学生"教老师

当今社会传媒发达，学生每时每刻都在接触新知识、新事物，其"知识圈"之大，恐怕我们有些方面也不能与之相比。我们不妨根据学科的性质，让学生也登上讲台，我们也与其他同学一样，坐在台下聆听学生的"教诲"。

学生要想登台授课，就必须搜集、整理资料，准备讲案，在老师指导下的一系列的操作过程中，无形之中已掌握了很多知识。如我在教五年级第六册社会课中《第二次世界大战》这一课时，有位学生从书中、网上搜集了大量的"二战"资料，比较准确地画出了"二战"的三大战场形势图。课堂上，资料之翔实，线路之清晰，连我都有点自愧不如。

"师不必贤于弟子，弟子不必不如师"，用今天的时代背景来阐述这句话，其中蕴含着更为深广的含义。向孩子学习，也真正地做到了"教学相长"。

四、变"一隅"为"多隅"，社会是最好的课堂

局促于一室之内，与学生共勉，其知也有限。"问君哪得清如许，为有源头活水来"，社会生活才是真正的知识的源泉。让学生深入生活，在社会这个大舞台上历练，才能真正学会求知、学会办事、学会生存、学会合作。

有些课如果在课堂上教，味同白开水，学生无兴趣，老师白饶口舌。倘若带着学生走出课堂，躬身实践，效果胜课堂何止数倍。如与学生在课堂上谈环境污染问题，事倍而功半，相反，让他们去调查我们周围的环境污染状况，学生不仅看到了现象，并会深思产生这种现象的原因和解决的方法，不用费劲，学生思想得到了升华，获得了获取知

识的方法。

当我们回想自己小学时老师教了些什么知识时，脑中茫茫一片空白，想来想去，倒是儿时自己获取来的知识至今还清楚地记得。让学生多一些实际的生活体验，少一些空洞的说教似乎更有效。

知道　悟道　行道

——教师专业成长之路

摘　要　社会发展趋向多元化，高素质专业化教师队伍是教育发展的基石。在此，我们结合自己的专业成长经历，从知道、悟道、行道三方面阐述了对教师专业成长的看法。

关键词　知道；悟道；行道；教师；专业成长

社会发展趋向多元化，对全面的素质教育要求越来越高。高素质专业化教师队伍是教育发展的基石。如何加强教师专业素质的提高，如何明确专业发展方向，如何激发专业发展的内驱力、提升专业发展能力，是摆在每一位教师面前的现实问题。对于学校发展而言，教师队伍的专业化程度决定着学校的办学质量。对于学生而言，教师的专业素养决定着学生的发展高度。下面，从自我发展的三个阶段，分享专业成长中的成功、失败，成绩、困惑。

"古今之成大事业、大学问者，必经过三种之境界：'昨夜西风凋碧树。独上高楼，望尽天涯路。'此第一境也；'衣带渐宽终不悔，为伊消得人憔悴。'此第二境也；'众里寻他千百度，蓦然回首，那人却在、灯火阑珊处。'此第三境也。这三种境界的原意是指'做学问'，然而教师的专业成长又何尝不是在做一场'学问'呢？反思自己的专业成长历程，大致也经历了这样的三个阶段：知道，求索定向期；悟道，追求发展期；行道，风格形成期"。

一、知道，求索定向期

对于刚参加工作的年轻教师而言，面临的是一个全新的教育环境，从课堂教学到教研科研，从班级管理到家校沟通，这些都是一位教师专业成长中必须涉猎的领域。因此，对一名新教师而言，首先要做的就是全方位、多维度地参与学校教学和管理工作，为确定今后专业发展方向打下坚实的基础。我在刚参加工作的前几年，每周上20多节课，包括数学、体育、品德等，小学阶段所有学科几乎都上了个遍。正是这样的经历，让我有机会潜心研究小学生的认知特点，研究班级管理方法，研究课堂教学规律。有比较才有选择，在这种全方位的体验过程中，使我进一步明确了自己的专业发展方向。

二、悟道，追求发展期

"学而不思则罔，思而不学则殆"，这里的"悟道"就是一种"衣带渐宽终不悔，为伊消得人憔悴"的专长发展态度。在这个发展阶段，教师的专业成长会面临第一个高原期，因此教师必须养成三个习惯：第一是让读书成为一种习惯，第二是让讲公开课成为一种习惯，第三是让撰写论文成为一种习惯。就读书而言，有三类书是教师专业发展的必备书目：一是教育哲学类书籍，从中可以寻求到课堂教学的真谛；二是教育心理学书籍，从中可以科学地了解小学生的认知思维特点；三是优秀教育期刊，从中可以领略到一线教育名师的先进教学经验。就讲公开课而言，可以锤炼一名教师的心理素质，可以提高一名教师教学设计的能力和驾驭课堂的能力，可以让你有机会和一些教育智者进行平等的对话。就撰写论文而言，并非是撰写大篇幅的理论性学术论文，而是不断反思自己的教育教学经验，对自己教学实践进行理性的思考。只有养成了这种理性思考的习惯，你才不会沦为"教书匠"，你才会不断产生专业成长的内驱力。迄今为止，我已经有20余篇文章在省级以上报刊发表，以此与更多的人分享、交流自己的教学成果和教学经验。

三、行道，风格形成期

这个阶段是教师专业发展的第二个高原期，职业倦怠感随之而来。因此，"行道"显得尤为重要，这里的"行道"实际上就是"坚持研究与实践"，追求职业获得感、幸福感。正如苏霍姆林斯基所言："如果你想让教师的劳动能够多获得乐趣，天天上课不致变成一种单调乏味的义务，那你应引导每一位教师走上从事教育研究这条幸福的道路上来。"当然，这里的研究与第二阶段相比，已经有了质的飞跃，这种飞跃主要体现在尝试系统的课题研究。也许有人认为，小学教师不适合或者没能力做课题研究，但是我认为离开了课题研究，课堂教学就失去了发展的方向，我们的教育也就失去了前进的动力。当然，这里的课题研究并非是"高大上"的学术研究，而是指针对每一类教育教学问题，开展更加系统、更加深入、更加科学的研究。迄今为止，我先后参与过"多媒体辅助课堂教学的研究""交互电子白板在课堂教学中应用的研究""关于习字育人的教育与实践研究""小学数学综合与实践课例研究""基于大数据的教师教学行为和学生学习行为的研究"等多项课题研究。在课题研究过程中，自身的专业素养得到提升，也逐渐步入研究型教师的行列。

"路漫漫其修远兮，吾将上下而求索"，对于专业成长而言，我们一直在路上，在今后的教育教学工作中，我将立足本职、扎根一线、敬业求实、为人师表，向着自己的教育理想而努力奋进。

学会共同生活——教育的时代主题

摘　要　多元的时代需要多元的人才。随着信息世界的交互性与跨国性，学会共同生活成了 21 世纪的时代主题，教育为社会服务，学会共同生活也就成为教育的时代主题。我们认为，进行相互合作理解的教育、多元文化教育、国际理解教育、可持续发展教育、全纳教育，刻不容缓、势在必行。

关键词　多元；理解；全球问题；时代主题；共同生活

21 世纪是一个科学技术和经济突飞猛进的时代。全球进入了一个知识信息经济时代，科技的发展、经济的增长对社会人才提出了新的更高的要求。教育为社会经济服务，教育为社会有序和谐管理服务，毫无疑问，这就更需要创造性思维和创新性技能的人才。因为知识信息经济时代最需要的，就是这样的人才。一个具有这种智慧的人最善于使用各种不同的信息、不同的文化、不同的要素在自己的头脑中相互交叉和融合，从而不断产生新的思想、新的观念、新的发明和认识世界、改造世界的方法。这样的人才首先具备多元的文化素养、多元的信息积累，并能将这些"多元"和谐合理地融合为一个新的整体。

如何培养这样的人才确实是摆在我们教育工作者面前的一大难题。全球问题是社会发展过程中必然出现的问题。人类社会总是不断地向前发展的，在发展过程中总会面临各种新的问题。20 世纪 80 年代以后，随着信息网络技术的发展，人类的生存空间有了新的扩展，这个空间就是信息世界，也称电子世界或网络世界。像人类生存的地理空间一样，人类新的生存空间——信息世界也不可避免地出现各种问题；而且，由于网络的快速性、交互性和跨国性，信息问题实际上是一个全球性的问题。于是，学会共同生活就成了 21 世纪的时代主题。教育为社会服务，学会共同生活也就成了教育的时代主题。

一、为什么将学会共同生活定为时代主题

什么是学会共同生活？为什么要把学会共同生活定为时代主题？学会共同生活其实就是要让我们所有的孩子都能相互理解、相互合作、互相尊重，进行最大限度的多元化的教育，使我们的孩子能适应新时代要求并能快乐地生活。其实，个体性和整体性相结合是人类社会发展的必然。时代要发展必须要发挥各种人才的潜能，但是单独

个人的能力是达不到发展的目的的，它需要合作才能完成。学会共同生活是本时代的主题。首先，它对一个人适应当今社会具有重要作用。我们生活在一个地球上，环境污染、人口爆炸、能源紧缺、粮食匮乏、战争威胁等问题，已经不单单是一个国家、一个地区的问题，而是一个全球化的问题。我们共有同一个地球，呼吸着一样的空气，所以我们要学会共同生活。我们要共同面对我们的地球和它所赋予我们的使命和责任。其次，时代要求我们必须要合作。合作是发展的基础。合作是指两个或两个以上的个体为了实现共同目标而结合在一起，通过相互之间的配合和协调而实现共同目标，达到共同利益，最终个人利益也获得满足的一种社会交往活动。时代要进步、要实现长远的目标需要合作，需要合作意识和合作能力，需要培养我们在共同协作能力的基础上充分发挥个人的潜能。

二、学会共同生活是教育的时代主题

（一）相互合作、理解

要想学会共同生活，要想在新时代生存下去，时代要求我们首先必须要学会相互合作、相互理解。时代需要会合作的人，理解是合作的前提。伽达默尔《真理与方法》中将理解视为主体与对象双向互动的交流，理解不再是主体对对象单方面的投射，而是一种广泛意义上的对话，即便是我们在观赏一幅艺术作品，阅读、理解文献材料，实际上也是另一种形式的交流和对话。这种对话通常是以"提问回答"的方式进行的。在对话中，"你"的言说乃是向我的发问，"我"的话正是对提问的回答，而"我"的回答同样又是对"你"的提问。倾听则是为理解架起了一座桥梁。

《听的艺术》一文讲述了这样一件事：美国知名主持人林克莱特去访问一位小朋友，问他："你长大后想当什么呀？"小朋友天真地回答："嗯，我要当飞机驾驶员！"林克莱特接着问："如果有一天，你的飞机飞到太平洋上空，所有引擎都熄火了，你会怎么办？"小朋友想了想："我先告诉飞机上的人绑好安全带，然后我系上降落伞，先跳下去。"当现场的观众笑得东倒西歪时，林克莱特继续注视着这孩子。没想到，接着，孩子的两行热泪夺眶而出。于是林克莱特问他："为什么要这么做？"他的回答透露出一个孩子真挚的想法："我要去拿燃料，我还要回来！我还要回来！"主持人林克莱特的与众不同之处，在于他能够让孩子把话说完，并且在"现场的观众笑得东倒西歪时"仍保持着倾听者应该具有的一份亲切、一份平和、一份耐心，这让林克莱特听到这位小朋友最善良、最纯真、最清澈的心语。这个故事告诉人们，真正倾听，达到心与心的情感交流，才能相互理解，从而能更好地合作。

（二）尊重多元

世界上有许许多多的民族，每一个民族的形成都经历了一个漫长的历史过程，每一个民族都具有深厚的文化底蕴。尊重多元文化最简单的例子就是我们的语言。全世界有两千多种语言，语言的形成更是经历了漫长的历史时期，我们要交流就要尊重不同文化背景下的不同的语言，学习不同的语言以达到交流的目的。教育应该给予我们的孩子以更多的自由，这样才有利于拔尖人才的脱颖而出，有利于创新人才的培养和发展，有利于高素质人才的形成和适应社会主义经济建设的迫切需要。因此，我们要尊重多元化的个性，尊重多元化的人才，尊重多元化的世界。

（三）承认差异

差异包括个性的不同和水平的高低。教育首先必须要尊重孩子的个性，无数事实证明许多具有创造性、突破性、智慧性特点的孩子都是具有鲜明个性的。社会发展也需要这样的人才，所以我们的社会所需要的人才和如何发挥这些具有突破性思维的人才的潜能在于我们能不能尊重具有不同个性的个体。造成孩子水平差异的因素有很多：孩子的个体差异、家庭教育观的不同、经济的原因、社区的环境，等等。孩子由于所处的环境不同，所受到的教育也必定有所差异，因而孩子的水平有所差异。有差异才会有进步，孩子应该了解这一点，学会尊重差异。认识自己的长处和短处，也认识到别人的长处、短处。让差异成为孩子成长的机会，使差异成为促进孩子成长的催化剂。

（四）多元文化教育

我们生活在一个多元文化的世界，谁要是只看重一种文化、艺术而忽视其他的文化、艺术都是行不通的。俗话说，越是民族的就越是世界的，我们不仅要将多元的民族文化融合在一起教育我们的下一代，还要将本土的文化与世界的文化交织在一起教育我们的下一代。并且在课程的设计上能突破传统的模式，在现代化的教学技术和教学理念的指导下让学生愉快的学习。从本土文化出发的多元化教育包括多元化的教育和对多元文化的教育。多元化的教育是指教育应该采取多种形式进行，随着科技的发展进行教育可采取的方式越来越多，达到的效果也各不相同。而对多元文化的教育则是指对多种背景下的多种文化的教育，比如西方与东方文化、民族与世界的文化、各个种族的文化，等等。教育应将多种文化相互融合和渗透，从更加全面的角度来教育孩子，使其成为能包纳多种文化的全面的人。

（五）国际理解教育

1945 年联合国教科文组织章程规定，教育应在不同文化和种族间促进人们的相互了解，依靠教育领域的国际合作促进和平，这被界定为联合国教科文组织的伦理使命。1974 年第 18 届联合国教科文组织大会又通过了《关于旨在国际理解、国际协作及国际的教育与人权及基本自由的教育的建议》。1994 年在日内瓦召开的第 44 届国际教育大会的主题："为和平、人权和民主的教育"，提出了"和平文化"的概念，教育成为促进各国人民相互理解、相互接纳彼此不同文化的使者，教育应当促进国际理解教育的发展。学校教育是实施国际理解教育的主要阶段，教育要充分发挥学校教育的重要作用，国际理解教育可使任何两种文化相互融合和相互渗透，以培养具有新时代气息的、既有合作精神的又是一个独立的个体的社会的人，培养具有广阔的胸襟能容纳不同文化的人。

（六）可持续发展教育

可持续发展就是当代人类社会要不断地发展与进步，但是这种发展与进步不能建立在损害子孙后代需要的基础上，走可持续发展的道路是教育四个现代化实现的途径。多年来人类为走可持续发展的道路做了许多的工作，人口问题、粮食问题、环境问题等都是我们迫在眉睫必须要解决的。如何能更有效地利用我们的资源，如何开发新的资源，人们一直在努力。我们应该明白人类社会的发展不能以牺牲子孙后代的发展作为代价，应让我们的孩子理解可持续发展的概念和走可持续发展的道路的必要性，进而让学生讨论如何实现可持续发展，应采取哪些措施，我们作为人类社会的一员应如何做，如何为可持续发展贡献自己的力量。

（七）推广全纳教育

英国全纳教育专家托尼·布认为：全纳教育，它是一个过程，是促进学生参与就近学校的文化、课程、社区活动和减少学生被排斥的过程，而不是将特殊的儿童送进某些特殊学校进行所谓的特殊教育。全纳教育的研究不仅仅是特殊教育，它远远超出了特殊教育的范畴。全纳教育的思想是要进行普通教育的全面改革。

以前，将残疾儿童送进隔离的学校被解释为是要满足特殊需要，然而，这种特殊教育观现已不可接受。残疾儿童应该有权利进普通学校，进行"一体化"教育。他们应该跟普通的孩子一样接受相同的教育，学会共同生活，可以说，特殊学校的未来取决于普通学校是否能有效地满足学生的不同需求。因而，不能认为有一部分儿童只能在特殊学校这种隔离的机构里受教育。对于全纳教育我们目前的普通教育虽然不能从根本上进行改革，但是这种理念却是我们应该具有的，我们的普通教育应该在全纳教育这种理念下开展教育活动。

三、学会共同生活是为了现实的快乐和以后的快乐

生活必须是快乐的。共同生活的目的不仅是为了我们目前能够快乐地生活，也是为了将来快乐地生活。不管是相互合作、理解教育、多元文化教育、国际理解教育、可持续发展教育，还是全纳教育，他们的目的都是为了社会能朝着更加富强的目标前进，为了将来的生活能够更加幸福和快乐。当然，学会共同的生活所包括的内容是丰富多彩的，通过这些多元的教育的融合加强了世界上各个国家在经济、政治、文化和科学等方面的互动。同时对未来新的人口素质也提出了更高要求，那就是未来人口必须要能够了解国际知识，并具备良好的国际性技能。所以，进行共同生活的教育是实现这个目标的前提，也是为培养新时代人口素质打下了良好的基础，它是全球化发展的必然产物。

家校共育探索与实践案例

摘 要 近年来，淄博师专附属小学积极探索家校共育的新形式、新方法，通过分析家长在孩子教育中存在的种种问题，积极搭建学校与家庭联系沟通的桥梁。学校建立家长委员会，并积极探索运作模式，通过家校联手，让家长积极参与学校的教学管理、第二课堂、社会实践等各个环节。一系列措施的实施，有效地促进了学校教育教学及教育管理的顺利开展，在家校共育的过程中提高了学生的综合素质，促进了学生的可持续发展。

关键词 家校共育；探索；实践；案例

背景信息

任何一所学校的发展都离不开家长与学校的合作与沟通，现代学校办学模式正逐步走向社会化和开放办学。一所学校的发展和教育形势对学校的要求，都需要家校携手共育，促进孩子的可持续发展。教育是一个立体化的工程，一个人的成长，离不开家庭、学校、社会三个方面的合作。如果没有良好、正确、合理的家庭教育相互配合，再好的学校和师资都不可能产生好的教育效果。家庭教育、学校教育、社会教育的完美融合是我们追求的最理想的教育状态。但是，当前由于家长对学校教育的认知不足，导致学校教育被高度强化，家庭教育被忽视。在很多家长的思想意识里，从入学的第一天开始，教育孩子就是学校的事情，家长将孩子送进学校就万事大吉。家长对独生子女的溺爱，对教师工作的不理解，甚至个别家长的难缠，都在一定程度上给老师带来极大的精神压力，给学校工作的顺利开展带来一定的影响。究其原因，一个重要方面就是家庭教育缺乏科学性、指导性和系统性。更令人担忧的是，很多家长对教育空有热情而缺少正确的方式方法和引导，知道家庭教育的重要性和紧迫性，却不清楚家庭教育从何入手。在这种情况下，如何发挥好家长的作用，就显得尤为重要。苏霍姆林斯基曾说："教育的效果取决于学校和家庭的教育影响的一致性。如果没有这种一致性，那么学校的教学和教育过程就会像纸做的房子一样倒塌下来。"2015 年 10 月 20 日，教育部在关于加强家庭教育工作的指导意见中指出："要积极发挥家庭教育在少年儿童成长过程中的重要作用，促进学生健康成长和全面发展。要充分认识加强家庭教育工作的重要意义。当前，我国正处在全面建成小康社会的关键阶段，提升家长素质，提高育人水平，家庭教育工作承担着重要的责任和使命。各地教育部门和中小学幼儿园要从落实中央'四个全面'战略布局的高度，不断加强家庭教育工作，进一步明确家长在家庭教育中的主体责任，充分发挥学校在家庭教育中的重要作用，加快形成家庭教育社会支持网络，推动家庭、学校、社会密切配合，共同培养德智体美劳全面发展的社会主义建设者和接班人。"学校教育与家庭教育就像两只咬合紧密的齿轮，少一个或错一个轮子都会寸步难行，二者只有珠联璧合才会形成教育的一道美丽彩虹。学校在履行好教书育人职责的同时，一定要充分认识家庭教育工作的重要性，充分发挥学校在家庭教育中的重要作用。如何做好家庭教育工作指导，转变家长对教育的认识，改进家长的教育方法，提升家长的教育理念，引导家长做好家校的沟通与配合，自觉自愿参与学校的管理与实践，成为摆在我们面前的一个重大课题，也引起我们深深的思考。在此使命下，我们将对此进行不断的探索。

案例正文

一、问题：不够合格的家长

望子成龙、望女成凤大概是每个家长的愿望，然而在现实中与该美好愿望不合拍的是，并非每个家长都是合格的家长。究其原因，一个主要方面就是摆不正，甚至不知如何摆正家庭教育与学校教育的关系。无可置否，孩子是家长与学校连接的纽带，孩子的成长离不开学校的培养教育。孩子更是家长全部心血的倾注，家长无时无刻不关注着孩子的成长，希望学校能及时让家长了解孩子在学校的各种表现，随时关注孩子的成长。但事实上，当学校和老师倾注大量的心血、悉心教诲每一个学生时，有的家长却不积极配合，使学校和家长对孩子的教育成了两股不同方向的力量，甚至加大了学校对学生管理教育的难度。

家庭教育的本质就在于"培养和塑造孩子良好的习惯"。这是一个既浅显又深刻的道理。说其浅显，是因为现在绝大多数家长都或多或少地意识到了培养和塑造孩子良好习惯的重要性；说其深刻，是因为现在很多家长都认为家庭教育的主要任务就是让孩子学习更多的知识、拥有更多的才艺。其实，教育的根本任务就是把孩子首先培养"成人"，然后培养"成才"，最后培养"成功"。但这又何尝不是一个让人望而却步的高山呢？面对这座高山，如何发挥好家长与学校的双向作用，是一个不容忽视的问题。通过调查了解发现，家庭教育及家长在与学校的配合上却不尽人意。主要表现在：

（一）对孩子教育上存在的问题

1. 过分溺爱孩子。六个大人围着一个孩子转，孩子在家可谓是掌上明珠，是"小皇帝"，呼风唤雨、衣来伸手、饭来张口。一味地娇宠必然导致管教困难，比如，有个家庭经济条件较差的学生，仅因为不喜欢吃学校食堂的午餐，每天靠零食充饥，一学期下来仅吃饭就花了6000多元，家长无法控制，叫苦不迭！

2. 过分偏袒孩子。学生之间发生纠纷是难免的，本来事情不大，家长总喜欢掺和进来，把事情无限放大，纠缠不放。因为家长的"就是咽不下这口气"，让本来孩子间的小纠纷，变成了家长的大矛盾，老师要拿出大量时间来协调家长之间的关系。家长过分偏袒自己的孩子、指责对方的不足、追究对方的过错，甚至会出手打孩子，无形之中助长了孩子的气焰，令教育工作更是难上加难。

3. 无法给孩子树立好榜样。父母是孩子的启蒙老师，孩子的很多作为都在效仿父母。好的家庭习惯，会约束孩子的行为，不良的习惯也会给孩子带来负面的影响。有的家长一不如意，背后就讲老师的坏话，不尊重老师；外出活动无视公共秩序，乱扔垃圾、车窗抛物、闯红灯；有的家长回家就是玩手机看电视，从不读书……这些都给孩子一些不好的暗示。

（二）对待老师存在的问题

"我们把孩子送到学校，你们就要对我的孩子负责，为什么我的孩子这段时间成绩下降了？""老师，我没时间到学校见你，也没时间在家看着孩子做作业，我还要打理厂子，我太忙了。""我不需要孩子学得多么好，将来会算账就行，我们不缺钱。""老师，把我们的孩子的座位调到中间，我们不愿坐在边上……"面对家长的不理解，班主任们只有无奈。

（三）对学校教育存在的问题

在经历了长时间过分溺爱孩子之后，家长发现孩子根本不听自己的话，以他们的力量根本无法驾驭自己的孩子。于是，有些家长把孩子推向学校，对孩子的学习和生活不闻不问，甚至出现问题也拒不见老师，把教育的责任全部推给了学校。

二、切入：校准家长教育的方向

校准家长教育的方向，要求学校要把好脉，找准突破口，让家长和学校一起把握爱的律动；要求教师引导家长心怀美好目标，采用科学方法，合着学校教育的节拍行动起来。家校沟通，根本上是人际关系的交往。要想在人际交往中获得成功，不仅要有善意和诚意，而且要讲究方法，才能取得理想的沟通效果。既然是因为家长的配合不力使学校教育和家庭教育脱节，为了让孩子能健康成长，就需要家长和学校联合起来。为孩子的良好发展构筑平台，要先从转变家长的认识开始。

（一）"两堂一坛"——学习家教方法，转变家长认识

所谓"两堂一坛"，就是学校设立"家长学堂""家长讲堂"和"家长论坛"，通过家长培训，让家长尽快成长、成熟起来。

1. 设立"家长学堂"，更新、提升家庭教育理念。

教育在发展，理念在更新。尽管家长对学生非常关心，但能够了解、践行当前先进教育理念的毕竟有限。为让家长跟上学校的节拍和律动，学校设立了"家长学堂"，定期邀请专家、学者为家长做专题讲座，使其学习掌握先进的家庭教育方法，更新家教理念，实现家庭教育与学校教育的和谐、统一。学校先后邀请南京大学教育专家王庆玲女士做《决定孩子命运的良好习惯》的专题讲座，邀请教育专家杨屹峰进行《把爱洒满校园》的大型公益报告会，邀请知心姐姐报告团做《好孩子是夸出来的》等专

题讲座，聘请潍坊医学院应用心理学副教授刘素贞为家长做《关爱孩子 从"心"开始》等专题讲座。还专门就家长如何与学校教育做好密切配合、家庭教育的有效做法等问题邀请山东行知青少年发展中心张光年主任为家长做《"关系"大于教育》专题系列讲座，并与家长现场互动交流，收到了良好效果。张主任讲座中说："农民怎么对待庄稼，决定了庄稼的命运。在教育孩子方面，父母怎样对待孩子，在一定程度上决定了孩子的命运。"家庭教育的实质不是如何教好孩子，而是如何做好家长。要充分信赖学校的教育，为孩子传递学校和老师的积极信息，培养孩子良好的亲师行为和情感，多引导孩子与老师换位思考，用第三方视角来看待师生关系（教师是有限资源，要积极争取而非消极对抗），站在孩子发展的角度解决学校的问题，正视并谅解老师的错误和过失，努力成为学校教育的最大受益者。

2. 设立"家长讲堂"，丰富、完善校本课程。

学校每学期定期开展"家长讲堂"活动，各班根据实际，自主安排"家长讲堂"。一是请家庭教育方面做得出色的家长介绍经验做法，让其他家长学习，现身说法比专家和老师说教更有效果。二是请家长当老师，走进课堂，请家长中的法官、检察官、警察、律师、医生、教师、艺术家等登上讲台，发挥他们的专长，结合学生需要，讲解各自领域的知识，丰富学生课堂内容，拓宽学生视野。通过"家长讲堂"，将家长们的心拢在了一起，丰富了学校教学资源，完善了校本课程。比如"家长讲堂"的"服装的搭配与穿着""遵守规则养成好习惯""校园中的法律""六步洗手法""环保和预防传染病""警用器械自我防卫"等主题教育都深受家长欢迎。

3. 建立"家长论坛"，沟通、交流家庭教育经验。

我们改变以往老师讲、家长听的老做法，把论坛办成家长与老师、家长与家长的沟通会、交流会，不仅老师讲，还要家长讲，变单向交流为多向交流。家长既可以对老师的教育教学发表见解，也可以探讨家庭教育成功的经验，还可以探讨家庭教育中存在的困惑，大家就各种问题各抒己见。家长论坛不仅有助于增强学校与家庭的联系，也有助于增加家长间的联系，广大家长从中受到了良好启迪。

"两堂一坛"的设立，拉近了家长与学校的距离，提升了教育理念，转变了家长对学校教育的认识及家教方法，广大家长的心在逐渐向学校靠拢。

（二）开放日、接待日——打开家长的心结"节日"

一些家长对老师、对学校的"非议"，并非其本意，更多的是因为缺乏了解和理解而产生的误解或误会。如何打开家长的心结，让家长了解老师和学校、理解老师和学校，最好的办法莫过于让其置身其中。为此，学校变"学校对家长开放日"为"学校开放日""家庭开放日""社区开放日"。让家长走进学校、深入课堂、参与活动，让学校、教师参与家庭活动、社区活动，在参与中共同发展。在开放的课堂、家庭生活与社区活动中，让孩子的身心更加愉快，让家校双方得到更多的交流与沟通。正所谓"亲其师，信其道"，人们对熟悉的事物才会产生感情，才愿意去为之配合与付出。

（三）家长会——有温度的"聚会"

一是给家长一张有温度的请柬，请柬由孩子设计并送上对家长的祝福语。有个孩子小皓在自己精心设计的请柬中间，画了一颗大大的心，还有相亲相爱的一家人，小皓这样留言："亲爱的爸爸妈妈，这是儿子设计的第一张请柬，它代表了我对爸爸妈妈深深的爱，明天晚上六点钟我们班的家长会特邀请您参加……"二是设计新颖的班会主题，如高年级可以请孩子给父母留一封信在桌子上，或录制一段小视频，为孩子与父母之间架起感恩与沟通的桥梁。三是微型家长会，针对有相同或相似问题的学生，召集其家长展开小型家长会，这样更有针对性。四是改变地点固定的模式，可以把家长会放到音乐室，让孩子为家长展示自己的才艺。五是召开亲子共读家长会，共同谈读书的心得与感受，如五年级七班的"爱的教育"亲子共读家长会上，孩子们感恩父母的付出与爱，孩子们的真情打动了父母，现场的家长孩子彼此感恩流下了真挚的爱的泪水……

三、搭桥：家委会的建立与运作

为推动学校发展，促进学生健康发展，充分发挥学校和家庭的比较优势，尊重家长对学校工作的知情权、评议权、参与权和监督权，早在 2008 年，学校就成立了学校、级部、班级三级家长委员会，搭建起学校和家长沟通、联系、交流的桥梁和纽带。为保证家长公平参与家委会的建设工作，学校建立组织机构，完善制度建设，制定了《淄博师专附属小学家长委员会章程》，规定了家长委员会的机构设置、主要职责、产生办法等。为保证家委会的正常运转，完善了家长委员会例会制度、换届制度、家长委员会成员联络制度等有关制度。组织机构的建立、制度的完善，为家长委员会行使职能奠定了坚实的基础。

学校家委会自成立以来，各位成员始终以主人翁的态度，积极行使监督权，及时向学校领导、班主任反映教师在教学行为、班级管理方面的不足之处，积极参与学校的执勤，参与图书馆、食堂、宿舍等的各项管理，向学校提出了大批合理化意见、建议。学校认真对待家委会成员反映的问题，积极研究改进措施并付诸实施，有效地保证了学生的权益，促进了教学质量和学校管理水平的提高。多年以来，我们每学期都举行一次家长公开课，请家长深入课堂听课，对教学进行评价。并且，还组织了朗诵、歌曲演唱、讲故事等活动，邀请家长参与并担当评委工作。通过这种形式，我们不仅保证活动的公平，体现出学校对家委会、对家长的尊重，更重要的是在学生的心里种下一颗追求公平、崇尚尊重的种子。

家委会的建立，体现了学校对家长的信任与尊重，激发了家长们参与学校发展的热情，极大地促进了学校教育教学与管理。家长成为学校教育的主人，在参与学校教育教学及各项活动的同时，家长的教育观念在悄然改变，家庭教育与学校的教育目标达成一致，家长更能包容、理解老师的一片苦心。

四、活动：家校共育的载体与平台

学校把组织各类实践活动作为家校共育的重要途径，组织家长和学生参加，在活动中改变学生，也改变家长。

（一）为孩子提供社会实践的大课堂

在家委会的大力协助下，我校少先队积极开展形式多样的"手拉手"互助活动。多年来，先后与新疆麦盖提县第二小学、四川省绵阳市香泉乡中心小学、安徽黄山耿成中心小学、沂源土门镇九会完小、枣庄市共青希望小学等学校开展"手拉手"结对子活动。2012年6月，学校46名少先队员代表访问了"手拉手"学校——枣庄共青希望小学，向"手拉手"小伙伴赠送礼物，访问小伙伴的家庭，与小伙伴们进行深入交流。央视少儿频道对此项活动进行了专题报道；团省委陈必昌副书记给少先队员写信，对此次活动给予了充分肯定。2012年8月少先队员代表分别与淄川区太河镇东坡庄村的孩子们、淄川区北牟小学的队员们举行了手拉手联谊活动，家长们还为贫困学生的家庭送去大米、白面和洗涤用品。通过这些活动，使学生感受到变化、看到差距，使学生深受教育。

1. 四年级七班的家校活动：小报童义卖献爱心。

活动过程：9月6日，学校四年级7班全体师生利用中秋节假期，在淄川建材城、财富城组织"聚涓涓细流　圆上学之梦"《齐鲁晚报》小报童义卖献爱心活动。本次活动在老师、全体家长以及《齐鲁晚报》相关工作人员的协助下和孩子们的辛勤劳动下，取得圆满成功，切实让孩子们的"悠悠助学路"迈出了坚实的第一步，同时让孩子们体验了社会人生第一课。

"万事开头难"是对孩子们"人生第一课"一个很好的总结。在赶往淄川建材城财富城的路上，孩子们有说有笑，憧憬和畅想着善款会源源不断地投入自己的募捐箱。由于孩子们缺乏这种锻炼和经验，不敢开口说话，加上对本次募捐活动的意义表述模糊，一开始活动进行得很困难，理想和现实相差太大，成功率并不高，孩子们像无头苍蝇一样到处乱撞。

看到这种情况，各小组及时召开小组会议，家长、老师为孩子们打气，树立信心，并统一说辞，让孩子们敢于开口说话。终于，孩子们慢慢适应了环境，都出售了自己的第一份报纸，脸上露出了难以掩盖的灿烂笑容。家长们每当看到孩子们卖出一份报纸，都为他们高兴、喝彩。看着孩子们手里拿着1元、5元、10元甚至100元的善款，不断地投入募捐箱，拿着报纸的身影不断地穿梭于人群中间，家长都会感到很欣慰。最终通过清点，本次活动共筹款6908元，所得善款将全部用于贫困山区学生的捐助，本次募捐活动也让孩子们得到了真正的自我锻炼和社会人生的体验。

活动分析：（1）活动本身对孩子的影响不言而喻。毕竟是生活在不同环境下的孩子，对孩子进行对比性的教育实践活动，能够切实触动孩子的内心深处。孩子们能体会到义卖的辛苦，将劳动所得分享，是爱心最好的表达。（2）活动是基于家校共育基础上开展的，充分说明家校共育的重要性。学校与学生家庭成为一个大家庭，这才是共同的教育。对于教育工作者来说，一定要充分重视家校沟通，这是最好的添加剂；对于家长来说，撒手交于学校的做法，是最不明智的选择。只有携手共进，孩子的成长才会更加完美。

2. 三年级五班的家校活动：棉花糖义卖与生存挑战。

现在学生家庭条件都比较好，衣来伸手，饭来张口，生存能力太差，与人交流能力欠佳，急需通过中队活动来进行拓展教育。学校与家委会协商，通过棉花糖义卖，一是培养学生的独立生存能力，二是为本学期看望敬老院的老人筹集爱心款项。

活动过程：2016 年初，中队组织了棉花糖义卖暨生存大挑战活动。此次活动是元旦期间在淄川 SM 广场组织棉花糖义卖，活动前，通过电脑随机把队员分成 5 组，然后由他们自己选出组长、副组长，确定小队名称和口号。活动过程中由家长负责用棉花糖机制作棉花糖，队员领取棉花糖后向众人推销，成功卖出后，把钱交给负责财务的家长，然后再次领取棉花糖义卖。义卖过程中，不可丢弃棉花糖，丢弃者按双倍扣除小组的义卖所得。义卖活动时间截止后，由各组组长负责组织讨论本次活动的感受和心得。最后，在让孩子们充分体验寒冷、饥饿、拒绝等各种挫折后，根据自己小组的义卖金额，解决晚餐费用，家长不得进行资助。

活动分析：（1）家校合作是基础。活动的规则是中队辅导员与家委会共同协商确定，制定过程中充分考虑到各方面的需求因素，使得整个活动更加符合家长们的预期。在活动中，有多名家长负责不同的任务，共同保证本次活动的顺利进行。棉花糖义卖时，家长负责制作棉花糖，负责收取队员的义卖金及拍照等工作，这些工作任务非常繁重，只有依靠家长们的力量才能完成，该过程凸显了家校合作的重要性。（2）创建家长交流平台。在整个过程中，家长们时刻在关注着自己的孩子，同时能够看到别的孩子的表现。通过观察，找到自己孩子与别的孩子的差别，与其他家长交流教育心得，对自己的家庭教育进行反思，有利于家长确定以后在家庭教育中需要努力的方向。（3）培养队员的团队意识。由电脑随机分成五组，避免总是平时关系好的队员在一个小组。由学生自己推选出组长、副组长，确定自己的小队名称和口号，商议怎样卖出更多棉花糖，遇到拒绝如何面对，小组内成员如何互相帮助，鼓励大家头脑风暴，群策群力。在义卖过程中，小组成员互相帮助，以团队完成任务为考核目标，鼓励大家团结协作，培养队员的团队意识。（4）培养队员的总结意识。义卖活动截止后，各组组长负责组织讨论本次活动的感受和心得。因为活动中每位队员都有自己的收获，所以在交流时，大家都能够积极融入进去，在组长的组织下，形成本次活动的经验和感受总结，既升华了本次活动的意义，同时又为下次的活动做好准备。（5）培养学生的勤俭意识。队员们在此次活动中，充分体验寒冷、饥饿和拒绝等各种挫折，最后汇总完此次活动的义卖金后，发现大家剩下的晚餐费用少得可怜，由于晚餐的费用是团队的费用，最后，有些小组决定两人合吃一份面。通过这次活动，大家充分体验到了赚钱的艰辛，体会到了勤俭节约的重要性。（6）培养学生的公益爱心意识。此次活动之前，大家已经去过敬老院，知道在那里的老人生活不容易，所以大家在义卖时，都充满了动力，因为他们知道每一次的成功都能够为敬老院的老人们带去一份希望，所以大家在整个的活动中都有一种满满的幸福感，"赠人玫瑰，手有余香。"正是对他们的

真实写照。

学生感言：

　　金奇帆：虽然我只卖出了一个棉花糖，但是我学到了很多课堂上学不到的知识。卖东西看似简单，其实一点也不简单，在什么地方卖、什么样的人会买，都是要考虑的，挣钱可真不容易啊。感谢买我那个棉花糖的阿姨，谢谢你给了我自信心！感谢我们小队，要不是你们帮助我，我今晚可就要饿肚子了。

　　李诗语：通过今天的义卖活动，我知道了原来赚钱这么不容易，想起平时买玩具、买零食花的钱，可真是不少呢！以后我一定要勤俭节约，能不花的钱就不花了，每一元、每一角、每一分都要好好地珍惜！

　　王义诺：挣钱真不容易，可是花钱太快了，所以我一定要勤俭节约，能不花的钱坚决不能再花了。还有我一定要主动去做事，主动和别人交谈，做任何事都要坚持不懈，最后才能成功。通过这一次活动我觉得我变得更加勇敢自信了。

家长感言：

　　曹耘铭的家长：通过这次义卖活动，不仅让孩子们学会了节约、关爱、与人分享，也让孩子们懂得了赚钱的艰辛，看着孩子们在卖出每一个棉花糖时脸上流露出的喜悦和幸福，我们家长也深深地感动了。孩子们是善良和纯洁的，他们会为了人生道路上的每一点进步而感到高兴和满足，我看到许多孩子和曹耘铭一样，从一开始的胆怯和不好意思，到活动结束后的高兴和自豪。这次活动使我们这些参与的家长也从中收获了快乐，一样的义卖，不一样的感受，一样的爱心，不一样的体验。

　　宋荆琪的家长：通过这次活动我看到了孩子的成长。在义卖过程中，孩子全凭自己的能力，家长只做一位旁观者。开始真的是很不习惯，因为作为家长，已经习惯事事都为孩子包办。当放开手时总是担心孩子还小，她不行。可就在我放手的那一瞬间，我发现孩子可以，她能行。她要比我想象的有潜力，她会与陌生人沟通，她懂得什么是坚持。这是我从来没有想到的。当我看到孩子小小的身躯在夜色中来回穿梭时，我感受到了孩子的成长，孩子真的在一点点长大。我们当家长的要相信孩子可以做到的。

　　翟晨含的家长：第一次参加义卖活动，是对孩子的一次锻炼，更是对家长的一次考验。当我远远地看到孩子渺小的身影汇入茫茫人海，一次次地询问，一次次地被拒绝，无助地在人群中寻找家长的时候，内心有说不出的酸楚，眼眶也不争气地湿润了；当我看到孩子终于卖出第一个棉花糖，成功的喜悦映在脸上，我悬着的心也稍许放松；当我看到孩子用自己赚的钱大口吃着并不丰盛的晚餐，与小组的同学交流着感受时，我也由衷地为她高兴。活动虽然结束，但对孩子的影响却是深远的，一颗爱的种子已经在孩子的心里扎根。

　　李诗语的家长：整个义卖活动，孩子们不仅培养了语言表达能力和动手动脑能力，还学会了队员之间的相互配合。这种实践方式学习到的技能是终生难忘的；最后又能把自己的劳动果实与大家分享，并获得了成功的喜悦，这对孩子的成长是一笔不可或缺和无可替代的财富。

吕思娴妈妈：在整个活动过程中，团队的力量无时、无处不在。小组的团队，家长后备团的团队，班级的团队，让每一个参与者都感受到自己作为集体中的一员的重要性。而这应该是本次活动最大的意义所在。一个团结、奋进、拼搏的团队是需要这些活动来打造和培育的。

郑小荷的家长：活动结束后，女儿紧搂我的脖子，附在我的耳旁轻声对我说："妈妈，你辛苦了！"我知道她又成长了一次。孩子们在活动中体会到了生活的不易，体会到了父母的辛苦，更懂得了生活中应该互相帮助、相互团结。活动结束时天色已暗，冬夜的寒风吹在脸上冷冷的，但我们却收获了满满的正能量。还是那句话：只要人人都献出一点爱，世界将变成美好的人间。

活动反思：

在 2016 年元旦来临之际，中队用爱心和挑战迎接新一年的到来，经过班主任与家委会的缜密安排，于 1 日下午 5 时在 SM 广场举行的棉花糖义卖暨生存大挑战活动，为老人募集善款 705 元，同时培养了孩子们的多种能力。

这次活动是家校合作的一次成功展示，学生的教育离不开各个家庭的支持，只有大家心往一处想，劲儿往一处使，才能共同为学生的发展创造良好的平台。通过这次中队活动，既培养了学生的多种能力，又创造了家长之间相互交流的平台，让大家知道了自己努力的方向。

总体来看，此次活动是非常成功的，为我们打开了家校合作的一扇大门。希望我的案例能够给大家带来启发，使所有的教育工作者都能够让家校合作更加密切，使得我们的教育更为有效，学生更为受益。

（二）信息技术支持下的家校共育："E 心 E 意"促成长

作为班主任，我们每天都在重复着繁复的、琐碎的、千头万绪的工作。那么，有没有什么途径能够使我们的班主任工作轻松一点呢？信息化的高速发展，网络的不断普及，给大家提供了一个很好的机会。司涛老师通过班级网站、QQ 群、微信公众号、班级优化大师等信息化平台在班级管理、家校共育等方面进行了很好的探索。

背景信息：当今世界是一个开放的、发达的信息社会，随着科技的进步、经济的发展，以计算机及其网络化为代表的信息技术的发展，正逐步将人类带入一个数字化、网络化、信息化的崭新时代。信息化时代的到来，给我们的教育开辟了新的途径，也带来了机遇和挑战。多年来，作为一名班主任、一名小学任课老师，深知家校沟通的重要性，只有家庭和学校有效沟通了，才能更加方便地开展教育，更好地促进学生的发展。因此，尝试使用多种信息平台促进家校的协同与合作非常必要。

1. 班级网站——教育教学的好助手。

我们的班级网站，把两个提前读写实验班的网站融合到了一块，并把"互动作文""学生评价系统"等实用的信息化平台加入其中，使网站的内容更加丰富和实用。网站建立一年多来，访问量已经达到五万五千多次，成为我们实验班在网络上的新家园。班级网站在班级管理中发挥了十分重要的作用。

（1）班级网站使家校沟通更加深入、便捷。随着互联网的高速发展，网络平台已成为家庭、学校、社会"三位一体"教育中不可缺少的角色，学校网站的建设也成为学校工作的重中之重。但作为学生家长，除了关心学校的整体发展以外，更多的是关心自己孩子班级的情况。通过我们的网站，家长们能及时了解自己孩子在学校的学习、活动等情况，使家校信息的沟通更加及时。比如，班里刚刚进行了班委竞选，我立即把竞选的相关图片和投票结果发布到网站，大家的关注度极高；运动会第二天，同学们便在网站上看到了自己在赛场上的英姿；每周的过程性评价结果，第二周都会在网站上反馈给大家……家长们都说，有了班级网站，可以及时全面地了解孩子在学校的表现，真的不错！

（2）班级网站更有利于提前读写实验的开展。我们所开展的是信息技术支持下的提前读写实验，一方面要求孩子在大量识字的前提下多读书，另一方面要勤写作。班级网站对这两个方面都有积极的促进作用。我每次给学生推荐共读书目，都把相应的图书信息发布到网站上，让学生、家长对老师推荐的书有充分的了解。引导学生读完书后，我会把学生们的读书收获集中起来，发到网站首页，大家一起来交流。这样大家一直保持着很高的读书和写作兴趣。"互动作文"平台也为大家提供了展示自己电脑写作作品的舞台。在平台中，大家在阅读、评价别人作文的同时，自己的作文也会得到别人的评价和肯定，大家都希望自己的作品得到更多同学的关注，成为"热门日志"。一年多的时间已经积累了一万余篇日志，坚持下去，将是大家一笔宝贵的财富。

（3）班级网站更加有利于班级信息的积累。平时我把学生的学习、活动信息都及时地放在班级网站，希望经过五年的积累，这个网站将不仅是班级信息的体现，更是学生成长历程的展现和回顾，这对于学生、对于班级都是非常有意义的。

（4）班级网站可以更方便家长对孩子学习的指导。英语方面，我把 Miss Song 教给大家的英文儿歌在第一时间放到了班级网站上，并通过家校通提醒家长在家中指导练习，多数孩子在第二天都能会唱。数学课上，学习了口算乘法后，我把马老师制作的口算练习课件放到网站上，让学生能经常在家中练习，口算能力得到了提升。美术课上，大家制作的美术作品，我也发布到班级网站上，当看到自己的作品展示给大家后，更激发了大家认真完成美术作业的热情。语文课，进入复习阶段后，我专门建立了复习专题，将复习阶段的要求和重点发布，家长们都拍手称快，这样在家里指导孩子学习更有针对性。

2. 微信、QQ 群、公众号——及时交流的好平台。

随着信息化的高速发展，我们进入了移动互联网时代。家长都用上了智能手机，习惯了使用 QQ、微信等通信软件交流信息。我也与时俱进，第一时间建立了班级的

QQ群、微信群，开通了班级的微信公众号。通过这些即时的通信软件，随时随地同家长们进行沟通交流。班里的通知发到群里，第一时间会收到很多家长的回应；孩子的优秀表现发布到群里，第一时间会收到很多家长的热情点赞；各科作业发到群里，家长也能有的放矢地进行督促和指导……微信公众号的开通，可以把自己的一些教育理念、做法，自己班级开展的各项活动，学生的优秀作品，通过平台推送给家长，更有利于资料的积累。同时，还能把这些宣传信息，发到朋友圈，让更多的人来浏览。尤其是孩子的习作、书画作品等，推送给家长后，家长们纷纷转发朋友圈，这种辐射宣传的力量是网站不能比及的。

3. 班级优化大师——大数据背景下家校沟通的新探索。

2016年，偶然的机会，我接触到了一款小巧的软件——班级优化大师，一套先进的课堂管理软件。五十三个可爱的卡通头像就代表着我班的五十三个学生，不管是在课堂还是在课下，老师都可以根据预先设定的评价项目随时对学生进行评价记录，孩子们每天盯着自己的小卡通头像，想着怎样提高它的分数，老师用这个电子评价系统很好地进行管理班级。其中生成的每一个数据，都可追溯到其背后的原因、时间，更加量化、自动化，并可及时同步给家长手机端。我邀请班级所有任课老师都加入了班级群组，每个老师、每节课都来评价学生。每次小小的评价，第一时间都显示在家长手机的App上。这样，家长就能即时地了解到孩子在学校的全面表现。一点一滴的评价都计入大数据，每周、每个月、每个学期，孩子的表现一目了然，这就是信息时代，用数据说话的全面过程性评价，学生是信服的，他们总是想尽一切办法来改变自己的行为，以提升自己的评价分数。家长也能在第一时间，了解孩子的表现情况，有针对性地配合学校展开教育活动。

叶圣陶先生说："什么是教育，简单一句话，就是要养成良好的习惯。"孩子天性爱玩，无论是自我认知还是对客观环境的认知都比较欠缺。马克思主义的唯物论告诉我们，人的正确思想不是天上掉下来的，也不是与生俱来头脑里所固有的，人的正确思想只能从长期的实践中来。一切好的行为习惯的形成尤其如此，因此，适当的引导有助于孩子形成良好的学习习惯。班级优化大师的使用，借助信息技术又一次推动了家校互动，促进了学生的发展。

（三）家校联手——班歌诞生记

"你是一棵蒲公英，我是一棵蒲公英，我们有我们的好老师，我们在一起快乐成长……"一时之间，老师、学生、家长有事无事都哼起了这首歌。这不是流行的"神曲"，而是2011级6班的班歌——《吹不散的蒲公英》。说起这首班歌，真是有不少故事，从它的诞生到制作成视频传唱，充分体现了家校共育的成果。

2011年，我接手了我的第五届学生——2011级6班。从第一次家长会开始，我就与家长做朋友，当时，我就向家长传达了我的治班理念：将时间空间还给孩子和家长，让孩子快乐、自由、健康成长。之所以将它作为我的治班理念，我有自己的想法。首先，如今的家长与十几年前的家长已不是同一代人，他们思想活跃，接受现代化信息多，学历普遍要高于以前，他们对孩子教育大部分都有自己的看法和规划。成绩不再是他们的唯一要求，他们大多希望孩子能在一个宽松的氛围健康成长。作为老师要与时俱进，不能总是搞"一言堂"，不能总是让老师的要求占满孩子的假期，要给家长"教育空间"，让家长陪孩子一起成长。其次，如今的生活条件好了，家家户户都有私家车，周末很多家庭都会陪孩子去郊外踏青，体验农家生活……这一切，其实都是"学习"，是一种社会实践式的学习，孩子在快乐游玩中，认识大自然、开阔眼界，学到了课堂上学不到的知识。如果老师越是周末越布置大量作业，是不是就会打乱家庭计划？因此，改变传统意义上的"作业观"，把时间和空间留给家长和孩子。

我的治班理念得到了家长的拥护，他们看出了我这个老师的"与众不同"，都愿意与我做朋友，无话不说。大家都积极参加班级家长委员会，为班级献计献策。

对于学生，我也是一样贯彻民主、平等的原则，凡班级决策一定让学生讨论、共同参与。学校要求每个中队都要有一个别致的队名，我们开班会绞尽脑汁，想出了"蒲公英"这个名称。我解释道："我们低年级曾经学过一篇课文《植物妈妈有办法》，蒲公英妈妈会让自己的孩子离开妈妈，飞向远方，四海为家。我们这个大集体，早晚也要'解散'，大家都要各自奔向远方，追逐自己的梦想。所以，你们每一个人都是小蒲公英，我们这个中队就叫蒲公英中队。"从此，"蒲公英"就成了我们的队名。互联网时代，每个集体都有一个QQ群，我又对学生说："我们班要建一个群，不要家长参与的，只有学生和老师，将来毕业了也可随时联系。"学生齐声叫好，于是张同学马上当群主建立了一个群。我又启发说："QQ群建好了，我们必须为她起一个响亮的名字。"于是大家开始集思广益。你一言，我一语，说了好多名字，都不合适。"吹不散的蒲公英！"突然，一位女生喊了出来。太妙了，简直妙极。我们的中队叫"蒲公英中队"，每一位同学就是一朵蒲公英，虽然将来一天，大家必定要分离，各奔东西，但是大家的心永远在一起，永远不会散，寓意太好了。于是，我们的QQ群——吹不散的蒲公英，诞生了。一时间，班内冒出了好多"小群"："吹不散的友谊""小小蒲公英"……

我们的家委会主任，通过QQ与我联系，说是通过朋友为我们班写了班歌，发给我"审阅"一下。接收了文件，是个MTV，短暂等待后，欢快的旋律响起："你是一棵蒲公英，我是一棵蒲公英……"真是好听啊，旋律简单、易唱、朗朗上口，虽然第一次听，但是有种久违的感觉。我迫不及待地发到了家长群，与家长一起分享，赢得一片称赞声。当然，唯一遗憾的是，演唱者不是我班学生，场景也不是我们的学习环境，大家提议，我们班自己制作一个。

班里一位在电视台工作的家长，主动承担起了拍摄MTV的担子。她专门找了高水平的摄影团队为我们班设计场景、拍摄。一个周末，我们全班同学在家长的陪同下都到校拍摄专题《吹不散的蒲公英》。看得出大家都很兴奋，镜头里大家都很自然。视频录制完成后，歌曲演唱又跑到市中心去录制。另一位家长的亲戚有专门的录音棚，于是我们又专门来到录音棚，大家一个一个演唱，最后进行声音合成，一首班歌的合唱曲生成了。经过两个星期的等待，我们自编、自导、自演、自唱的班歌《吹不散的蒲公英》诞生了，不经意间，这也开创了附小历史的新纪录，我们是附小建校史上第一个有班歌的中队。

班歌的诞生，是我班家校共育的成果，是学校、家庭联手教育的结晶。教师就应该放下身段，与家长、学生做朋友，互相尊重，在平等的基础上共同做好教育。

五、成效：家校共育的新起点

通过家校共育，一是为学生成长提供了广阔的成长舞台，二是为家长提供了学习提升参与学校教育管理的机会，三是为老师提供了深入锻炼、提高的平台，四是为学校的发展提供了强劲动力。由于成绩突出，学校每年都有学生被评为市十佳少年、市美德少年、市优秀少先队员，一名学生还荣获了全国宋庆龄基金会奖学金。2014年学校被评为"市首批家委会建设工作示范学校"，在市、区会议上做交流发言。2015年经家校联手，打造倡导的五爱教育——"爱自己、爱他人、爱家庭、爱学校、爱祖国"被评为市德育品牌。学校先后获得少先队全国雏鹰大队、山东省规范化学校、山东省文明单位、全国争当小实验家科学体验活动示范学校等百余项荣誉称号。

案例思考题：

1. 如何创新家校共育的新模式？

2. 如何改进家长委员会的工作？

3. 如何充分发挥信息化平台加强学校与家长的沟通联系？

案例使用说明

1. 适用范围。

适用对象：中小学校长，中小学教师，教育管理专业本科生、硕士生。

适合课程：学校管理学，家长学校，中小学校改进，学校特色发展。

2. 教学目的。

①形成并加强家校共育的意识，增强分析相关问题、解决问题的意识与能力。

②拓展学校办学的思路，提升教育品牌建设。

3. 要点提示。

关键知识点：自主教育，家庭教育，特色学校。

关键能力点：整体了解教育改革背景的能力，学校学生的能力，发现问题和解决问题的能力，促进学校特色发展的规划能力。

案例分析思路：通过对淄博师专附属小学"家校共育"探索与实践过程中的经验与不足进行分析，引导学员进一步思考家庭教育在学生教育管理中的重要意义，思考如何找到适合学校自身特点的家校共育的方式、方法，为学员提高教育管理能力提供借鉴。

4. 教学建议。

时间安排：大学标准课4节：200分钟。布置和预习1节，上课讨论3节。

环节安排：提前四周利用一节课的时间布置预习内容→学生分为4~6个小组→小组查阅资料，走访学校、教育局和课下讨论→各组形成解决问题的方案→上课汇报→课上学生研讨→教师点评。

适合范围：40人以下的班级教学。

教学方法：案例教学以讨论为主，讲授点评为辅。

工具选择：摘要卡片、多媒体、案例打印资料、录音笔、录像机。

组织引导：教师布置任务清晰，预习要求明确；提供给学生必要的参考资料；给予学习者必要的调查技能训练，便于调查工作的展开。

学生课下讨论时需及时指导并给出建议。

活动设计建议：

课前计划四节课，要求学生完成案例阅读，搜集相关知识点和能力点的资料，走访案例学校或者情形类似的学校。

上课前做好教学准备。将桌椅分组摆成弧形，为每个小组准备编号和姓名的桌签。每个小组提供一张小组讨论记录表，包括每个人的发言记录和综合的观点。同时，通知相关人员做好录音、录像工作。教师准备好点评的资料和提纲。

下课后教师及时总结案例教学的得失，以便改进后续的教学行为。

后现代主义对幼儿园主题课程建构的启示

摘　要　幼儿园课程一直是国内外学前课程研究者孜孜不倦研究的重点。幼儿园的课程应包括儿童一日生活的方方面面，如何有效地组织儿童的一日生活，是幼儿课程理论和实践工作者不懈追求的目标。我们从后现代课程发展的理论大背景出发，对幼儿园主题课程的建构这一问题进行了探讨，并且指出了幼儿园主题课程发展的几点趋势。

关键词　后现代主义；幼儿园；主题课程；建构；启示

一、课程发展的背景

幼儿园课程一直是国内外课程研究者孜孜不倦研究的重点。幼儿园的课程应包括儿童一日生活的方方面面，如何有效地组织儿童的一日生活，是幼儿课程理论和实践工作者不懈追求的目标。20 世纪 70 年代以来，关于课程的定义有以下几种。第一种定义课程是指学习的科目和教材。第二种定义课程是指儿童在校获得的学习经验。第三种定义课程是指学校组织的学习活动。第四种将课程直接定义为课程即教学计划。第五种定义课程即预期的学习过程和目标。第六种定义课程是社会文化的再生产。第七种定义课程即社会的改造。这七种课程的定义都从某一个方面反映了人们对于课程的理解，其中表现了一定的时代局限性和对于儿童主体缺乏认识的趋势。20 世纪 70 年代以来，课程出现了下列趋势：（1）从强调内容趋向于强调学习者的经验和体验。（2）从强调目标计划趋向于强调过程本身。（3）从强调单一的教材趋向于强调教师、学生、教材、环境四个因素的整合。（4）从强调显性课程趋向于强调显性课程和隐性课程并存。（5）从强调实际课程趋向于实际课程和悬缺课程并存。（6）从只强调学校课程趋向于学校课程和校外课程并存。课程的这些趋势让课程的目标、内容和评价更加多元，课程变得更加完善，更能从学习者的角度来设计课程。

二、后现代主义与幼儿园主题课程建构

后现代是 20 世纪后期西方社会的流行哲学，是一股鲜活的反理性主义的文化思潮，其影响渗透到西方社会的每个文化角落。幼儿园主题课程又称"核心课程"，是指围绕生活中的某个主题设计的课程，即以儿童生活中的主题为轴心（中心、核心）设

计的课程。随着后现代主义在课程领域的渗透，后现代主义的课程观、教学观和知识观所强调的开放、对话、消解权威等观点正在影响着幼儿园主题课程的建构。

首先，后现代强调课程是一个开放的系统。后现代主义认为，教育的目标不是永久固定的、一成不变的，也不是外设的，而是学生在学习的过程中浮现出来的，学习是一个老师和学生共同建构的过程，是一个不间断的反思和对话的过程。课程是一个开放的系统，强调过程性，课程没有完全既定的目标和内容。教学也是开放的过程，教师与学生是合作者。

其次，后现代强调课程是一个对话的过程。后现代主义认为，课堂是教师和学生各抒己见的地方，没有权威，只有对话和交流。后现代用对话和交流消解了权威。教师与学生不再是教育者与被教育者的关系，而是"我"和"你"。多尔认为：在教师与学生的反思性关系中，教师不应要求学生接受教师的权威，相反，教师要求学生对权威提出质疑，与教师共同参与探究学生所经历的一切。

最后，后现代强调课程是一个生成的过程。后现代主义认为，课程应当是一个互动生成的过程，没有一成不变的课程目标，也没有一成不变的课程内容。课程应当是在教师与学生共同学习知识的过程中生成的。同时，后现代认为学习者不是作为知识的旁观者而存在，而要与知识进行积极地互动与对话生成。多尔认为知识具有一定的情境性，是在教师、学生与文本的互动中建构的。

三、在后现代主义的影响下，幼儿园主题课程的建构表现出了以下的趋势

（一）课程内容的选择多从幼儿的兴趣出发，以儿童的一日生活中儿童关注的问题为依据

在课程建构过程中，所有日常生活中的经验都是幼儿潜在的课程内容，是儿童最基本的课程。如主题活动《眼睛》：××幼儿园大一班有一些眼睛有问题的小朋友，包括近视、远视、斜视和弱视。这些眼睛有问题的小朋友很多都戴矫正眼镜，给正常的活动带来一定的阻碍，并且小朋友每天都在讨论他们为什么戴眼镜以及他们的眼镜上为什么有块黑布等。一段时间内，戴眼镜的小朋友成了孩子们讨论的话题。教师抓住这个孩子关注的话题进行了讨论，觉得围绕眼睛进行活动设计可以生发孩子多方面的经验，如眼睛的构造、眼睛的功能以及如何保护眼睛等。并且孩子对眼睛为什么蒙上了黑布非常感兴趣，这本身就是活动展开的一个契机。眼睛对孩子来说是一个陌生又不陌生的东西，由此，就展开了《眼睛》的主题活动。

（二）课程目标从预先确定目标趋向于活动过程中目标生成性

在幼儿园主题课程的建构过程中，课程目标的确定要更多地关注儿童在想什么，关注儿童的主体性。如：在进行《眼睛》主题活动前，按照预先计划，今天的目标是完成手指画的创作。但是教师观察到今天小朋友们都在热烈地讨论眼睛的话题，于是在教师与幼儿讨论后决定将目标改为认识眼睛的构造。在课程建构过程中教师一切以幼儿的兴趣为中心，灵活机动地调整课程目标和内容。

（三）课程实施方面，教师与儿童是互动合作的伙伴关系

在活动的过程中出现更多的教师与儿童的互动、交流与对话。教师为孩子提供自主、自由建构主客观经验的时空环境，同时也创造一种文化，使孩子在相互合作和社会化的气氛中不断获得一种主客观经验。就像瑞吉欧认为的：儿童既是贡献者，又是受益者。

（四）课程评价方面，活动的评价方式呈现多元化，更多地强调过程评价方式

教师与幼儿在活动过程中进行多元化的评价方式。将评价与活动相结合，使评价促进活动的进行，激发孩子的兴趣。

（五）在幼儿园主题课程的建构过程中，注重生成课程

关注课程的生成，走在世界前列的有美国的生成课程和瑞吉欧幼儿教育课程等。在生成课程中，儿童的主动性、积极性和创造性得到了极大的发挥。如主题活动《眼睛》：整个活动过程教师都始终围绕孩子感兴趣的话题生成新的活动主题，活动始终坚持教师与幼儿一起协商进行。如《眼睛》中："谁的眼睛最能干""大自然中的眼睛""带眼睛的猫"等活动，都是教师在活动中与幼儿互动生成的活动。

附：主题活动《眼睛》

注：活动主题来源于五所幼儿园。

（本文发表于 2007 年 6 月《幼教园地》）

小学课堂生成性资源探析

摘　要　小学课堂生成性资源是教学资源的有效补充。小学生成性资源主要在学生出现疑问、学生兴趣转移和教师与学生讨论时产生。教师及时有效地捕捉到生成性资源，可以为教学的顺利进行提供更多、更丰富的教学条件和资料来源，有效地推进教学进行。

关键词　课堂教学；生成性；资源

所谓生成性资源是指在真实的课堂教学情境中伴随教学过程产生的，是能够推进教学进行的各种教学条件和因素来源。生成性资源首先是指在真实的课堂教学情境中伴随教学过程产生的，不是事先准备好的资源。它不像图书资料一样是现成的，不是可以拿来就用的课堂教学资源，而是出现的时候必须被教师捕捉到、意识到之后才能发挥其作用的资源。生成性资源的作用是推进教学进行，是教学进行的资源补充，可以为教学的顺利进行提供更多、更丰富的教学条件和资料来源。

我们认为生成性资源主要出现在学生出现疑问、学生兴趣转移和教师与学生的讨论三个方面。

首先，学生的疑问。小学课堂是出现疑问最多的场合，小学生一般都喜欢问"为什么"。这时学生迫切地需要教师来帮助他们，教师的责任在这里也得到了主要体现。对于学生的疑问，教师首先要关注，其次要能够生发出解决的办法。学生的疑问是一个非常重要的生成性资源，没有疑问就没有理解。教师要善于处理学生的疑问，通过解决疑问来达到理解教学内容的目的。建构主义者认为，学习者并不是被动的信息接收者，而是积极参与意义建构过程的主动学习者。学生发起新的问题的过程，就是一个主动建构的起点，教学过程中学生的突发奇想是主动探索问题、发挥针对性的标志。教师适时帮助学生解决问题是学生经验建构和知识积累的十分有效的过程。这里的有效性是指，起始于疑问并主动探索建构知识，比被迫接受知识更有效。

其次，学生兴趣转移。小学生集中注意力的时间没有中学生稳定，因此当学生的兴趣转移时，教师要善于抓住学生的兴趣，利用学生的兴趣促进教学活动的进行。兴趣和需要是探索的动机，缘起于兴趣的学习也是教育工作者认为的最有效的学习。没有了兴趣，也就没有了学习的动力，因此这也是我们将学生的兴趣纳入生成性资源的主要因素之一。教师要利用各种方法善于捕捉学生的兴趣，随时调整教学目标、内容以及教学方法，以促进学生学习。

最后，教师与学生的讨论。讨论是教师了解学生的知识准备状态以及心理发展状态的主要过程。在教学过程中，教师与学生的讨论是非常重要的。通过讨论，教师适时调整教学目标、内容以及教学方法以更好地适应学生的水平；通过讨论，教师与学生共同探索问题，激发灵感；通过讨论，教师与学生共同建构知识。同时，教师与学生的讨论本身就意味着教师与学生是平等的学习者的关系。

第三编 >>>

德育与心理健康
教育研究

德育为先 五育并重 打造少先队德育品牌

摘 要 学校始终把德育工作放在首位。近年来，在认真完成常规德育任务的前提下，学校致力于德育创新工作，打造出了两个具有学校自身特色的德育品牌——"抓五爱教育 塑美好心灵""多彩六一 幸福童年"，在社会上引起了强烈的反响。

关键词 德育；品牌；五爱教育

学校始终把德育工作放在首位，坚持全员育人、全课程育人和活动育人的理念，目前少先队活动已经成为孩子发展的原动力。开放的理念、开放的视野、多元的平台、多元的成长，将学校打造成孩子们自主学习的学园、快乐成长的乐园。

1993 年，学校在全国首提"抗挫折教育"，《中国教育报》头版头条进行了专题报道，山东电视台以《给孩子一颗坚强的心》为题拍摄了 4 集专题片在中央电视台多次播出，在全国引起了很大的反响。高教音像出版社还出版了光盘在全国发行，引起了轰动。

近年来，学校致力于德育创新活动，成绩突出。

目前学校拥有两个中小学德育品牌。一是"抓五爱教育 塑美好心灵"，二是"多彩六一 幸福童年"，分别在 2015 年、2017 年被评为淄博市第一批、第二批德育品牌。

一、抓五爱教育 塑美好心灵

学校努力打造"爱心教育"特色，着力推进"五爱"教育。"五爱"教育的主题是：以"珍爱生命"为主题的"爱自己"教育，以"团结互助"为主题的"爱他人"教育，以"感恩父母"为主题的"爱家庭"教育，以"我为附小添光彩"为主题的"爱学校"教育，以"立志成才"为主题的"爱祖国"教育。我们利用校内外两大实践阵地，有计划、有系统地开展丰富多彩的实践活动，让学生在活动中成长、感悟，懂得感恩，养成良好的道德品质。

（一）丰富校外阵地

淄川区博物馆、消防队、法院青少年法庭、交警执勤点和淄川区烈士陵园等成为少先队员了解社会、进行社会实践、开展体验活动的阵地。我校每年都组织五年级少先队员到博山区、淄川区社会实践活动基地参加为期一周的社会实践活动。每年暑假，

3~5年级的少先队员们参加"军校夏令营"活动，体验生活、磨砺意志、锻炼体魄。

（二）生活处处是教育

利用每周的升旗仪式、主题班、队会、"红领巾广播站"、"雏鹰电视台"等阵地开展"三观三热爱"宣传教育。利用"清明节""国庆节"等传统节日，向队员进行"民族精神代代传"的教育活动。深入开展了"红领巾　心向党"主题教育活动，每学期开展一系列安全教育、法制教育、环保教育和国防教育活动。学校配备三星级心理咨询室，有专职心理辅导老师1名，有五名辅导员取得国家二级心理咨询师证书。学校把少先队活动延伸至心理健康教育活动，并在淄博市中小学校园情景心理剧大赛中连续两届获得一等奖的好成绩。

（三）活动生机勃勃

学校成立了"红领巾艺术团"。学校现有书法、绘画、剪纸、合唱、舞蹈、篮球、虚拟机器人、小记者团、五音戏等10多个小社团，成为艺体教育的主阵地、队员展示风采的大舞台。五音戏娃娃剧社荣获全国"五个100优秀国学项目"，被评为"全国优秀红领巾国学社团"。铜管乐队先后三次获淄博市鼓号操大赛一等奖，并代表淄博市参加山东省少先队检阅式，一举夺得最高奖——创意奖，被评为淄博市中小学首届优秀学生社团。篮球社团倡导并形成的篮球文化已成为学校的一张名片，学校男子篮球队已获得淄川区中小学生篮球联赛9连冠，淄博市中小学生联赛4连冠，连续4年代表淄博市参加山东省中小学篮球联赛并取得优异成绩。

二、多彩六一　幸福童年

自2014年起，学校开展了"多彩六一 幸福童年"德育教育活动，并于2017年入选淄博市第二批中小学德育品牌。

（一）制定实施方案，措施保障有力

"多彩六一 幸福童年"德育教育活动，以"红色——理想信念""蓝色——博爱互助""橙色——个性阳光""绿色——感恩希望"为主题，分别举行"红色旗帜代代传"一年级学生入队仪式，"同在蓝天下"爱心义卖，"我的橙色童年"趣味游园，"绿色亲子美食"等活动。学校统一思想，从全校层面提高对创建德育品牌的重要性和必要性的认识，积极营造良好氛围；加强领导，校长担任创建实施小组组长，全校教师分工负责、团结协作；细化方案，各级部确定特色项目实施方案，少先大队做好统筹协调；建立激励机制，鼓励各班级、各级部创出特色，评选表彰优秀学生和集体。

（二）活动设计科学合理，开展扎实有效

学校根据《山东省中小学德育课程一体化实施指导纲要》具体要求，开展的"多彩六一 幸福童年"系列活动设计，遵循学生的身心发展特点和品德形成规律，经过多年科学合理的实施，得到了家长、师生、社会的认可。学校成立了三级工作实施小组：一是由学校领导负责的领导小组，二是由政教处少先队总负责的指导小组，三是由级部主任、班主任、家长委员会组成的实施小组，层层落实，分工负责。学校从安全保障、评比、宣传等方面商讨活动的步骤、细节、措施，多次进行彩排演练，及时调整，确保活动顺利实施。

（三）活动特色鲜明，实施成效突出

"多彩六一 幸福童年"德育教育活动体现了四大特色：一是全家总动员，邀请家长志愿者、五老志愿者共同参加，老少同乐，亲子同庆；二是童年不同样，活动设计班班有项目——每个学生既是设计者也是参与者，年年有花样——同一主题加入新元素，年年游戏都不同，年年义卖有花样；三是童真童趣多，学生在跳蚤市场中购物，凭闯关游园卡逛游乐场，积印章兑换奖品，富有童真、童趣；四是礼物很特殊，学校还开展美德之星、美德少年的评选，评选"我最喜欢的游园项目"和"雷锋中队"，表彰活动中涌现出的先进集体。多元化的、科学的评价体系让每位学生都有机会得到表彰和鼓励，在评价过程中重新认识自我，建立自信。

正是基于对学校自身特色的德育品牌——"抓五爱教育 塑美好心灵""多彩六一 幸福童年"的不断打造，也为雏鹰起飞搭建了坚实的平台。学校曾先后获得少先队全国雏鹰大队、山东省首批少先队工作规范化学校、山东省优秀少先队集体、全国争当小实验家科学体验活动示范学校、山东省交通安全示范学校、山东省少先队工作重点联系单位、淄博市第六届鼓号操大赛第一名、淄博市少先队工作红旗单位、淄博市少先队工作先进单位、淄博市少先队先进集体等荣誉称号。《人民日报》《中国教育报》《山东少先队》《齐鲁少年》以及中央电视台少儿频道、山东电视台等多家新闻媒体报道我校德育少先队工作。队员连年荣获"淄博市十佳少年""淄博市美德少年"称号，先后涌现出全国自主中队1个、省国旗中队2个、市国旗中队6个、省优秀少先队员2人。

在多元开放，充满活力的环境中，学生的人生从这里开始生机焕发，绚丽多彩。学生们的自主性、合作性和创造性如春苗润雨，茁壮成长。"有自信、兴趣广、视野宽、思维活、能力强、素质高、潜力大、后劲足"，已经成为附小新一代的学生形象。

开展抗挫折教育　塑造学生健康心理

摘　要　挫折可以摧毁一个人的自信心，使其一蹶不振；也可以增强人们解决问题的能力，锻炼人们的意志力。我们所进行的抗挫折教育，就是使学生在遇到困难和挫折的时候，能够正视挫折，分析原因，找出办法，走出挫折阴影，战胜挫折，从而培养学生内在的自信和乐观，形成良好的心理素质。

关键词　抗挫折教育；心理素质；健康心理

学校教育的任务，首先是把每个学生培养成有责任感的合格公民，使他们成为对自己、家庭、社会负责的"好人"，使部分学生成为由爱好发展成特长的素质全面发展的"能人"，其中一部分学生发展成为德才兼备、文化素养和道德素养达到相当水准、具有一定思想境界的"贤人"。而一个人在事业上的成功，很大程度上取决于坚强的意志和坚韧不拔的毅力。如何培养下一代不怕困难，能够承受挫折风险，在逆境中仍能百折不挠、独立思考，谋求新的成功和发展的心理品质呢？

一、融抗挫折教育于整个教育活动中，全方位、立体化地培养学生的心理素质

挫折可以摧毁一个人的自信心，使其一蹶不振；也可以增强人们解决问题的能力，锻炼人们的意志力，其关键在于人对挫折是否具有良好的受挫恢复力。我们所进行的抗挫折教育，就是使学生在遇到挫折的时候，能够正视挫折，分析原因，找出办法，走出挫折阴影。其核心是培养学生内在的自信和乐观，形成良好的心理素质。

我们采取的方法如下。

（一）发挥课堂主渠道的作用

通过多种方法，提高学生心理承受能力，全面发展学生的素质。

1. 明理法。向学生讲明，人的成长要经受许多挫折，必须克服困难以增强心理承受能力的道理。如：一年级语文课教学《乌鸦喝水》时，向学生点明：对待困难挫折，冷静分析，找出办法，经过努力，一定会取得胜利。

2. 鼓励法。激励学生相信自己，努力拼搏获取成功。如：五年级体育课"跳跃山羊"时，面对"山羊"，许多学生总是跑到山羊前便停步了。对于学生的恐惧心理，教师采取了鼓励与辅助动作相结合的方法，使学生消除恐惧心理，经过努力终于全部越

过了"山羊"。

3. 强化训练法。在明确要求、标准的同时，强化训练，不达目的决不罢休。强化训练与鼓励法相结合对增强学生克服困难的意识起到了积极作用。如：三年级体育课教学前滚翻时，许多学生一开始翻不过去或翻偏，教师正确指导，积极鼓励，不降低要求，强化训练，直到练标准为止。

4. 设置障碍法。故意设置学习等方面的障碍，让学生想办法克服，磨炼意志，增强克服困难的能力。如：我们要求一、二年级的学生在做作业时不用橡皮，其他年级的学生用圆珠笔或钢笔做作业、答试卷时，故意设置障碍，使学生树立了做事、学习不马虎、认真细心的观念。

5. 模拟演习训练法。挫折承受力是个体在生活环境中为适应环境而形成的能力之一，这种能力可以通过学习锻炼获得成功，更重要的是提供适量的挫折情境锻炼学生的承受力。我们通过进行自做野炊、登山比赛、智力体育障碍赛、远足等活动，加强了学生的抗挫折承受力，使学生更加乐观地面对困难。

6. 榜样引导法。用过去或身边的榜样引导教育学生克服挫折困难。我们引导学生学习雷锋、赖宁、保尔等英雄的抗挫折事迹，以此教育影响学生；同时注重树立身边的榜样，学校每年评选"十佳少年"，将"十佳少年"的图片及抗挫折事迹展示于宣传栏内，激励全体学生的抗挫折信念。

7. 引导回忆法。分析造成挫折的原因，找出战胜挫折的方法，从中吸取经验教训。我们要求每班编辑一本抗挫折教育回忆录，具体谈经验教训，学生经常翻阅，各班之间互相交流，让学生自我教育。

（二）发挥少先大队的优势

利用"一结合""两活动""两站""三岗""手拉手"等活动，在活动中实施抗挫折教育，增强学生参与抗挫折教育的主动性。在活动中培养学生的承受能力，体现抗挫折教育育人、育心的教育作用。

"一结合"是指将抗挫折教育纳入德育教育范畴，与爱国主义教育相结合，筑起灵魂的希望工程。我们注重学生的两个意识的教育，即公民意识和爱国意识的教育。抗挫折教育意在强化学生的心理素质，必须与爱国主义铸造的"国魂"结合起来，培养具有社会主义觉悟的公民。我们抓住一切进行爱国主义教育的契机进行抗挫折教育。以清明缅怀烈士扫墓活动为例，学校组织每个学生自制一朵花送烈士、为烈士洗墓碑、描碑文等一系列活动，在挫折中融进对烈士的敬仰之情。这样既培养了学生克服困难的意志，又使其受到了爱国主义教育，使清明扫墓活动更有意义。

"两活动"是指第二课堂活动与队日活动。我校的第二课堂活动（包括组织业余艺术学校），开设了音美类、体育类、综合类共十余个专业，不管严寒酷暑，学生们都持之以恒地坚持练习。近几年来，先后有400余人在市级以上比赛中获奖，是抗挫折教育的开展使他们不畏困难、不怕挫折，克服各种困难，坚持训练并取得了显著的成绩。同时，学校还定于每周四活动时间为队日活动，队日活动内容丰富，形式多样，目的明确。通过队日活动开展丰富多彩的系列教育活动，使学生不怕困难、不怕挫折，效果显著。

"两站"是心理咨询站和红领巾广播站。利用"两站"进行抗挫折教育，指导学生实践，增强心理素质。心理咨询站要求班主任做学生的知心姐姐、知心朋友，每周二、周四的晨会，班主任对学生中典型的心理现象进行剖析，如"怎样提高自理能力""如何对待这次测试成绩""为什么我越挨批评越要做"。这些心理咨询知识使学生能够正确对待挫折。红领巾广播站开辟了心理咨询箱，学生广泛搜集资料，通过红领巾广播站的广播，使学生懂得了诸如"嫉妒心理的危害性""猜疑不是一种好现象"等知识。"两站"澄清了学生中的一些模糊认识，为其形成健康的心理起到了积极的作用。

"三岗"是指自理自治教育岗、红领巾监督岗、社会实践岗。"三岗"使学生在实践中克服挫折，进行自我教育。自理自治教育岗按年级制定了心理素质标准。如一年级：遇困难，要勇敢；在家里，不任性。二年级：对父母，不依赖；遇困难，要克服。三年级：不上当，不受骗；受表扬，不骄傲；遇挫折，不气馁。四年级：要诚实，要正直；勤劳动，勤实践，要知难而上。五年级：先集体，后自己；明真理，辨是非；能帮助他人克服挫折。红领巾监督岗是学生在校园中的自检机构，分为红领巾岗、纪律岗、卫生岗、节水节电岗等监督岗。以中队值周的形式监督个人的行为，学生自我管理、自我教育，在日常行为中做到了严以律己、遵纪守规。社会实践岗让学生走入社会、了解社会，组织他们参与社会实践活动，首先把抗挫折教育纳入其中。"三岗"大大增强了学生自理、自律、自护的心理素质。

"手拉手"活动。学校坚持每年暑假利用一周的时间，组织学生与山区的学生结成一对一的对子，我校的学生吃、住在小朋友家里，双方的小伙伴同吃、同住、同学习、同劳动。在接触社会、了解社会的同时，克服了想家、自理能力差等一系列困难，学会了许多日常的家务劳动，认识了许多农作物，学会了理解他人，懂得了劳动的艰辛，身心锻炼双丰收。

（三）注重隐性课程的无意识教育

在无意识教育中进行抗挫折教育，使学生在良好的教育中受到潜移默化的教育，提高了学生的心理素质。

1. 环境教育的作用。学校文化建设无不体现着抗挫折教育的内容，展橱、展窗里的抗挫折教育专栏，展示了学生克服困难取得荣誉的图片，墙壁上的名人警句等间接地教育学生要学会克服困难。建立融洽的师生关系、家庭氛围，培养团结友爱的班集体，使学生在良好的环境中直接接受抗挫折教育。

2. 以身示范教育的作用。学校加强对教师师德的培养，提高其自身修养，并要求他们在对学生进行抗挫折教育的同时，必须以身示范、为人师表，坚持正面教育。我们还定期召开家长会和社区教育委员会会议，使家庭、学校、社会形成共识，以网式结构进行抗挫折教育。以身示范要求教育者要道德高尚、乐观豁达、不怕困难、积极上进、言谈举止适度，使学生在无意识教育中接受抗挫折教育。

二、教给学生独立克服挫折的方法，使学生自己能够摆脱困境、抵御挫折

学生往往因为课业负担、教师批评、同学误解等原因而遭受挫折，产生焦虑。我们要教给学生抵御挫折的方法，以此来冲淡或消除挫折心理，使他们获得心理平衡。

1. 顽强拼搏法。用积极的态度来对待消极的方法，教给学生用忍受与拼搏来解除"山重水复"的困惑，从而达到"柳暗花明"的境界。

2. 绕道转移法。教给学生当从事一项活动而达不到目的时，用另一种方法弥补不能达到的目的，形成情绪转移。

3. 虚心求是法。教给学生认真分析自己的短处，正确对待自己的得失，实事求是地对待自己的错误，虚心听取他人的教导，遇事要分析、要冷静。

4. 请人疏导法。当学生受到不公平的对待或被他人误解时，将产生的心理情绪及时与父母、要好的朋友、同学、老师倾诉，获得心理平衡。

5. 自我发泄法。采取不危害他人和社会的方式将内心的消极情绪发泄出来，如：通过痛哭、写日记等形式发泄。

我们教给了学生不同的抗挫折的方法，增强了学生的抗挫折能力，改变了原来家庭中的"小皇帝"形象，增强了他们独立参与、吃苦耐劳的优良品质，家庭的中心和重心逐渐由过去的物质需求转变为精神需求。这样的学生能够抵御挫折，克服困难，受到社会、家庭的称赞。

教师心理素质对学生的影响

　　摘　要　在影响学生心理健康发展的诸因素中，教育起着主导作用。这种主导作用是由教师去实施发挥的，教师心理素质是影响学生心理健康成长的重要因素。但是，目前的教师队伍还不完全适应心理健康教育工作的全员参与、全面铺开，因为教师队伍自身对开展心理健康教育工作的相关内容和要求还没有完全掌握。在笔者看来，培养教师健康的心理至关重要。

　　关键词　教师；心理素质；影响

　　目前，学校及社会对心理健康教育工作的开展尤为重视，特别是在汶川地震发生以后，对受伤心灵的干预救治工作起到了积极的作用。由此，各级政府部门、各行各业对心理健康教育工作也越来越重视。学校，作为教书育人的主要场所和阵地，对学生进行适当的心理健康教育是每位教师应尽的职责。但是，笔者经过调查、查阅大量的资料后发现，目前的教师队伍还不完全适应心理健康教育工作的全员参与、全面铺开，教师队伍自身对开展心理健康教育工作的相关内容和要求尚未完全掌握。

　　在影响学生心理健康发展的诸因素中，教育起着主导作用。这种主导作用由教师去实施发挥，教师心理素质是影响学生心理健康成长的重要因素。

　　具有良好心理素质的教师，能正确进行自我认识、自我评价、自我监督，热爱自己的教育工作岗位，尊重自己所从事的教育工作，自强不息地克服工作中的各种困难，他们性格开朗、胸襟坦荡、处事灵活稳重，容易给学生创建一个稳定而愉快的学习环境，创建一个积极上进、互助友爱、讲究文明的集体环境。这无疑对培养学生健康的心理有直接影响。学生从中能获得心理上的满足，并在这种满足中养成朝气蓬勃、积极向上的乐观性格。

　　具有良好心理素质的教师能保持平静的情绪、敏锐的智能，避免学生在心理上受到不利的刺激，有效地组织教学，善于引导全体学生积极认真地参加学习，使每个学生获得成功的体验，并能在获得成功的基础上得到教师的"赞赏"。这对发展学生的个人价值感和自信感、学生健康心理的形成，有重要意义。心理学的研究证明，青少年表现出的诸多心理问题，都是学习方面的痛苦和挫折的间接反应。相反，一个心理素质欠佳的教师容易对各种教育情境无能为力，因此常常冲动、发脾气，给学生造成精神压力，使他们产生焦虑、自卑、兴趣降低等消极心理。缺乏良好心理品质的教师，往往不能正确地评价、对待自我与他人，容易做出一些轻率、偏执的举动，对学生的毁誉褒贬按个人的好恶来决定，以致造成师生之间的紧张、相互对立。这些消极的、压抑的情绪会导致学生不安、惶恐、忧郁和怨恨的心理。这种消极的情绪体验显然会严重影响学生人格的健全发展，造成多种适应不良症。

因此，教师绝不是简单的知识传递者，而是具有多功能、多角色的楷模形象。教育工作是十分严格、严肃的，任何教师都必须以高度的责任感和献身精神，在不断提高业务水平的同时，努力加强自己的修养，提升自身心理健康素养，给学生以健康积极的影响。

一、教师角色分析及表现

教师在学生的发展尤其是在学生的心理发展中具有极其重要的作用，然而现状却不容乐观。要探讨这个问题，首先从教师角色及其冲突谈起。

在教育系统中，教师并不是一种单一的角色，而是各种不同角色的统一体。了解教师的角色构成有助于我们对教师本身，尤其是对教师心理健康的成因有一个全面的认识。具体来说，教师的角色主要可归纳为以下几种。

（一）教师要扮演学生"家长代理人"的角色

在学生和家长眼中，教师扮演父母代理人的角色。一般来讲，工作有成就的教师多数都圆满地充当这一角色。他们对学生充满热爱、期望，无微不至地关注学生的变化。他们能理智地控制自己的冲动，及时地调节自己的不良情绪，不用体罚、羞辱、嘲笑和挖苦来解脱自己的困境，坚信诚挚的感情、得法的教育会温暖与激发学生美好上进的心灵，甚至会改变学生被"扭曲"的性格。

（二）教师要扮演"知识传授者"的角色

教师这一职业最显著的标志乃是知识与技能的传授者。教师的功能就是把人类已有的知识经验传授给学生，使年轻一代获得发展的较高起点。作为知识传授者的教师，不仅要有广博的基础知识，还要千方百计地调动学生学习的积极性，激起学生的认知兴趣，使知识的传授成为一种双向、互动、充满乐趣的过程，成为教师与学生密切合作、共同劳动的统一过程。

（三）教师要扮演"严格管理者"的角色

对于学生来讲，教师承担着管理者的角色。教师必须使每个学生都能遵守学校的规章制度，帮助学生形成"律己"的习惯和控制能力，要善于和学生共同安排学习与组织活动，并在各项活动中通过有效的管理来培养学生的思想品德、发展能力以及完善个性。由于管理的对象是活生生的人，教师要给予学生更多的责任和自主，创造一种和谐、民主、进取的集体环境，使学生自觉地接受管理、加强自我管理，并积极参与管理。

（四）教师要扮演"心理调节者或医生"的角色

现代儿童心理卫生工作的开展，使人们对教师产生了"儿童心理卫生顾问""心理咨询者""心理调节者"与"行为矫正专家"等新的角色期待，期望教师在这方面有较高的修养和才能，把学生从惧怕权威、缺乏自信和卑微的感觉中解放出来。教师应鼓励学生勇于表现自我，引导他们学会理解与认可不同的意见与分歧，并适时提供一种谅解与宽容的心理环境。教师还应该经常关心学生的情绪变化，随时把握学生的心理状态，使其始终保持正常、积极向上的情绪。

（五）教师要扮演"朋友和知己者"的角色

教师应该是学生的知心朋友，只有成功地充当这一角色，才能走进学生中间、洞悉他们内心的奥秘；学生也才会把自己的困难、苦恼、高兴或失望的心情说出来，从而得到情绪发泄。要做到这一点，教师要坚持平等待人，虚心听取学生的意见和建议，以十分真诚的态度与他们友好相处，增进彼此间的了解与信任，使师生之间架起一座友谊的桥梁。

二、教师心理素质对学生产生影响的特点

为了更好地了解教师的心理健康对学生所产生的影响，进而准确恰当地对学生施教，我们还有必要了解教师的心理素质是以怎样的方式和特点来发挥其应有的作用的。下面从潜在性、多面性和稳定性三方面加以说明。

（一）潜在性

教师心理素质的潜在性，是指教师心理素质对学生影响具备潜移默化的特点。

教师心理素质对学生的影响是在不知不觉中，通过耳濡目染实现的。就师生关系来看，不成熟的学生长期地、连续地同教师处在一种特定关系中，受着教师这样或那样的影响。这种影响是不以双方主观意志为转移的，具有客观必然性。不管是正面的、积极的，还是反面的、消极的，学生总是自觉或不自觉地受到这些影响。或者说，教师的心理素质以其"居高临下"的"地势"，每时每刻、无声无息地影响着可塑性极强的学生。正是这种潜在影响，才使学生身上总是保留着教师人格的痕迹。

（二）多面性

教师心理素质的多面性特点是指教师心理素质对学生的影响是多方面的，以心理的多个侧面塑造着学生的人格。

教师心理素质具有丰富的内涵。其主要内容既有认知、情感、意志方面的修养，又有个性方面的修养。这些方面的有机统一，构成了教师的心理面貌。从个性的经历、教育实践和已有心理素质方面而言，具有某些共同的、典型的特征。优秀教师的心理素质主要表现为：不仅具有较强的认知能力和广泛的兴趣，而且具有高尚的情感和坚强的意志，良好的性格、高度的教育机智也是优秀教师必备的心理素质。可见，教师的心理素质是多方面、多层次的，以多种方式，从多个侧面对学生的认知水平、情感、意志、品质、兴趣、个性特点等心理方面产生广泛而深刻的影响。

（三）稳定性

教师心理素质的稳定性特点，一方面指教师的心理素质是在教育和教学实践中逐

步形成和发展的，一旦形成，就具有相对的稳定性和持久性；另一方面是教师心理素质对学生的影响亦具有稳定性和持久性特点。

　　教师心理素质的教育影响，不会随学生学习结束而消失，而是如一颗种子，会在学生日后的成长过程中，发芽结果，影响终身。许多著名的科学家、作家、艺术家写的回忆文章中，就常常认为决定他选择这样一条人生道路的是某一位老师。毛泽东在和他的老师徐特立的信中就说：你是我二十年前的先生，你现在仍然是我的先生，将来必定还是我的先生。可见教师心理素质对学生影响是稳定的、持久的。这一特点就要求教师锲而不舍地加强心理素质的修养，确保留给学生的东西，能够照亮学生的人生道路，成为他们奋发向上的精神动力。

浅谈教师心理健康

摘　要　教师的心理健康包含两个方面的内容：一是指提高教师的心理健康水平，即培养教师的优良心理品质，训练自我调节能力；二是对教师存在的心理障碍和疾病的防御与治疗。对于教师的心理健康，不能以一般人的标准来要求，作者尝试从教师的职业特点入手来阐述教师心理健康的特点。

关键词　教师；心理健康；专业特点

教师的心理健康包含两个方面的内容：一是指提高教师的心理健康水平，即培养教师的优良心理品质，训练自我调节能力；二是对教师存在的心理障碍和疾病的防御与治疗。

关于教师的心理健康，一般是以心理健康的人所具有的特点作为标准，这显然是不够的。作为教师心理健康的主要指标，既要符合一般人心理健康的要求，又要体现教师的职业特点。我们认为，心理健康的教师其特点主要体现在以下几个方面。

一、具有良好的教育认知水平

这里指的认知水平是指教师的认识过程，它集中表现为智力或智力活动。一个心理健康的教师，能够正确地认识和对待周围的事物和客观环境，使个人的行为符合社会的要求，与自然环境和社会环境保持平衡，能正确地生活、学习和工作，将自己的智慧和能力发挥出来，取得一定的成绩。具体来说，主要表现在以下方面。

（一）具有敏锐的观察力

观察力是有计划、有目的地运用各种感觉器官去认识客观世界的能力。教师的教育对象是学生，观察了解学生是教师完成教育工作的任务、实现教育目的所必须具备的基本能力。在教学过程中，教师要善于观察学生的动态，透过其外部表现去分析判断其内心世界的变化，分析学生是否有兴趣、是否集中精力、是否在积极思考、是否真正理解。只有全面、准确地观察了解学生，才能增加教育教学工作的针对性，从而提高教育教学质量。此外，教师在指导作业、组织班队活动等方面都需要有敏锐的观察力。

（二）具有信息组织与转换能力

教师的信息组织和转换能力实质是一种高超智力与教学艺术的表现，这种能力的形成来自教师渊博的知识和对教材的全面掌握以及对学生的充分了解。教师必须对教材进行细致的加工处理，使其所讲授的内容既符合教学大纲的要求，又适合教师的教学风格。教师还必须综合地选择教学方法、手段，科学地确定教学的要求、步骤、组织形式，设计出最佳教学方案，才能准确有效地使新知识与学生原有认知结构之间架起一座桥梁，使学生自然地、一步一步地到达新的境地。教师对信息的组织与转换能力，不仅表现在对教材的加工改造方面，思想品德教育中对思想观点、道德、认识方面的材料的加工改造，同样需要这种能力。

（三）具有信息传递和接收能力

教师的教育教学工作，实质上也是信息的输入与输出工作。教师教学任务的完成、使学生掌握知识、发展智力和形成思想观点，都要依靠信息的传递。教师进行信息的传递一般是通过自身的语言、表情、动作、姿势以及各种直观手段进行。为了适应形势的发展，教师必须不断接受新信息，努力提高自己，以胜任自己的工作。

（四）能够创造性地进行教育教学活动

创造性的教育教学工作，必须以敏锐、深刻的思考为前提。一个心理不健康的老师，就会懒于思考，或者把心思用到其他方面，就失去了进行创造性教育、教学的心理前提。

二、能够悦纳教师职业

对自己恰当了解并能悦纳自身职业，是心理健康的首要条件。恰当了解，就是如实自知；悦纳，就是愉快地接受自己的职务现状并为之发展创造条件。只有在认识上，如实承认自己的教师职业身份并且自愿从事教师工作，充满信心和情感，才能克服各种实际存在的困难，在工作中取得成绩和进步。如果一个教师连自己是教师这一专业身份都不敢公开承认，还怎么能说他的心理处于健康状态呢？因此，"悦纳"自己的教师专业身份，是教师心理健康最基本的标准之一。

教师在身份认知上的不健康的表现，可以总结为三个方面：

教师在身份上的认知缺陷。有些老师只看到老师工作艰苦而繁重的一面，看不到培养人才光荣和欢乐的一面，对教育工作的价值认识发生偏差，因而不能悦纳教师的身份。

对自身的优势认知不足。对教师工作存在自卑、气馁心理，看不到自己在教育工作方面的潜力和优势条件，看不到教育领域需要各种科学知识和技能，能够充分发挥教师的各种智慧和才能。这些教师认为当教师是大材小用，英雄无用武之地，这明显是对教育工作认识的一种错觉，是对自身潜力的认识不足，抑制了自己才能的发挥，甚至陷入自卑的境地而无法自拔。

对自身劣势的认知不足。这一点在初为人师的年轻教师身上尤为突出。他们过高地估计自己的能力，误认为教育教学工作可以随心所欲。在这种不健康的心理支配下，往往使自己的工作造成失误，甚至导致教学事故的发生。

三、具有稳定而积极的教育心境

心境是一种比较微弱的、平静而持久的情感状态。它可能是愉快的或忧郁的，也可能是恬静或朝气蓬勃的。作为教师的内部心理基础的教育心境是否稳定、是否乐观和积极，将影响教师的整个心理状态，也关系到教育和教学效果。当教师的心境不良，如缺乏信心，具有教育紧张感，烦躁、忧郁，怕管理学生时，他们的情绪、认知，甚至个性都会出现异常表现。一旦教师陷入不良心境之中，不仅对自身而且对教育和教学都影响甚大。如果一个教师具有乐观积极的教育心境并长期稳定下来，其潜在的心理能量就会在整个心理活动中迸发出来，他们会对教育充满信心，对教育顽皮的孩子有了直接的兴趣。他们以培养孩子作为乐趣，整个教育工作有了朝气，教师的生活也更加充实和有意义。教师有了良好的教育心境，能使教师处于欣喜状态，头脑清楚、提高工作效率并且克服前进中的困难。

四、具备健全的教育意志

教师要将学生培养成才，在教育实践中必须克服许多困难。繁重艰巨的教育工作要求教师有坚强的意志，具备良好的意志品质。

（一）明确的目的性和坚定性

教师完成教育教学任务的明确目的性和力求达到这一目的的坚定性，是他们动员自己全部力量去克服各种困难的保证。教师在教育教学过程中的目的，有远有近、有大有小。一般来说目的愈明确，自觉性也愈高。明确目的的确定，有赖于对事物的深刻认识，而且与一定的信念、世界观、责任感等心理因素密切相关。如果教师对教育事业树立起坚定的信念，那么，不论是顺境还是逆境，他们对工作都满腔热情和充满信心。

（二）决策的果断性和一贯性

教师工作的对象是一群天真活泼、兴趣爱好多样、性格各异的学生。虽然教师在上课、组织活动时可事前精心设计、预测可能出现的情况，但一个班级几十个学生，在课堂上、在活动中难免会出现偶发事件。教师对这些突如其来的情况，必须迅速有效地分析、判断，恰当地处理，使教学与活动顺利地进行。教师决策的果断性应基于对情况的了解和准确的分析。在什么情况下，该向学生提出怎样的要求，学生该怎样行动，教师都应该有清楚的认识和预见。教师对学生的态度切忌当断不断、优柔寡断、草率从事，否则会产生不良后果。

教师对学生要求的一贯性和坚持性，对培养学生的技能、习惯和各种优良品质有很大的作用。因此教师必须具有坚持不懈的意志品质。

（三）自制力的沉着和冷静

自制力是指关于控制和支配自己行动的能力。在教育过程中，教师都会遇到一些意想不到的障碍，在一定的情况中，教师也有悲观、愤怒和忧虑的情绪。如因学生成绩不好、不专心听课、吵架、损坏公物等不良现象而苦恼和焦虑，因出乎意料事件的发生而激动，特别是碰到与个人利益或威信相联系的事情时，都需要教师善于控制自己的情感，在矛盾冲突时一般不做"热处理"，应用"冷处理"。同时，切忌教师凭一时的谩骂、挖苦学生或借家长之手来处理学生。教师对学生要耐心、冷静、循循善诱，以利于培养他们良好的意志品质。

五、形成和谐的教育人际关系

教师的人际关系是否良好，是衡量教师心理的又一指标。人际关系是人与人在交往和相互作用中形成的直接的心理关系。教师的人际关系，主要表现在教师与学生的人际关系、教师与学校领导的人际关系、教师与学生家长的人际关系以及教师之间的人际关系。这种教育人际关系构成教师工作、生活的特殊环境，对教师的心理状态产生影响。这种特殊的教育环境，一部分则是受教师自身力量的影响而改变的。能否处理好教育人际关系，关键在教师本人的心理水平和处理各种教育人际关系的心理素质。不少教师经常谈到不安心的原因，不是学校的物质条件差，也不是待遇低，也不是自己的业务水平不能适应学校的要求，而是处理不好人际关系，影响了教育教学工作，给自己造成很大的心理压力。

要取得和谐的教育人际关系，教师必须从自己做起，设法缩小彼此之间的心理距离，消除彼此间的隔阂，加强相互了解和谅解。缩小彼此的心理距离，首先要取得认知上的一致性，彼此认知上的差异越小，心理距离也越小。当然，要完全做到认知上的一致是不太可能的。但只要彼此能够互相谅解、求同存异，就可以缩小心理距离。

作为教师，必须努力完善自己的心理品质。心理品质是人际关系中深层的、稳定的因素。人们一般都喜欢与热情开朗、富有幽默感和同情心、具有高度社会责任感的人交往，而不喜欢与冷漠、古板、心胸狭窄、动摇不定、自私自利的人交往。因此教师要以此改变人际关系中的不利因素，提高自己的人际交往水平。

六、适应教育环境并具备改造能力

对教育环境的适应和改造也是衡量教师心理健康的不可缺少的条件。有的教师不能适应发展、革新的教育环境，对外部教育环境毫无反抗能力，这充分表现了他们心理上的软弱性。无论是教师的心理适应或改造，都必须以环境的性质为标准，对不良环境的改造和对良好环境的适应才是真正心理健康的表现。

从科学心理学的观点出发，无论是教师的适应环境还是改造教育环境，都必须以使教育环境变得合理、更有益于对青少年一代的教育为标准。对良好的教育环境，教师要以健康的心理状态来适应，教师的适应不是消极的，而是积极的、主动的；对不良环境，教师凭着自己的健康的心理状态，给予积极改造，用自己的力量去影响周围的教育环境。

许多模范教师，在较落后的教育环境中能够有所作为，就是这样的。反之，那些与不良教育环境同流合污的适应，对良好教育环境因触及其利益而进行阻挠的教师，其心理健康水平是很低的，他们不可能取得好的教学效果。

教师心理挫折及其防护措施

摘　要　教师心理健康与否直接影响学生的发展，必须采取有效措施，促进教师的心理健康。笔者试图通过对教师心理受挫折的表现的分析，帮助教师找出战胜心理挫折的防护措施。

关键词　教师；心理健康；挫折；防护措施

教师的心理是否健康所产生的影响直接指向学生，必须采取有效措施，促进教师的心理健康。

一、教师心理挫折的表现

心理挫折是指人们在通向目标的道路上遇到自感无法克服的障碍、干扰而产生一种焦虑、紧张、愤懑或沮丧、失意的情绪的心理状态。引起教师心理挫折的原因主要包含以下几个方面：

1. 教师负担过重，过分疲劳。教师的工作是艰苦的脑力劳动和体力劳动，教师除了上好课，还要批改作业、出考试题、处理班务、家访、个别教育以及组织各种活动，使得部分教师疲于奔命而导致心理受挫。

2. 理想化与现实感的冲突。如学校本来不应片面追求升学率，但又不得已而为之。领导的要求、家长的愿望、社会的议论等压得教师喘不过气来。由于思想压力大，容易使教师心情紧张，过分焦虑与情绪失调。

3. 人际关系的障碍。领导与教师的关系、教师之间的关系、师生之间的关系、教师与家长的关系都有可能产生矛盾冲突，使教师激动、不安、烦恼、痛苦。

4. 个人的需要没有得到满足，目标没有实现。据一项关于教师心理挫折的调查表明，我国中小学教师自尊需要受挫折比例最大，占33.3%，成就需要受挫折占24%。

二、教师应正确对待心理挫折

1. 自我克制。控制由挫折所引起的情绪波动，尤其要控制消极情绪，不急躁、不消沉，泰然自若，尽力改变不良心境。

2. 情绪合理释放。如心中有苦闷，可向组织和领导汇报，与同事倾诉，甚至可以在亲朋好友面前大哭一场，诉说心中的委屈，以减轻精神压力与积郁的愤懑情绪，从而得到安慰和同情。

3. 升华。当个人较低层次的需要或目标受挫折时，把它转到较高层次的精神境界中去。例如：有的教师遇到婚姻失利或不能参加进修等不如意的事情，并未因此自暴自弃，而是把全副精力投入到教育教学工作中去，忘却个人的烦恼。

4. 代偿。指一方面需要或目标受到挫折时，以另一种可能成功的活动来代替，从而获得心理寄托和成功的快慰。如一个身体有残疾的教师，用工作上的优异成绩来获得人们的敬重，从而消除自卑感和受歧视感。

5. 精神转移法。就是指更换情境、转移注意、改变心情。如心情不好时，尤其是火气上涌时，有意识地转移话题或做别的事情，如看电影、听音乐、从事体力活动、参加体育活动等，使消极的情绪逐步得到缓解和消失。

6. 增强对挫折的耐受力。教师应该具有克服困难与应付挫折的能力，学会自我安慰、自我暗示、自我禁止和自我激励。

三、教师心理健康的防护措施

教师要保持心理健康，就要正视现实，了解自我，善于与人相处，情绪乐观，自尊自制，乐于工作，适应环境。具体做到：

1. 确立适当的抱负水平。如果志向目标不切合实际，难以实现，就容易产生挫折感。

2. 乐于合群。主动交往，搞好人际关系。

3. 劳逸结合，注意用脑卫生。用脑要适度、要合理，避免长时单调的工作方式，用不同活动方式交错进行，注意休息，保证睡眠。

4. 积极参加有利于身心健康的文体活动，丰富业余生活，培养生活情趣。

网络中的思想道德教育

摘　要　互联网拓宽了我们的信息来源和交流沟通的渠道，极大地丰富了学生的知识，拓宽了学生的视野，提高了学生的素质，但也产生了一系列的负面影响。作者在分析部分学生迷恋网络产生根源的基础上，提出了几条加强学生网络中的思想道德教育方法和途径，引导学生正确使用互联网，促进学生身心健康成长。

关键词　网络；思想道德；教育

互联网拓宽了我们的信息来源和交流沟通的渠道，给我们的学习和生活带来了诸多便利。目前中学生上网的主要目的是学习、游戏、娱乐和交友，互联网极大地丰富了学生的知识，拓宽了学生的视野，提高了学生的素质。随着上网人数的不断增多，也产生了一系列的负面影响。据有关研究人员对北京、上海、深圳、成都、重庆五个城市的高中生开展的相关调查统计显示，城市中喜欢并经常上网（周上网时间达4小时以上的）的学生已超过40%。由此，不能不引起我们的思考，怎样加强中学生在网络中的思想道德教育，已经成为我们亟待解决的重要问题。

一、学生迷恋网络的行为表现

（一）个别学生花费时间较长，卷入程度较深

部分学生在网络上花费的时间比较多，尤其在节假日。如果仔细观察，一到周末、寒暑假，网络就成了部分中学生的"快乐之家"。网络游戏、网上聊天是中学生上网最主要的活动，其中不乏每周末都要上网直至深夜甚至通宵的网痴。还有一些被"网"住的学生更是欲罢不能，甚至占用学习时间泡网吧，沉醉于网络构建的娱乐空间，忘记时间，忘记学习，致使自己精神萎靡，学习成绩下降。

（二）放纵自我，沉迷于网络游戏活动中

我们在学生上网用途调查中发现，学生上网用于查找学习资料的比例仅为4成，近6成学生则喜欢玩网络游戏。一些研究也表明，在青少年网络成瘾者中，他们主要对网上聊天、网络游戏等双向沟通功能有着很大的兴趣，而对信息搜索、网页浏览及收发电子邮件等单向信息功能则兴趣不多。

二、出现上述行为问题的原因

（一）网络本身独特的魅力

由于网络本身具有独特魅力。美国心理学家格林菲尔德曾经说过：网络之所以有让这么多人上瘾的强大力量，是因为它能让使用者产生亲密感、无时空感和无压抑感，而这种力量是其他任何事物都不曾有过的。

（二）由于中学生身心发展的特殊性。

中学阶段正处在生理上不断发育、心理上不断成熟的特殊时期，逆反心理严重。这一时期的青少年对新事物敏感且容易接受、寻求自我并实现自我、好奇心强、渴望友谊和交流、自制力相对较弱。正是由于这些特点，再加上目前竞争激烈的学业环境，他们特别需要别人的理解、认同和支持。但在现实生活中，由于受一些因素的制约，如现在大多数的青少年都是独生子女、真实人际关系的建立和巩固并非易事等，人际关系、社会支持、自我实现等各种需要难以在现实中得到满足。另一方面，处于青春期的中学生，每个人都希望自己能够不受约束地活动和思考、有选择的自由，强烈的独立意识使他们对一切不愿顺从，不愿听取父母、师长的意见，他们对人、对事的态度、情绪情感的表达方式、行为的内容和方向，都发生了较大的变化，内心渴望家庭、学校和社会能给予他们成人式的信任和尊重。然而在现实生活中，青少年的自主需求却是很难得到满足的，长辈们望子成龙心切，对孩子关怀有加却又控制过度，造成了孩子既想独立自主又想依赖父母的两性冲突。而登录互联网后，中学生们却可以完全控制自己，想去哪儿就去哪儿，想看什么就看什么，他们可以自由表达自己的观点，拥有对事物独立的看法。

（三）家庭原因

由于家庭原因及学校对学生上网思想道德教育不够，致使部分学生迷恋网络。很多学校出现的迷恋网络的学生四成来自离异家庭，三成多的学生父母每天忙于自己的工作，很少与孩子交流沟通。这些学生在家庭中，往往疏于被教育，造成情感方面的缺失，网络以它特有的方式和丰富的内容展示了虚拟社会环境，满足了学生自身的情感需求。那些在现实生活中有着重重顾虑的学生可以在此尽情地发泄情感，放心地畅所欲言，并轻而易举地找到自己的"归宿"。由于他们相对较弱的自制力，便逐渐迷恋上网络。

（四）成功的体验

由于在生活中很难获得成功的体验，通过网络活动，他们获得了虚假的成功满足了自己的需要。在调查中，我们发现有相当比例的学生在生活和学习中经常受到家长及老师的批评，缺少成功的体验，对生活和学习一度缺乏信心。而在网络中，特别是在游戏活动中，个人与他人的对阵，成功往往会以得分多少体现出来，能够获得心理的即时满足，从而对网络游戏产生兴趣，迷失在网络中。

由此可见，中学生青睐、迷恋互联网，是因为互联网满足了他们的多种心理需求，促使青少年的生物属性和社会属性得到充分发展，但也铸就了中学生青春期成长过程中的又一陷阱。

三、高度重视，积极寻求正确解决问题的方法

针对以上情况，学校在日常教育教学中应加大力度，对学生进行全方位、多角度的网络思想道德教育。

（一）对学生进行网络知识及网络道德常识教育，引导他们正确使用网络

由于互联网具有的新颖性、虚拟性和互动参与性等特征，使广大中学生产生迷恋是正常的，因此以简单的"堵"的方式禁止学生上网显然是一种因噎废食的做法。教师在实际教学中应注重普及网络相关知识，使中学生了解互联网的实质。越是对互联网了解，就越能以平常心来看待它，学生的网络迷恋程度就会大大降低。其次学校要通过信息技术课、网络主题活动等渠道进行网络防范教育，加强学生上网时的自我保护意识，如注意远离包含赌博、色情、反动、暴力等内容的电脑游戏，不随便把自己的电话、地址等信息告诉网上陌生人，逐步引导和教育学生正确利用网络资源，促进学业进步和自我发展。

（二）家校联合共同加强学生的思想道德教育，逐步规范网络道德行为

中学生自我控制能力较弱，希望摆脱成人约束自由自在活动的需要特别强烈，因而在网络匿名化的世界中更容易出现"知行"脱节，产生不道德的网上行为。针对这种特点，学校可以把社会对青少年学生的网络道德要求转化为必须遵守的校规校纪，强制学生遵守。对年龄偏低自控能力差的学生，提出上网时间与地点的限制，时时加以监督检查，及时查处违规行为，减轻学生的网络迷恋，遏止学生不良网络行为的产生和蔓延。同时，学校可以请求家长的配合和支持，通过召开家长会，取得家长的认同，在家庭中与学生签订电脑使用规定，配合学校的规章制度，帮助学生规范网络道德行为。

（三）开展丰富多彩的文体活动和社会实践活动，转移学生对网络的迷恋，满足学生的多种心理需要

学校定期组织各种富有特色的素质教育活动，如英语文化艺术节、体育活动月、第二课堂活动、少年民乐团、百灵艺术节、书法、剪纸作品展、各种主题的手抄报比赛等，以调动学生全员参与的积极性，在活动中让学生获得成功的体验，也满足学生人际交往的需要。通过丰富多彩的素质教育活动，帮助学生从网络的虚拟世界中回归现实。

（四）开展网络心理辅导和心理咨询工作，帮助学生实现健康上网

网络世界的精彩丰富和网络文化的简单快捷，对学业重负下的中小学生具有极大的吸引力，极易使之沉迷上"瘾"。针对因上网而导致心理障碍的学生应积极疏导。首先是防患于未然，应在学生上网前就向学生传播有关上网可能导致心理障碍的信息、防止心理障碍产生的方法，使学生尽量避免上瘾。其次是对已患上网心理障碍的学生

进行矫治。如适当控制上网时间，要求学生在上网的同时不要忽视与同学、家长、教师的人际交往，与家长保持密切联系，引导家长正确指导孩子上网等。

（五）通过班主任工作，和家长一起，加强对个别学生的辅导

通过筛查，对于出现家庭离异或家长忙于工作疏于管教并沉迷于网络的学生，确定重点学生名单，针对每一位学生的具体情况开展一系列的教育工作。班主任应协同任课教师和家长想办法、找对策，对这样的"问题"学生建立教育档案，对每个学生存在的问题、原因、学校进行的教育工作、效果、反思、经验总结等一系列问题进行详细记述，采取一对一的帮扶形式，走进学生家庭，温暖学生心灵。

心理健康教育与"学困生"转化

摘 要 "学困生"的存在是一种普遍现象，也是亟待解决的问题。我们从心理健康教育的视角出发，探讨心理健康教育对学困生转化的意义，进而提出通过心理健康教育转化"学困生"的具体做法。

关键词 心理健康教育；学困生；转化

一、"学困生"及其转化问题的提出

"学困生"，通常是指智力正常，但由于学习基础较差，且存在着不良的学习因素，如学习兴趣较弱、学习动机不强、学习方法不正确、学习能力较弱等，导致学习中出现障碍和困难，学习成绩比较差的学生。

"学困生"一直是教育界关注的重点和难点。在新一轮基础教育课程改革取得一定成绩的同时，我们也应当看到，传统应试教育仍然影响着我们的教师，更影响着我们望子成龙、望女成凤的家长。在这样的环境中，必然衍生出一些不堪于教师、家长的压力，而对学习逐渐失去兴趣和缺乏动力的学生——"学困生"。近年来，由于升学压力加剧、教育手段欠科学，学困生群体在慢慢扩大，并成为一个社会问题。可以这么说，忽视了学困生，也就是放弃了教育的一部分对象，这不仅违背了培养和提高广大劳动者素质的要求，同时也阻碍了全面推进素质教育的实施。因此，学困生的转化工作尤为重要。

二、"学困生"心理健康教育的意义

联合国教科文组织在报告《学会生存》中指出："应该把培养人的自我生存能力，促进人的个性全面和谐发展，作为当代教育的基本宗旨。"因此，心理健康教育的开展，是新课程改革的需要，同时也是实现学生自身健康成长、把学生培养成为一个健康和谐的人的需要。心理健康教育对学困生转化工作有着特殊的意义。

（一）关注学困生心理健康是学困生转化的前提

教育家苏霍姆林斯基说过："没有对学生的了解，就没有学校，就没有教育，就没有真正的教师。"作为教师，首先要了解学困生的具体情况，分析成因，依照学困生的心理反应及行为特征对症下药，以此培养他们的健康学习心理，提高他们的学习能力和学习水平，使学困生的学习潜力得到最大开发。忽视学困生的心理健康教育，会压抑学生自身潜能的发挥，以恶性循环的方式致使学困生出现层出不穷的问题。

（二）满足学困生心理健康五大营养是转化关键

苏霍姆林斯基曾说过："在每个孩子心中最隐秘的一角，都有一根独特的琴弦，拨动它就会发出特有的音响，要使孩子的心同我们讲的话发生共鸣，我们自身就需要同孩子的心弦对准音调。"经过调查、归纳发现，学困生需要五大心灵营养：肯定、自由、情感、宽容、梦想。我们教师需要做的就是以生为本，人字当头，通过各种教育教学活动满足学生的五大营养，梦想系心、肯定强心、自由护心、情感乐心、宽容养心，唤醒学生的自尊、自信、自强意识。

（三）心理健康是学困生转化工作的基石

心理健康，是指一种良好的心理或精神状态。心理健康可使个体保持愉快的心情，影响个体智力活动的积极性。尼克莱说过一句话："心理健康的学生接受自己，知道如何发展，并充分运用自己的长处；另一方面绝对不让自己有任何不足，影响正常的生活和长久的生命目标。他知道如何控制自己的情绪，并且在理智和情感之间，谋求适度的平衡。他能接受环境的考验，不轻易为各种驱力、价值观和现实的冲突而困惑。"有研究者对优等生与学困生的心理健康状态与学业成绩的关系进行调查，结果发现学困生的心理健康水平明显低于优等生。主要表现在：对"自己"的看法方面，优等生表现自信，学困生自卑；对"人生"的看法方面，优等生认为前途光明，学困生深感前途暗淡；优等生感到人生充满希望，学困生认为充满沮丧；优等生有充实感，学困生则认为生活空虚；优等生人际关系良好，学困生则人际关系紧张，而且具有攻击性行为。

（四）自我教育是心理健康教育的有效结果

"能够促使人去进行自我教育的教育，才是真正的教育。"心理健康教育要求在学生心理健康的基础上，把转化学困生的支点放在学生的主动性上，以师生互动、教学相长为中介，实施因材施教，以远大理想和心理健康做支撑，引导学困生超越自己，解放自己，发展自己，最终形成自我教育。教师要创造适合学困生的教育，保护好学生自主发展的积极性，为学生的自主发展提供优质的学习资源和支持服务，以对学生终生负责和终极关怀的态度，关注健康人格的培养，促使身心健康和全面发展。

三、学困生心理健康教育的开展

在实际教学中，笔者通过自身教学实际，结合心理健康教育工作的积极开展，以心理健康教育为主渠道，在这一方面做了一些有益的尝试和探索。

（一）认真做好基础性工作

首先，认真确定学困生范围。在学校各个级部、各个班级学生中将那些对学习缺乏兴趣，学习动机差，学习方法不适合自己，不能进行独立思考，作业常常完不成或出错较多，测验成绩经常处于落后地位的智力正常的学生，确定为学困生。

其次，建立学困生成长档案。认真了解学生个人基本信息、家庭和学习基本情况，逐步建立并完善学困生成长档案，比如学困生的心理健康档案、学困生学习进步档案。同时，调查发现原因，跟踪辅导学生，动态了解学生的学习状况。定期召开学困生任课教师会议，交流了解学生的基本情况，学习相关理论，分析学生的学习成绩，有针对性地开展研究工作。

（二）积极开展多种形式的测试、问卷，调查了解学困生的基本情况

第一，通过学生学习状况问卷，发现学生的学习个性特点和学习品质。调查问卷从学生自身的特点、教师给予学生的影响、生活社会的影响三个方面对学生的学习状况进行了全方位的调查。通过调查问卷可以看出大部分学生的学习态度是端正的，学习动机是好的，但是意志力和自控力薄弱。同时也可以看出，教师对学生的影响是巨大的，家长有过分重视学生成绩、给学生造成压力过大的现象等等。

第二，通过学习动机测试、学习方法测试和考试焦虑的测试，发现学生在个性学习上存在的主要问题和表现。学习动机测试：在我们设计的量表中，如果学习动机分为 $14 \sim 20$ 分：说明学习动机上有严重问题和困惑，需要调整；如果学习动机分为 $6 \sim 13$ 分：说明学习动机上有一定问题和困惑，可调整；如果学习动机分为 $0 \sim 5$ 分：说明学习动机上有少许问题，必要时可调整三个等级。学习方法测试，包括学生是否善于总结，对知识的掌握是否扎实，学习是否主动自觉，对知识的涉猎是否广泛等。

（三）采取具体措施，努力做好转化学困生的工作

学习困难学生自尊心比较脆弱，如果没有恰当的方式方法进行教育教学，就可能使这些学生产生强烈的消极情绪。为增强他们的自尊心，就要求我们在教育教学过程中既要注意教育方式又要讲究教学方法，如批评学生时讲究艺术性，做到批评讲场合、讲时间、讲善后工作，把尖锐的批评软化处理，把敏感的问题含蓄处理，用现身说法感动学生。

第一，在教学上，我们重视这些学生的存在，采用一些比较有效的方法，如愉快教学、分层次教学、成功教学等方法。在课堂上对学困生贯彻"三优先"政策，即优先提问、优先解答、优先辅导。布置作业时分梯度、分层次，确保他们写作业时的实际效果。如使用导学案授课，在练习题上让学生分层达标，让不同程度的学生都能有的放矢，增强他们的自信心和自尊心。

第二，强化学习动机，培养学生积极上进、独立进取的个性。制定中等难度的学习目标，帮助学生正确认识设定目标、制订计划、投入行动就是三个威力巨大的"风火轮"。帮助学生从中体验到成功感，从而产生学习兴趣，激发学习动机。同时，注重学习方法的交流，帮助学生找到适合自己的学习方法，并通过教会学生转移焦虑情绪的具体方式方法，调整自己的学习心态，提高学习效率。

第三，开展学习咨询活动，帮助学困生解除心中疑惑。学校设立成长乐园咨询室，让学生在心理上完全放松，将自己在学习上遇到的困难和疑问毫无保留地倾诉出来；通过专业的咨询技巧，一对一地帮助学生解决学习过程中出现的心理问题；开通咨询热线，让家长和学生都参与进来，不仅解决学生的学习问题，而且学生可以直接将自

己的学习心得和体会写出来，或将自己曾经遇到的心理难题说出来，让其他的同学接受经验，更好地走出学习中的误区。

第四，加强对学困生的心理辅导，提高学习效率。心理学告诉我们：学困生会产生自卑心理、戒备心理、逆反心理、厌学心理、孤独心理。同时，现代教育论又证明：学生，只要给点阳光就灿烂。对此，帮助学困生认真分析、及时疏导其成长过程中的心理问题，才能让他们排除心理障碍，重新认识自我、塑造自我，促进自我觉醒、促进自我教育。

第五，开设心理主题班会课和班级心理健康活动课。心理主题班会是运用心理学的原理和班会课的形式而设计的班级活动。它的内容贴近学生的生活实际，活动方式适合学生的心理特点。通过心理活动课和心理主题班会，让学困生成为课堂的主人，培养他们的信心。在心理活动课上，设计简单而有效的游戏，让学困生主动参与，积极表现和发言，建立起他们的自信心，以便更好地发挥心理健康教育的实效。实践证明，心理活动课是学生最受欢迎的课，并促进了学生的学习。心理活动课以活动为主要形式，在班级中一般以小组为单位开展各种活动，主要有游戏、情景创设、角色扮演、讨论等方式。在结构中，活动的设计和组织实施不拘泥于一般课堂教学的时间限制，其本身可长可短，视具体情况而定，具有一定的灵活性。活动空间不拘泥于教室，可根据活动内容的需要选择教室、校园、户外等作为活动空间。即使是教室内的活动，也可以打破教室座位顺序，或没有固定的桌椅，围圈而坐即可。组织学生参加以班级为单位的对抗赛，让他们在集体力量的作用下，增强意志。如以"学生为主体，提高学生的心理素质为基点，趣味性、活动性为基本特色，将心理健康教育的意义蕴涵其中"为宗旨设计的活动课，针对中、高年级学生自我评价发展的年龄特征，通过"星秀展示台""快乐比拼苑""优点采撷园""实话实说栏""心灵法宝屋"五个版块的活动设计，使学生在参与活动和心理体验的过程中，正确地认识自己的优缺点，从而更好地接纳自己、完善自己、发展自己，树立自信心，逐步领悟到增强自信心的途径和方法，促进学生心理素质的提高。

总之，如何以学生为本，以促进学生的发展为目的，让学困生发现自己身上的潜能和闪光点，帮助学困生克服自卑心理，让学困生能够自我觉醒、自我教育、自我发展，从而转变学习态度，快乐地学习，预防厌学、辍学等问题的发生，达到提高教育教学质量、提升学生综合素质的目的，是每一个合格教师必须要做好的工作。

立德树人 打造少先队德育品牌

摘 要 立德树人，德育为先。打造一支坚强的德育少先队工作队伍，积极探索德育工作新模式，积极开展少先队课题研究，组织开展丰富多彩的少先队活动，是打造学校德育品牌、全面实现育人目标的坚实基础。

关键词 立德树人；少先队；德育品牌

一、加强学习，转变观念，为德育工作的开展奠定坚实基础

一是加强队伍建设，不断学习完善，提高班主任的业务水平。多年来，组织班主任认真研读魏书生、李镇西等教育专家的《班主任工作漫谈》《小学德育问题与对策》《家长与学校 教育好伙伴》《爱的力量》《爱的教育》《给教师的100条建议》等教育专著，同时，组织各种层次的德育工作培训班、研讨会，开拓教师视野，汲取经验。

二是实行班主任"一岗双责"制，提高班主任德育意识和工作水平。加强班主任队伍建设，按照"老中青"三结合的原则，选配班主任。积极开展班级工作团队管理，制定激励性管理评价机制，全面提高班主任对德育工作的认识和重视程度，并以此带动其他教师。

三是"以人为本，本在育德"，全面落实德育一体化。积极探索践行课程育人、学科育人、传统文化育人、实践育人的"四位一体"德育课程新格局，实现全员育人、全过程育人、全方位育人。通过引领、培训，在全体教师中普遍树立起"以人为本，本在育德"的德育工作理念，为开展好德育工作奠定坚实的基础。

二、开拓创新，积极探索德育工作新模式

在德育工作中，把握创新这个主题，积极探索德育工作的新模式。

一是探索建立全员育人体系。立足学校实际，深入调查研究，以立德树人为目标，将课堂育人作为育人的主阵地，发挥其他育人载体的熏陶、实践、体验、引导、激励等功能，形成以课堂育人、课程育人、环境育人、活动育人、合作育人、榜样育人、激励育人、导师育人为主要内容的全员育人体系，促进了德育工作的全员开展。

二是探索建立德育课程体系。结合学生情况，以"养成好习惯"为核心理念，以"抓细、抓小、抓实、抓紧"为着力点，构建起以入学教育、中华传统教育、主题教

育、实践教育、激励教育、心理健康教育、队伍建设、养成教育为主要内容，符合不同学龄段孩子的心理和发展需要的德育课程体系。其中传统文化育人——"经典诵读"成为学校的特色育人课程。2017 年的 30 周年校庆，学校成功举办了全体同学参加的以吟诵、绘画、太极、器乐、演唱等形式为一体的"传承经典、爱我中华"大型经典诵读成果展示，从《大学》《中庸》到《唐诗宋词》，再到《江山如此多娇》，孩子们在经典中传承民族文化、浸润心灵。

三是探索建立学校、社会、家庭三位一体的德育工作运行机制。认真分析探讨学生身心发展规律和健康成长需要，积极探讨学校—家庭、教师—家长、社会—学生在德育教育中各自扮演的角色。2008 年学校率先倡导成立了学校三级家长委员会，指导家长积极参与德育教育活动，很好地促进了德育工作的开展，2015 年学校被评为"淄博市首批家委会建设工作示范学校"。通过一系列的活动，使德育工作真正走进了教师、学生、家长的心中。

三、以少先队活动为载体培养爱心，打造学校德育品牌

学校把少先队活动作为德育载体，把在实践中培养学生的爱心作为德育工作的出发点和归宿，围绕这一目标开展工作，打造学校德育品牌。

一是组织开展"红领巾心向党""红领巾相约中国梦"等主题活动，培养学生的爱国心。先后通过组织学生参观爱国主义教育基地，聆听爱国主义教育报告，组织开展主题队日活动，举办征文比赛、朗诵会、书画展等多种形式渠道，培养学生对党和祖国的朴素感情。淄博市"红领巾心向党——感受你的爱"庆祝少先队建队 63 周年主题队会暨首届淄博美德少年评选在学校成功举行。学校还组织学生参加了淄博市"红领巾相约中国梦"朗诵比赛、献词大赛、国学达人挑战赛等活动，学校 4 名队员代表全市少先队员在共青团淄博市第十四次代表大会上献词。每年组织全校"庆六一"大型学生趣味游园、爱心义卖活动。

二是组织开展"雷锋精神伴我行"主题实践活动，让雷锋精神在学生心中生根发芽。充分发挥学校作为淄博市雷锋小学的品牌影响力，坚持以学雷锋活动为载体，突出"以雷锋精神育人"的德育品牌特色。学校成立了学雷锋志愿服务大队、雷锋中队、雷锋雏鹰小队，开展了城乡手拉手、红领巾爱心义卖、爱心捐赠、义务植树、走进敬老院、帮扶困难家庭和道德模范、资助贫困学生等志愿活动，在丰富多彩的教育活动实践中实现雷锋精神的延续。学校少先队红领巾爱心基金，先后为患病教师、敬老院老人等捐款 3 万余元。

三是开展丰富多彩的"红领巾艺术团"活动，培养学生的团结互助、协作配合意识。学校红领巾艺术团现有小记者团、五音戏娃娃剧社、机器人、铜管乐队等 20 多个活动社团，这些小社团不仅成为学校德育教育的主阵地，也成了学生展示风采的大舞台。品牌社团铜管乐队连续四年在淄博市鼓号操比赛中获第一名，被评为淄博市中小学首届优秀学生社团；学校男、女篮球队连续七年获得区冠军、连续三年获得市冠军。

2013 年 5 月，全市首家"五音戏娃娃剧社"落户我校，聘请全国五音戏表演艺术家霍俊萍老师为校外辅导员，2015 年 11 月，"五音戏娃娃剧社"入选"全国五个 100"国学项目，被共青团中央、全国学联、全国少工委表彰为全国 100 个"优秀红领巾国学小社团"，并受邀参加"首届中华学子青春国学荟"社团展示和颁奖典礼。

四、科研带动，给德育少先队工作插上腾飞的翅膀

（一）开展队课题，初见成效

学校少先大队积极开展辅导员培训，做好专业知识理论研究。少先大队结合时代的发展，积极开展课题研究。2014 年 5 月 30 日，我校率先成立了淄博市第一家学校少工委，多年来，学校以此为课题，积极开展活动，定期举办辅导员论坛、拓展培训，成立优秀辅导员工作室，进行小课题学习、研究，探索新形势下的少先队工作模式。

（二）开发队课程，谱写新篇

作为首批全国少先队活动课程指导纲要（试行）试点单位，我校积极进行探索，实现了：（1）课程落实。将每周 1 节"少先队活动课"落实到各年级课表中。（2）组建课程小组。由分管少先队的副校长、大队辅导员、优秀辅导员骨干组成课程开发小组。（3）以"1+5+X"教研模式，推动少先队活动课程的步伐。通过每学期 1 节校级骨干辅导员观摩课，5 节年级组内示范课，到带动更多的中队辅导员、志愿辅导员开展少先队活动，从而达到以点带面，以点促面的效果。多名中队辅导员参加省、市少工委组织的活动，均取得了优异成绩。

（三）抓立项课题、以点带面

在团中央、全国少工委开展的 2017 年度全国少先队研究课题申报中，我校申报的《地域传统文化教育与少先队活动相结合的探索与实践》课题成功立项，课题组成员按照课题实施计划认真开展，邀请淄博市学少部副部长、淄博市少先队总辅导员董维山，张店区教育科学研究所主任于俊廷，参加学校课题开题论证会，召开课题校外辅导员会议、课题组成员中期课题开展推进会。课题的开展会不断促进辅导员研究水平的提高，使少先队员在课题中锻炼能力、增长知识、传承文化。

近年来，学校的德育少先队工作开展得有声有色，品牌逐步树立。学校先后获得少先队全国雏鹰大队、山东省首批少先队工作规范化学校、山东省优秀少先队集体、山东省少年军校示范校、山东省国防教育示范校、淄博市红十字示范校、淄博市首批家委会建设示范学校等多项省市级荣誉称号，4 名学生连续 4 年被评为淄博市"十佳少年"，3 名学生连续三年获淄博市"美德少年"荣誉称号。2017 年，学校被评为淄博市少先队红旗单位；学校德育创新活动"抓五爱教育　塑美好心灵""多彩六一　幸福童年"分别在 2015 年、2017 年被评为淄博市第一批、第二批德育品牌。

《让爱驻我家》教学设计

【主题背景】

青春期的初中生，身体发育趋于成熟，自我意识迅速发展。一方面，他们渴望独立自由，期望得到家长的肯定和认可；另一方面，许多家长还没有转变他们对待孩子的观念，孩子也缺乏与父母沟通的技巧，因此亲子之间难免会产生冲突。诸如沟通不畅、顶撞父母，甚至伤害父母等现象，使初中生因此陷入愧疚、矛盾和纠结中……面对难以改变的父母，如何接受他们，如何与父母进行良好的沟通，如何与父母建立起良好的关系和交往模式，是初中生迫切需要解决的一个心理困惑和问题。

【活动目标】

1. 感受家的重要性，感受、体验父母的角色。
2. 学会与家长沟通的方法和技巧。

【活动方法】

以心理剧引领主体活动，运用角色扮演、情景感染、行为训练等进行认知理念生成、意识培养和行为训练，从而促使其在认知、能力和情感诸方面得以提升，并期望通过拓展活动生成习惯。

【活动准备】

学生分组，准备纸和彩笔，录制视频，播放背景音乐（《小小的梦想》伴奏和《让爱住我家》视频）。

【活动过程】

一、"画"说我家，倾情一刻（6分钟）

1. 在背景音乐（《小小的梦想》伴奏）下学生画出我的家，要求用自己喜欢的色彩画出"我的家"，想怎么画就怎么画，但必须有房子、树和人。在绘画的过程中观察每个学生的表现和作品内容，特别是注意个别心中有变化的学生。

2. 师生共享几个比较典型的作品（谈"我的作品"和"我的家事"）。

3. 教师导语：家为我们遮风挡雨，家是我们温馨的港湾，家也有许多故事，请同学们看看在这个家庭中发生的故事。

二、角色扮演，真情回放（12分钟）

（一）心理剧场《迟到时刻》

1. 故事情节。一天放学后，我在路上遇到了好久未见的小学好友，说话之间两人到了这位同学的家门口，于是就跟着这位好友玩到很晚才想起回家。门轻轻一推，已站在门后的妈妈就对我大吼："怎么这么晚才回来，干什么去了？"一直以来总为自己说话的爸爸这一次也没吱声，竟狠狠地瞪了我一眼，面对此情此景，我……

2. 明确表演要求。表演角色紧扣情境内容，入情入境，突出人物的心理特征；用生活中的常态来表达自己的感受，一定注意要真实。

3. 请两位同学扮演爸爸妈妈，几个学生分别扮演不同表现的孩子，爸爸妈妈根据几个孩子的表现做出真实的反应。

教师随机采访：剧中几位孩子的做法与感受。

4. 角色互换。找两位扮演孩子的同学扮演爸爸或妈妈，原来扮演妈妈或爸爸的同学扮演孩子。

5. 请同学们交流、分享感受和感悟（分别扮演不同角色的感受）。

（二）真情回放（播放视频）

主要剧情：每天6:00左右，女儿会很准时地回到家中。这一天，6:00左右，妈妈做好晚饭跟爸爸一起在家等待放学回家的女儿。可是，女儿没有准时回家。时间过去20分钟了，女儿还没到家，妈妈很疑惑，又过了20分钟，依然不见女儿回来，于是妈妈给老师打电话，老师告知孩子已按时放学离开学校，妈妈变得不安起来。天逐渐黑了下来，又等了15分钟，焦躁不安的妈妈，赶忙到孩子放学回家的路上去找，结果失望地回家，这时已经7:10了。在煎熬中又过了近10分钟，女儿走进了家门……

注意：留给学生思考的时间。

三、集思广益，亲情触动（6分钟）

1. 以小组为单位，根据心理剧的故事内容，联系自己的感受，找到让爱驻我家的办法，重点探究"如何表达自己的爱，如何接受父母的爱"。

2. 结合自己的感受、探究结果，各小组重新编排、准备续演心理剧。

四、行为训练，促我成长（8分钟）

1. 联系自己的生活实际重新表演心理剧。在表演过程中，要反映学生的心理状态，突出人物的心理特点，感情真挚，注意表达自己的爱和感受别人的爱。通过再次角色扮演、榜样示范、行为训练等活动形式，提高学生的共情能力，间接地解决自己的问题。

2. 分享感受：组织学生对心理剧中的各个角色进行讨论评价。

五、畅谈收获，感悟升华（7分钟）

1. 教师引领学生分享本节课的收获：感悟让爱驻我家的技巧——尊重关心、换位思考、理解体谅、倾听表达等。

教师总结：关爱是一盏灯，体谅是一团火，沟通是一座桥，能让彼此的心贴得更近，心中的爱更加稳固。在家庭中也许你不了解父母，也许你曾经和父母发生过误会，也许你曾经和父母发生过争吵。不必烦恼，不必担忧，因为爱与理解会融化这一切，让爱在我们每个人之间涌动起来，让爱永驻我家！

2. 一起观看《让爱驻我家》视频，最好能让学生一起唱出《让爱驻我家》这首歌曲。

六、家庭相片，温情共享（1分钟）

寻找过去的家庭照片，制作一个家庭相册，与家长共享作品，加强与父母之间的沟通，增进感情。

温馨提示：

在整个活动过程中，教师应注重倾听和共情，注重学生的情感体验和心灵碰撞。如果涉及隐私问题，教师不必勉强学生回答。在教学过程中，教师引导启发学生，无条件接纳学生；在活动体验中，师生之间建立起相互信任、相互理解的和谐关系，教师要努力营造出一种实景式的氛围，让学生参与并融入其中，力求达成"润物细无声"的教学效果。

构筑教育的 "立交桥"

摘　要　对青少年的教育，应当是家庭、学校、社会紧密结合，并相互联系、相互影响的系统工程，三者缺一不可。忽视任何一方，都会导致对学生教育培养的缺失。因此，我们应当特别重视家庭教育和社会教育在学生成长中所起的重要作用，对家长进行正确的成人观、成材观教育，帮助家长转变观念，使他们能正确地对孩子进行家庭教育，既注重学生在校的学习成绩，关心学生思想品德方面的修养，也要关注学生可能在社会上受到的不良影响，并及时进行教育培养，促进学生健康成长。

关键词　家庭教育；学校教育；社会教育

对青少年的教育，不仅仅是教育部门的事情，也是全社会的共同责任，需要各方面与教育部门一道努力，齐抓共管，为青少年健康成长营造良好的社会环境。对青少年的教育应当是家庭、学校、社会紧密结合，并相互联系、相互影响的系统工程。由此可见，家庭教育、学校教育、社会教育是教育的三大支柱，三者缺一不可。然而，多年以来的教育实践表明，这一系统工程并没有构建起来，教育变成了学校或教育部门的事情，而家庭和社会对学生身心健康发展所起的作用却被大多数人所忽视，人为造成了教育过程的 "单行道"。从而，过多注重学生书本知识的学习，忽视了学生品行、技能的培养；过多注重学校教育，忽视了家庭教育和社会教育，导致了学生高分低能、信念危机等一系列反常现象的出现。

青少年的成长离不开社会这个大环境，社会对青少年的发展有积极的一面，同时，也存在着与之进步不相称、不利于青少年成长的丑恶现象。近年来未成年人犯罪逐年增加，青少年吸毒问题也有发展趋势。教育工作者苦口婆心对青少年进行的教育，却经不起家庭、社会某些不良现象的影响。可见，家庭教育、社会教育在青少年健康成长的道路上起着多么重要的作用。对青少年的教育，必须是家庭、学校和社会共同来完成的一项系统工程。

家庭教育是基础，学校教育是关键，社会教育是补充。只有有效地配合好家庭教育、社会教育，学校教育才能起到事半功倍的效果。

要对家长进行正确的成材观教育，使之能正确地对待家庭教育。家长基于对学校工作的片面认识，使家庭教育应当主动承担的责任和义务过多地依赖于学校，把教育的责任也推给学校。家庭教育过多地注重孩子学习成绩的高低，而对学生品行、技能方面的教育培养重视不够。在这种情况下，学校应当加强和家长的沟通，让他们真正参与到对学生的教育培养中来。学校可以通过举办各种专题、各种类型的讲座、家长会、座谈会、个别谈话等形式，让他们尽可能多地了解学校教育的目的和方法，了解社会发展应当使孩子具备什么素质，了解一个人应当树立什么样的人生观、世界观和价值观，了解家长在孩子成长过程中所起的教育作用和怎样对孩子进行教育，教育家长应当用普通人的要求对待孩子，降低期望值。家长应当把教育的重点集中在教会孩子做人，培养孩子的良好素质方面，而不是仅仅局限于关注文化知识方面的学习。家长应当改变原来的成材观，减轻孩子的心理压力，真正给孩子"减负"，让孩子生动活泼、主动健康地发展。从目前情况来看，国家推行的"减负"政策，最大的阻力不在学校，而在家长。同时，家长应当不断学习，提高自身素质，用自己健康、高尚的行为来影响孩子，形成一种良好的氛围，潜移默化地影响和教育孩子。

我们注重青少年在校的学习成绩，关心其思想品德方面的修养，同时也要关注他们可能在社会上受到的不良影响。通过成立"社区教育委员会"等形式，动员全社会都来关心教育青少年的健康成长，是一个行之有效的重要手段。

我们深切地希望家庭、学校、社会真正构筑起教育青少年健康成长的"立交桥"，让每一个社会成员自觉承担起教育的义务和责任，并自觉探索新时代青少年素质教育的途径和方法，全面推进素质教育，为国家的未来造就大批有用人才。

我的学校　我的班

——心理健康辅导课例

一、设计理念

刚入初中的孩子，由于接触到新的环境、新的群体，对新生活表现出陌生感，随之表现出一定的不适应。我们需要帮助他们快速地融入集体。随着他们接触范围的扩大，知识面的增加，内心世界的丰富，我们需要引导他们树立正确的价值观。

二、教学目的

帮助学生了解熟悉环境，了解认识新的同学，以积极的心态在这个新环境中自如地生活、学习。

让学生在活动中体验归属感，激发学生热爱学校、融入新的班集体的热情，做好良好的心理准备。

三、教学准备

了解熟悉学校的情况，与学生初步建立关系。

四、教学过程

（一）热身活动

1. 常规数数。教师铺垫、引导学生进行一些比较规则的、较为常规的数数训练，活跃气氛。

2. 非常规数数。在常规数数的基础上，引导学生进行一些有难度的数数活动，如遇"3"躲过、遇"3"和"5"躲过。

3. 总结体验。通过游戏活动，体验到因为变化会让人感到不习惯，从而感受到当新生入学进入一个新生活学习环境时，会因为环境、同学、老师的改变而带来心理上的变化。同时认识到，初中也是学习独立处理事情的开始，学会尽快适应熟悉校园环境，了解各种变化，以积极的心态去迎接初中的学习生活。

（二）主题活动：大树与松鼠

1. 活动方法。

（1）事先分组，三人一组。二人扮大树，面对对方，伸出双手搭成一个圆圈；一人扮松鼠，并站在圆圈中间。（2）老师喊"松鼠"，大树不动，扮演"松鼠"的人就必须离开原来的大树，重新选择其他的大树。落单的同学从姓名、来自哪里、特长等方面向大家介绍自己，活动结束后成为今天活动的老师的小助手。（3）老师喊"大树"，松鼠不动，扮演"大树"的人就必须离开原先的同伴重新组合成一对大树，并圈住松鼠。落单的同学向大家介绍自己，成为今天活动的观察者。（4）老师喊"地震"，扮演"大树"和"松鼠"的人全部打散并重新组合，扮演"大树"的人也可扮演松鼠，松鼠也可扮演大树。落单的同学向大家介绍自己，成为今天活动的观察者。

2. 总结体验。根据活动规则，在老师的带领下完成主体活动，整个活动过程中，要主要关注落单同学的状态，通过帮老师找小助手和观察员的方式去化解落单者可能造成的伤害。

（三）你说我说：分享活动感受

1. 活动方法。分别找到不同的角色，分享自己的感受。在分享阶段，特别要关注落单者的情绪状态感受。

2. 总结体验。通过"大树与松鼠"的活动，同学们去体验感受人的归属的需要，感受、珍惜新的集体给自己的归属，以自己的行动去融入新的集体。

（四）我是小主人：我的学校我的班

1. 活动方法。选择从开学至今对学校印象最深的事情或最美的地方向同学介绍。表达自己对理想班级的畅想。

2. 总结体验。通过分享，交流，把自己最真实的一面呈现出来，拉近彼此间的距离。师生之间对彼此也有了更多的了解，有助于顺利融入班级，有助于班级发展目标的确定。

（五）智慧众筹，交流收获

1. 活动方法。思考为了我们共同的班级发展得越来越好，我们需要做什么。比如建立良好的班风、学风等。学生进行畅谈，总结分享本次活动的收获。

2. 总结体验。通过本环节，学生一起交流，一起为共同的班级目标想办法。在轻松的班级气氛中不自觉地建立起集体意识，树立集体责任感，建立同一性。

五、教后小记

由于接触到新环境，很多学生表现出一系列的不适应。在团体心理辅导课例中，氛围轻松愉悦，通过各种活动和分享，学生拉近了彼此的距离，敞开心扉表达最真实的自我。这样能够帮助他们快速巧妙地融入集体，对于学生价值观的树立，集体意识的建立，是一次质的飞跃。

缘来你也在这里

——心理健康辅导课例

一、设计理念

学生刚入初中，心理会发生新的变化。在新的环境中，面对新的群体，有些学生表现出一定程度的陌生感，也表现出一系列的不适应，我们需要帮助他们快速巧妙地融入集体。本次心理辅导课程，设计了很多巧妙的活动，在轻松的环境中让学生感受到老师和同学的友善，感受到新环境的美好。

二、教学目的

1. 在新环境中建立自己的人际关系。
2. 体验与同学交往带来的不同感受。
3. 强化对人际交往的快乐体验，以阳光的心态对待同学之间的交往。

三、教学准备

背景音乐、彩笔、纸和笔。

四、教学过程

（一）交往初体验

1. 热身活动。在背景音乐《相逢是首歌》中，教师引导学生手牵手一起动起来，在轻松愉悦的氛围中融进班集体，初步感受周围同学和老师的亲切。

2. 活动内容。教师引导学生一起探讨人与人之间的交往。教师话语铺垫解释具体做法：提起同学交往，你的第一感觉是什么？可能每个人的感觉不一样。下面，我们做一个小测验，在一张空白的纸上写上你最先认识的同学的名字，随后进行交流分享。

3. 总结体验。通过简单的热身活动，学生之间有了一些新的发现，开始探寻别人身上的美好，开始主动寻求新的伙伴。

（二）我的朋友我来找

1. 活动内容。在这个过程中，学生之间不能说话，而要通过动作、表情来交流。先请两个学生来示范，指导两位同学表演几个简单的情景剧。学生依次向对方表演几个表示交往的动作，另外一名学生根据自己的内心感受做出相应的反应。

2. 总结体验。做完之后，让学生分享自己的感受并总结：同学间交往应注意什么？

每小组选择一个学生代表，谈一下如何与同学建立正常的、友好的关系。通过这样的环节，学生对刚才的活动进行初步总结提升，引导学生明白要注意抓住与对方交往的契机。

（三）小小误会巧化解

1. 活动方法。教师指导学生组成几个小组，根据提示设计情景表演，具体要求为：（1）同学间说话不好听出现误会而引发矛盾。（2）教师分发东西时有遗漏引发学生误会。设计情景展开排练，随后展示。

2. 总结体验。指导学生把自己的收获，用简练的语言说出来。让学生感受到：在交往中要对周围的老师和同学多一些理解和宽容，少一些敏感和任性，通过交往丰富自己的体验，帮助自己成长；会让自己在学生时代领略不同的风光，接近自己的理想。要让学生明白，在以后的学习生活中，要与老师和同学快乐相处，共同成长。

五、教后小记

进入青春期以后，初中生出现了许多心理上的不安和焦躁，他们需要有一个能倾吐烦恼、交流思想并保守秘密的地方，因此，他们交友的范围逐渐缩小了，甚至出现了自己的择友标准，这就导致一部分学生交往圈子狭隘化。而本次团体心理辅导课例，在轻松愉悦的氛围中，学生开始发现更多同学以及老师对于自己的意义，开始愿意打开心扉，这为今后健康的人际交往进行了有效的铺垫。

爱在涌动

——亲子团体心理健康辅导课例

一、设计理念

1. 团体动力学。通过对团体中各种潜在动力的交互作用、团体对个体行为的影响、团体成员间的相互依存等关系，去帮助学生展开对爱的本质性探索。

2. 叙事疗法。透过"故事叙说""问题外化""由薄到厚"等方法，使人变得更自主、更有动力。透过叙事心理治疗，可以让学生的心理得以成长，对自我的角色有重新的统整与反思。

二、教学目的

1. 帮助学生与家庭建立链接，让学生感受到社会和亲人对他们的期望。

2. 帮助学生提高家庭幸福感，认识到自己与父母的感情，激发自己努力学习的动力。

3. 帮助学生与父母一起共同探索家庭发展的愿景，体验爱的涌动。

三、教学过程

（一）爱在破冰

1. 热身活动。播放欢乐背景音乐，渲染活动气氛，将学生带入情境。展开描述：小年到，齐欢聚，里里外外真热闹！小年到，吃蜜糖，粘住幸福快乐长！（教师可准备相应糖果赠予学生和家长）大家进行热身活动，教唱《当我们同在一起》。

2. 活动方法。大家围成一圈，把双手伸出来，手心向上，右手放在右边队员的左手心上。第一拍用右手拍右边同伴的左手，第二拍拍自己的右大腿，第三拍拍自己的左大腿，第四拍拍自己的左手背，第五、六拍重复拍自己左手手心。练习2遍。一边唱，一边做，一遍比一遍快，通常做三遍。

3. 总结体验。爱在掌心暖心活动，通过简短的破冰游戏，营造爱在家庭成员之间涌动的活动氛围。

（二）爱绘蓝图

1. 活动导语。有了泥土，嫩芽才会长大；有了阳光，春芽才会开花；我们每个人的成长都离不开我们的家。嫩芽要长成大树，要经历几多风吹雨打；春芽要开花，也要经受阴霾的考验。一个家庭的成长也要经历风雨洗礼、困苦磨砺！虽然每个"家"都是不一样的，在每个人的"家"里都发生了许许多多的故事。但是我们每个同学对美好家园的憧憬与向往永远不变，并因此奋斗着、努力着。

2. 活动方法。为自己的家描绘一幅未来蓝图——畅想爸爸回家的情景。利用纸和彩笔进行勾画，完成这幅蓝图，作品中一定要有房子、树和人，其他内容不限。在音乐《奇异恩典》的衬托之下，学生与家长合作完成绘画。完成后随机选择或自愿进行展示分享，教师及时给予鼓励。

3. 总结体验。有了对阳光的憧憬，幼苗奋力生长，迎接它的是温暖的阳光。有了对未来的畅想与描绘，学生会满怀激情用于创造。幼苗的成长要经历风雨，我们未来蓝图的建设也可能会遇到一些困难。记住身边那些给予我们支持的力量，我们的蓝图会更好地成为现实。

（三）爱的力量

1. 活动方法。自己出现了困惑，父母和家庭都是我们的依靠，所以要学会寻找身边的资源来支撑自己。可以从上一活动的画中找资源，可以从家庭中找支持点，可以向老师寻求帮助。努力积极改变自己，与父母互相理解。

2. 总结体验。在寻找资源的过程中，一定会有某个场景打动或感动了自己，把自己的感受表述出来或者分享给别人。

（四）爱在涌动

在背景音乐 *You raise me up* 中展开结束语——亲爱的孩子们，家长们：拉起手，你会感到一份支持在手中；拉起手，你会体验一股暖流在心中；拉起手，你会发现一份关怀在期待；拉起手，你会感受一份真爱在传递。在生活的道路上，我们只有展望未来，才能向前迈进；只有回首过去，才能理解人生。立足今日，我们擦亮眼睛，走过昨日逝去的岁月，点燃新的希望，放飞新的梦想，在日子的隧道中穿梭。今天，又一个起点，又一轮朝阳，请打开你的心灵之窗，拥抱阳光！拥抱今天！走向明天吧！

四、教后小记

中学阶段，学生的认知不断发展，思维的深度和广度不断进步，行动的依赖性逐渐减少，根据目的而做出决定的水平不断提高，自我意识不断觉醒，要求独立的愿望越来越强烈，同时有了较深刻的内心体验，与父母之间的矛盾和误解增多。各种需要和矛盾互相交织，满足需要和需要得到满足的体验以及矛盾的处理都较过去更为强烈和丰富。在本次活动中，通过家长的参与，让学生和家长在这样的氛围中拉近彼此的距离，走进对方的心灵深处，获得共同理解，感受家庭的幸福、亲情的美好，对中学生显得尤为重要。

风雨同行

——亲子团体心理健康辅导课例

一、设计理念

1. 帮助学生和家长建立一次沟通的机会、搭建沟通的桥梁，让青春期的孩子从心理更加相信来自父母的力量。

2. 帮助不理解父母的中学生认识到自己的状态对家庭的意义，激发自己内心积极向上的动力。

3. 让学生及家长在活动中体验生活中的风雨需要家庭成员共同面对。

二、教学方法

通过生动有趣的音乐，渲染气氛，营造相似的情境，让学生感受父母的恩情，给各个家庭提供良好的机会；学会用具体恰当的语言和动作向亲人传达自己的想法；体会亲情给自己带来的愉悦，并积极主动地在生活中赞美自己的亲人。

三、教学过程

（一）暖身活动：我们在一起

播放背景音乐，展开活动导语——新年到，幸福到，阖家团圆乐陶陶。亲爱的家人们，在这个喜庆吉祥的日子里，我们在这里相聚！今天我们同在一起，是爱的召唤，缘的祈祷！接下来近一个小时的时间，我们将同在一起，在爱的聚会中畅游！我们先来做一个小小的热身活动，让我们彼此更熟悉！

1. 活动方法。教唱《当我们同在一起》，之后大家围成一圈，手牵手，第一遍左右传递微笑即可，第二遍问好，第三遍握手。一边唱，一边做，做二至三遍。

2. 设计思路。通过简短的破冰游戏，营造好爱在孩子和父母之间涌动的活动氛围。

活动结语，转乘下一活动——一个微笑，一次问候、一次握手，在传递温暖，小小的互动让我们更加熟悉和亲近！接下来我们将以家庭为单位分组，开始下一个互动游戏。

（二）风雨同行（播放背景音乐：时间都去哪了）

1. 活动方法。为了考验家庭的小成员，让爸爸带上眼罩，让孩子牵着爸爸的手，找一段路走，来到家人这里，然后接上家人后一起返回，返回时不能走原先的路，要一起给爸爸铺一段路走回起点。在做的过程中，随时可以求助周围的任何人。活动中不能讲话，要保持安静，只能用非语言的方式引导"盲人"走完全程，同时体验各种感觉。

2. 活动组织。9个家庭，分三组。

3. 活动分享。在自愿的基础上分享。

指导老师给予鼓励总结，做积极的引导转换。转乘词：感谢大家的分享，让我感受到了温暖、坚持和爱的力量。手牵手，难走的路也能走过；心连心，风雨也会见彩虹。

（三）共种心愿树（播放音乐：《小心愿》《童谣》）

1. 回顾2018。指导老师展开叙述，引导学生与家长分享过去一年的感动：回顾走过的路，我们总是有许多的感恩和感动。现在就让我们每个人心怀感恩，回顾2018年走过的路，分享这一年来你印象最深的事、让你最感动的事、最高兴的事。

2. 写心愿卡。畅想2019，在心愿卡上写下自己最想实现的心愿。在音乐《小心愿》《童谣》的衬托之下，每个家庭完成心愿卡。

3. 种心愿树。教师引导学生和家长把心愿卡挂在心愿树上，引导学生期待自己的心愿开花结果。

四、活动小结

指导老师邀请在场所有的人走过来站在心愿树下，在新年的这一天，许下自己美好的心愿，将手贴在胸前，默默地期盼2019梦想成真。每个家庭、每个孩子都像一颗成长的树，生活中难免有风雨，要共同牵起手，共同面对生活的风雨，向着未来，脚踏实地，心愿就会实现。指导老师引导学生和家长在特殊的节日里体会家庭的乐趣和亲情的可贵。

赞美让我更快乐

——团体心理辅导课例

一、设计理念

在中学阶段，学生的认知不断发展，思维的深度和广度都在不断进步，行动的依赖性逐渐减少，根据目的而做出决定的水平不断提高，自我意识不断觉醒，也有了较深刻的内心体验，社会性的、精神的需要范围扩大了，对需要的质量要求也提高了。中学生因各种需要互相交织，所以满足需要和需要得到满足的体验都较过去强烈和丰富，希望独立的意识增强，又渴望自己的言行、思维得到周围人的认可和赞赏。对于中学生来说，懂得赞美显得尤为重要。

二、教学方法

通过生动有趣的音乐，故事，渲染气氛，营造相似的情境，培养学生礼貌友好的交往品质，懂得赞美的重要性，学习赞美。学会用具体恰当的语言真诚地赞美别人，体会到赞美给人带来的愉悦，并积极主动地在生活中赞美自己的亲人和朋友。

三、教学过程

（一）热身活动（导入课题《真诚地赞美》）

同学们，今天我想送给你们一首歌。

（播放《我和我的祖国》快闪视频）孩子们，这首旋律熟悉吗？生活处处需要赞美，现在全国各族人民都在赞美我们伟大的祖国，这节课我们就来学习如何真诚地赞美。

（二）主题活动

主题活动一：初步体验赞美。

过渡语：今天，你们一个非常熟悉的好朋友也来到课堂上，大家看是谁？（展示佩奇的图片）小猪佩奇要开一个化装舞会，下面我们一起去看看在化装舞会上发生了什么。

1. 内容简介。先播放动画《小猪佩奇之化装舞会》让学生说说看到了什么，继续追问在化装舞会上佩奇的朋友们心情都怎么样，原因是什么？通过观看，学生发现小猪佩奇的朋友都得到了赞美，可是身为裁判的小猪佩奇却没有得到赞美。这时老师建议学生发现小猪佩奇的优点并对其进行赞美，并随机对学生的赞美送出大拇指。

2. 总结体验。真诚地赞美可以让人感到开心、快乐，它还有更加神奇的魔力，引导学生进入下一阶段的故事学习。

主题活动二：深入感受赞美的力量。

1. 内容简介。用多媒体播放《称赞》动画。学生在观看过程中思考：你发现了赞美的哪些神奇的魔力呢？在与学生的交流过程中小结发现：小獾获得了自信，凳子做得一个比一个好；小刺猬消除了一天的疲劳，身心舒畅。在故事的基础上引导学生展开头脑风暴：那你在生活中有没有感受到这种赞美的神奇魔力呢？联系生活实际畅谈，与学生一起感受赞美的力量。

2. 总结体验。无论对任何人，赞美可以激发自信的体验，它可以消除我们的疲劳和懦弱，把事情做得更好。

主题活动三：学会赞美。

过渡语：赞美的力量是神奇的。小獾和小刺猬听到赞美后如此开心，可是有一个小姑娘听到赞美后却哭了，你们说奇怪吗？下面我们来看一个小故事，一起找找答案。

1. 内容简介。教师利用多媒体播放视频内容：在一节音乐课上，小阳演唱了一首《青春修炼手册》，结果由于太紧张，有的歌词临场忘记了，小阳在台上低下了头，哭了起来。这时，小东站起来说："小阳，你唱的太棒了，简直比原唱唱得还好听呢！"小阳哭着说："我唱得不好，都忘记歌词了。"小明站起来说："小阳同学，你虽然忘记了歌词，可是你前面唱得很好听啊，而且你积极主动地举手上台表演，你真勇敢。"小阳笑着说："谢谢你，小明。"

引导学生展开讨论：小阳为什么哭了？你们喜欢哪一位同学的赞美？为什么？在交流过程中引导学生学会赞美要做到真诚、恰当。

2. 总结体验。通过一个贴近学生生活的心理情景剧，让学生体会到不是所有自己认为好的赞美都能让他人接受的，从而掌握赞美别人的方法和技巧。

主题活动四：练习真诚地赞美。

过渡语：赞美是有方法和技巧的，大家已经拥有了赞美的魔法，接下来，就一起来尽情发挥赞美的魔力吧。

1. 内容简介。

（1）赞美同学。利用多媒体课件展示游戏名称：优点大轰炸。具体方法为四个人一小组，从组内挑选学生，每个孩子都有优点卡（心形小粘贴），在优点卡上写上一句赞美的话或者词语。引导学生从劳动、纪律、卫生、学习、文明礼貌、自理能力、性格等多个方面对组内伙伴进行赞美，继而在讲台上分享赞美，将优点卡贴到优点树上。最后发展为全班送赞美。（2）赞美别人。感受到在本班进行赞美的收获和欢乐后，发散思维，想一想还可以把赞美送给谁。在讨论中与学生发生思想碰撞，如赞美老师、赞美父母，进一步体验赞美的力量。

2. 总结经验。不要吝啬你的赞美，请将自己的赞美勇敢地送出去，送给自己的父母、老师、朋友，甚至送给敬爱的祖国。赞美可以创造一个美好的世界。（多媒体播放《我和我的祖国》）

四、教后小记

中学生由于身体急剧变化，他们感到已长大成人，希望自己支配自己，用批判的眼光看待周围事物，开始对周围的人和事表现出不信服，开始有希望他人尊重自己的需要，容易自以为是，常常在困境中僵化矛盾。通过本次团体心理辅导课，让学生冷静下来，辩证地看待自己、看待周围的人和事，在赞美中对自己和其他人进行重新定义，从而创造一种积极的心理体验，促进学生成长。

蹚过人生的"多恼河"

——团体心理辅导课例

此案例为初二年级团体心理辅导案例，主题为蹚过人生的"多恼河"，旨在帮助学生认识青春期的烦恼，调控好自己的情绪，愉快、安全地度过青春期。

一、设计理念

青年心理学家认为：青春期是人的第二次诞生。孩子要经过成长过程中的烦恼与痛苦，才能真正长大。青春期，是孩子的烦恼期。他们的身体发育趋于成熟，但他们对自己的身体状况又知之不多；思想上要独立，经济上却独立不了；充满对异性的渴望，心理又很封闭；理想与现实经常冲突……

现实生活中，初中生存在诸多心理困扰，往往不能正确认识青春期的烦恼和困惑。其中首要因素是缺乏对青春期生理和心理变化的认识，认知方式存有偏差，看待问题狭窄、短浅，存在片面和曲解，不能正确处理青春期的烦恼。如看不到父母唠叨的背后是爱，看不清青春期出现的烦恼实质是个人生命成长的一部分，等等，这些都会让他们感到苦恼，甚至难以自拔。

此团体辅导帮助学生改变他们的认知方式，用积极的心态来面对和处理成长中的问题和烦恼，改变他们的心理状态，提升他们的生命质量，为创造美好的未来提供帮助。而心理素质的生成仅凭说教收效甚微，学生的心理素质是在感染、熏陶、体验和实践中培养起来的，因此，本次辅导围绕学生喜爱的心理剧表演为核心活动展开。

二、教学方法

以心理剧引领主体活动，运用情景感染法、行为训练法、角色扮演法等进行认知改变、理念生成、意识培养和行为训练，从而促使其在认知、能力和情感诸方面有所改变，得以提升，并期望通过拓展活动生成习惯。

三、教学过程

（一）热身活动——观察"3岁的我""7岁的我""12岁的我"三幅视图，揭示本次辅导的主题（2分钟）

1. 引领问题：看三幅图时，你看到了什么？想到了什么？

2. 总结提出的课题。我们已经长大了，走进了人生的一个重要时期，走进人生的青春"时节"——青春期。提出本次团体辅导的主题：蹚过人生的"多恼河"，板书课题。

（二）主体活动之一——心理情景剧《成长的烦恼》表演

心理情景剧在辅导课的前几天做好准备，要求学生自编、自导、自演，案例要求源于学生生活实际，贴近学生生活。辅导老师对案例经过筛选后，选中以下三个情景进行表演，旨在帮助学生剖析青春期产生心理烦恼的原因，以一颗平常心对待青春期出现的烦恼，用积极的心态来面对、处理出现的问题和困惑。

1. 心理剧表演《成长的烦恼》。

第一幕：《起床时刻》。

情节简介：从小已经习惯了妈妈提醒自己起床和上学的小亮，自从进入初中后，不知什么原因感觉妈妈唠叨，特别是最近一段时间特别厌倦，今早不知为何，竟与妈妈争吵起来。

设计理念：简单的情节，形象的表演，在学生的脑海里本来习以为常的事情，进入青春期后却让自己感到了厌烦，且感到莫名其妙。此设计旨在帮助学生正确认识进入青春期后出现渴望独立与现实依赖的矛盾。

第二幕：《上学路上》。

情节简介：小亮在上学的路上，因同学不小心，致使两人相撞，满腔怒火不能控制，一场"战火"一触即发。

设计理念：通过"战火"将要发生的过程，让学生生动地感知到进入青春期后易出现心理冲动，了解心理冲动的危害，正视对抑制心理冲动的追求从而化解危机，正确认识心理闭锁与求得理解的矛盾。此时，学生开始全面反观自己待人对事的心态，产生解决自己问题的欲望。

第三幕：《课堂上》。

情节简介：看到同学们个子在飞长而自己却原地不动；班内经常听到某男同学和某女同学联系较多的事，自己也变得开始关注女孩子……这些事情让自己担心、烦躁、上课经常开小差，老师看到这种状况，提醒小亮上课要认真听讲，小亮再次与老师发生冲突。

设计理念：进入青春期的初中生开始在意自己的体态和容貌，身体发生了许多变化，而每个个体成长并不完全相同，出现了性发育快速成熟与性心理发展滞后的矛盾。

2. 主题升华——进入青春期后，一系列的生理和心理变化都是正常现象。

青春期是人一生中身体发育的关键时期，与父母、老师、同学相处产生诸多矛盾、冲突，心里也充满着矛盾，如渴望独立与现实依赖的矛盾、心理闭锁与求得理解的矛盾、性发育迅速成熟与性心理相对幼稚的矛盾等。青春期是每个人成长中的必经阶段，出现的各种困惑和烦恼都是正常的。（板书：正常现象）

（三）烦恼对对碰

以小组为单位，说说自己心中的烦恼，并把烦恼矛盾进行归类。

设计理念：提供场所给学生一个宣泄和倾诉的机会，适当地释放心里的烦恼，进一步正确认识青春期的心理烦恼来自心理矛盾。

（四）我有金点子

1. 以各小组为单位，选择大家感兴趣的一个问题，讨论找到解决的办法。

2. 各小组按指定的心理剧其中的一幕，通过角色扮演、榜样示范、行为训练的方式重新编排、准备续演心理剧。

（五）主体活动之二——角色扮演，提高共情能力，促进自我成长

1. 收集前面宣泄出的那些烦恼，联系自己的生活实际和以上表演的三幕心理剧，重点表演解决问题的方式方法，也可以表演在面对这些青春期的问题时的所思、所想、所为。通过角色扮演、榜样示范、行为训练等活动形式，提高学生的共情能力，间接解决了自己的问题。

2. 分享感受。组织学生对心理剧中的各个角色进行讨论评价，谈谈对自己学习、生活和成长所带来的影响，激发学生的上进心，帮助学生建立积极心态，摆脱成长中的烦恼，快乐成长。

（六）总结过渡

青春期是人的第二次诞生。任何一个人都要经过成长过程中的烦恼与痛苦，才能真正长大。我相信面对青春期的心理烦恼这类正常现象，每个同学都能妥善化解。通过角色扮演，对学生进行行为训练，使之切身体验拥有积极心态的方法和途径。祝大家顺利度过青春期，多一点快乐、少一点烦恼。

（七）活动拓展——强化以积极的心态面对成长中的困惑和烦恼，以积极的心态处理成长中的问题和矛盾

鼓励学生勇于面对现实中出现的各类问题，正视自身的变化，加强与家长、老师、同学的交流，认真总结，尽最大努力把本节课学到的处理方法和对人对事的方式运用到实际生活中，放飞理想之翼，共建积极心态。

四、教后小记

（一）总体分析

团体心理辅导《蹚过人生的"多恼河"》，以发展学生的积极心态为辅导方向，以提高学生学习和生活质量、增加幸福感为辅导目标，以团体活动、情景体验为主要的活动方式——心理剧编排、展演、续演。在活动过程中，突出新课程理念，遵循团体辅导的原则，按照 ARCS 动机模式进行了整个活动的设计并基本达到了辅导目标。

（二）突出特色

运用 ARCS 动机模式展开辅导活动，首先引起注意（attention－A），观看三幅心理视图；继而引入积极的相关事件或情景（relevance－R），由学生表演自编自导的取材于实际生活的心理剧《成长的烦恼》；通过潜能开发或训练建立起信心（confidence－C），拓展活动更是为学生调动自身的潜能、形成积极心态搭建起平台；最后达到满意

的效果（satisfaction－S）。

无论辅导内容的确立，还是辅导方式的选择，都突出了积极心理健康教育理念。尤其是心理剧技术的运用成为整个辅导活动达到目标的关键点。

（三）得失反思

在整个辅导过程中，学生始终保持着浓厚的兴趣，多数学生积极参与，达到了预期的效果。但部分学生观察多、参与的较少，该部分学生大多性格内向，他们得到的主要是认知的改变，但由于缺少体验，其潜能未得到充分的开发，合理认知未生成为自觉的行为方式。而这部分学生恰恰最能体现活动设计价值，是在活动中受益的那个群体。因此，这次辅导活动的拓展环节中应加入个别辅导，重点关注他们拓展活动的完成情况和过程指导，帮助他们实现由认知体验向理念生成继而养成习惯的过程转变。

试论教师心理健康的自我培养

摘 要 教师心理健康问题是一个关系学生心理健康成长的重要问题，因此，教师的心理健康与否至关重要，我们必须通过不同的方式培养教师健康的心理。教师心理健康培养的渠道和方式是多方面的，我们通过仔细研究，在教师心理健康自我培养方面做了一些卓有成效的尝试。

关键词 教师；心理健康；自我培养

教师面对的主要对象是学生，教师的心理健康与否，直接影响学生的健康成长，影响学校素质教育的全面实施。因此，教师心理健康的自我培养，是每一个教师需要认真研究解决的课题。

一、教师要进行正确的自我认知

自我认知是指对自己进行正确的评价。每个教师，都具有自己特有的气质、性格、能力、兴趣、注意、记忆、思维、感知觉等心理因素。教师对这些因素的认识和评价，影响着教师的行为。教师的这些心理因素当中，既有优势的部分，也有劣势的部分。教师对这些因素的正确认识，包括对自己优势的认识，也包括对劣势的认识。也就是说，教师要能正确地认识到自己的优缺点，做出恰如其分的评价。有些教师之所以心理不正常，就是因为不能正确地认识自己的优缺点。这样可能产生两种情况：一是过分地夸大自己的优点，用优点去掩盖缺点，容易产生骄傲导致失误；另一种是过分地强调了自己的劣势，看不到自己的积极的一面，行动时因自卑而畏缩不前。这两种情况都有对自身实际心理状态的歪曲。教师要正确地评价自己，必须改变这种歪曲状态，使其恢复本来的面貌，并用修正或补充后的正确评价调节自己的心理健康水平。教师想要发现自己歪曲的评价，必须经常通过自我观察，或者借助外力，形成正确的自我形象。有了这样正确的自我评价，教师才可以成为自身行动的主人。教师有无正确性的自我评价，是衡量教师心理健康的标准之一。教师在正确的自我认识支配下，才能准确地对待周围环境中的一切人和事，从而与周围环境取得平衡。有了正确的自我认识，教师才可以发挥个人的心理优势，确立教育目标，并为之做出创造性的成绩。在正确的自我认识下，教师能保持自知之明，对缺点不掩饰，对优点不夸大、不缩小，保持自己心理平衡的状态。具有正确的自我评价，可以正确对待挫折和困难，在挫折、困难面前不低头，既经得起失败的磨砺，又经得起胜利的考验。具有正确的自我评价，可以使教师对自己进行针对性的心理控制，调节某些缺点，使其得到优点的补偿，尽量缩小它的消极作用。

二、教师要学会充实特有的心理环境

所谓教师特有的心理环境，是指导教师教育、教学以及生活依托的内部心理状态。它包括教师与生俱来的气质特点以及主要来自后天逐步形成起来的心理过程、个性特点、教育职业心理素质等。教师作为主体，他的内心自我形象，首先生活在自己的内部心理环境中，其次才是外界的物质环境。我们常说：一个人心理生活空虚，另一个人充实。这主要不是讲他的外界环境，而是讲他的内心世界是否丰富和广阔。这种内心世界与客观世界是相对的，它是在客观世界的作用下，不断形成起来的内部心理状态，这种心理状态一旦得到巩固，就会作为内部世界或心理环境起作用。教师的心理生活丰富、舒适、这就使教师的心胸宽大，有充分的进退运筹之地；反之，有的人则心理环境狭窄，狭窄的心理环境对教师的心理活动限制很大，使他们很难发挥最大的潜力。这样的教师因心胸狭窄，承担不了一点事情，碰到一点困难就灰心，甚至学生不听话，和教师顶几句嘴，也会招致教师伤心流泪，有时还得学生赔礼后才能改变自己的情绪。总之，心理环境的空间大小，还要看心理环境的性质。因此，教师的心理环境不仅要保持一定的广度，要具有积极、肯定的性质，否则它不会起好作用。正是在这种意义上，心理科学把世界观归之于心理环境的核心成分，它决定心理环境的性质，制约它发展的方向，它是教师内心关键性"心理建筑"，是决定其他部分的主体建筑。为此，教师要注意：

1. 树立正确的世界观和人生观，以辩证唯物主义的观点对待现实，以豁达大度的胸怀对待周围的一切。

2. 做到胸怀理想，脚踏实地。要善于观察社会，了解社会对个人的要求，哪些是环境所允许的，哪些是不允许的，其变化趋势如何。教师要善于将自己的优缺点与环境的利弊等因素综合分析，扬长避短，使自己的主观认识符合客观现实。

3. 在工作中努力创造成绩。实践证明，每当一个人完成一件工作后，一种轻松喜悦之感便油然而生。克服现实中的困难越多，工作成绩越好，这种感觉就越强烈，从而越能发现自己的社会价值。一个在事业上入了迷的人是很少有这样或那样的苦恼的，当其在事业上获得了成就感的满足后，也就达到了适应客观现实的目的。

正确理解和追求人生价值，是促进教师心理健康的必要条件。当教师真正懂得人生的价值在于奉献而不是索取后，其行为和活动就会与人类社会的实践融为一体，推动社会前进。这样，教师的行为举止，便会得到社会的认可和赞许，自身会感到自豪和自重，生活富有活力，即使生活中出现挫折也能乐观对待，也能有力地去战胜它们，而不至于产生过度的消极情感或沉重的心理负担而影响自己的心理健康。

三、教师要进行心理童化

教师的心理健康，可以从自己的教育对象中，即从学生身上获得"滋养品"。一个诚心诚意地将全部力量投入到学生中去的教师，由于他天天和学生打成一片，共同学习、共同交流，因此，教师的心理在一定程度上也学生化了。小学教师儿童化，既有可能也有必要。这里出现了教师心理状态的逆转变化特点问题，这种逆转是为了教育教学工作主动地对象化，即由成年向童年心理状态逆转。对于教师来讲，部分心理状态的逆转更新是教师心理健康的表现，也是教师工作要求的特有的心理现象。不少优秀的教师，他们用心模仿孩子们的思维方式，模仿他们的游戏，甚至活动兴趣，以学生的身份来参加学生活动，这样不仅给教师的工作带来了丰富宝贵的教育资料，而且带来自身性格的年轻化。这种师心童化的逆转现象并不是人工外加的，它是与教师的心理结构紧密相连的。在教师的心理结构中，本来就存在着衰老和新生的成分，二者处于经常交替之中，这种交替是自然现象。但是，由于教师参加学生活动，有机会使他们重新体验自己童年的生活，在这种近似童年的生活中，使自己心理童化。作为教师，有机会以教师或学生身份参加学生活动，这种得天独厚的职业条件，为教师的心理健康提供了良好的基础。

在教师与学生的接触中，教师在心理上接受学生心理的更新、激活，也不是绝对的。有些教师虽然整天和学生在一起，但是他们视学生工作为沉重负担，每当离开学生时，便如释重负，这样的教师，在心理上就很少发生童化现象。其原因在于教师的教育心理倾向的性质，在于教师心理状态中的相反的心理成分起了主导作用，在于他们来自学生身上是一个积极过程，是教师主动接受学生心理影响的结果。因此，教师要有意识地调节自己的行动，积极地投入学生生活，学会学生的心理活动方式，使自己的心理状态永远保持年轻。

四、教师要防止心理疲劳

教师心理健康水平的下降可以由心理疲劳引起。教师的事业、劳动是脑力劳动形式，教师长年累月的备课、上课、实验、批改作业、考试、进行思想教育、业务学习及必要的家访和会议等活动，无一不在消耗心理能量。如果这些教育教学工作遇到困难时，其心理能量的消耗量也将成倍地增加。据有关心理能量测定表明，脑力劳动时的心理能量的消耗最大，也就是说，教师进行一个单位的脑力劳动所消耗的心理能量，需几倍的生理能量才能补偿起来。正是由于教育家们懂得教师劳动的特点，所以学校传统的习惯是给教师较多的假期，除去一般人都有的节假日外，还规定寒、暑假让教师充分休息。有些不了解教师劳动特点的领导者，用相反的观点，随意取消教师的合法休息日，甚至无限制地占用教师的休息时间，安排各类繁多的社会工作。其恶果则是教师的心理健康水平下降，如教师注意力不集中，感觉、思维迟钝，对教师的理解和认知水平下降、记忆力衰退、情绪不稳定等，导致教育教学工作效率的低下。

作为教师个人如何防止心理疲劳，提高自己的健康水平呢？在现代实用心理学的研究中，对主要属于心理疲劳的人多采取心理训练的方法。根据教师工作的特点，教师心理疲劳的恢复，可采取下列各项心理策略：

（一）教师自律训练

教师在心理疲劳时，经常表现为全身肌肉紧张、呼吸短促，在床上睡不着、躺不稳、手脚无处放、头在枕头上放不平等。这是由于心理疲劳过度引起的一种反常的虚假兴奋造成的。它和昏昏欲睡的心理状态相反，是心理因素干扰机体肌肉、骨骼关节的放松造成的心理性失眠症状。对此，国内外多采用以骨骼关节、肌肉放松和呼吸减缓为主的训练方法。教师在训练自己安静睡眠或休息时，不是消极地等待自然睡眠的来临，也不是在床上着急下令自己快睡，而是心平气和地做肌肉骨骼关节放松动作，使全身肌肉动作处于低消耗的抑制状态，与此同时控制自己的呼吸频率，使其减缓到近于入睡的程度。这种以训练自身动作和呼吸为手段的方法，称之为自律训练或称为自律运动。

（二）改变教师注意焦点

心理疲劳的教师注意焦点离不开教育和教学工作对象。在白天工作时，注意中心点指向外部对象；休息时，注意中心虽转变为内部，但白天工作时的热烈、活跃情景仍以内心表象形式重新成为注意中心。在这种情况下，教师必须采取心理策略摆脱这些内部形象的干扰，将注意集中焦点改换到与休息、睡眠有关的对象上。一般是把一个放松动作或呼吸运动作为注意中心，随着教师自律练习的深入，他的注意力自然会因对学这一动作的集中，逐渐降低强度，直到入睡为止。

（三）教师的恢复性活动

对于大脑两半球机能分工的研究表明，单纯使用一个半球工作的人，因左右半球负担不均而易导致心理疲劳。因此，从事理论知识教学的教师，应根据自己教育、教学的特点，从事以另一大脑半球为主的文体活动，这对克服心理疲劳、促进精力恢复是有利的。由于教师职业的天然特点，必须经常接触教育对象，如能把教师自身的积极休息和恢复性活动，放在学生课外活动中，与学生一起进行歌咏、体育等活动，参加科技小组以及参观、旅游等活动，将会收到双重的效果。这样既恢复了精力，又进行了教育。而最重要的是在与青少年或儿童一起进行的活动中，学会让儿童的情绪感染自己，使自己年轻化、学生化。

五、教师要进行正确合理、积极有效的心理暗示

心理暗示是用言语信息为手段，影响人的心理状态，使其发生相应的变化，以达到提高活动效率的需要。心理暗示可以由他人进行或自己进行，前者称为他人暗示，后者称为自我暗示。言语暗示策略的使用，一般有两种作用：一种是提高教师的心理活动水平，另一种是降低心理活动水平。前者是当教师心理活动强度不足时采用，后一种则是教师心理活动水平太高，超过工作、学习需要时采用。前一种情况如教师情

绪低落时，多采用激励言语暗示自己："要振作起来，我精力充沛，信心很足。"后一种情况，如教师太激动时，心理活动激活水平太高，不利于思考问题和采取教育措施，或造成内心浮躁，不能安心备课、上课或进行思想教育工作，此时教师可以采用抑制性言语暗示自己："要镇静下来，要控制自己完成当前教学任务，要认真备课、仔细批改作业。"无论是哪种语言暗示心理策略，都是为了保持或提高教师的心理健康水平，其性质都是肯定的、积极的。事实上，在语言暗示中还存在着一种消极的形式，对心理活动起着反作用。例如，有些教师工作碰到困难时，悄悄地自己说："算了吧，何必自找苦吃？多一事不如少一事。"这些言语暗示，对积极性的心理活动效果起着离心作用，要注意克服这种消极言语暗示形式。

教师的言语暗示心理策略，是自我调节的方法。在采用时，必须全心全意地进行，不能三心二意。在使用言语暗示策略时，如果抱着试试看的想法，其结果和效果是很差的。因为暗示的力量来自暗示者内心自觉的命令，缺乏自信的命令，会因口是心非而使命令失去其效能。心理训练的研究指出，采用暗示心理策略有两种状态，即清醒状态和半睡眠状态。经验证明，暗示效果最好的是在半睡眠状态下，即当大脑处于半抑制状态时，暗示效果最好。其原因是，在半睡眠状态下，教师的自我意识控制作用降低，最容易接受暗示言语刺激，暗示对皮层的被动作用最大。例如，教师的生活中，都有这样的心理经验：如教师在教育和教学中出现了过错，白天当众不敢公开承认或是认识不到，但到了夜晚，或是经过抚躬自问时，才意识到或承认自己的过错，这就是教师自我暗示的结果。在这种半睡眠状态下，用暗示心理策略改变自己的不健康心理状态，使其恢复正常。因此，教师应了解暗示的有关理论，并亲身实践，不断提高自己的心理健康水平。

当然，以上所讲的主要是指教师的自我培养。除此之外，我们也不能忽视外界环境对教师心理健康的影响。我们应该积极为教师营造一个从上到下的宽松安全的心理环境，增加教师的职业安全感。

假期后遗症——好动多动

摘　要　一些家长和教师普遍反映，假期过后，孩子比以前好动多动了。孩子为什么会有这样的表现？这是不是意味着孩子有了多动症？怎样正确对待这一现象？正确做好防御是每一位家长在家庭教育中应关注的重要问题之一。

关键词　假期；后遗症；多动

一些家长和教师普遍反映，假期过后，孩子比以前好动多动了。好动的表现为：孩子比平常更加活泼爱动，孩子每天喜欢打斗、耍枪，并对其他儿童进行挑衅、打闹，且次数明显比往常增多；孩子不能安静地坐下来做一些事情（如学习、阅读等），性格仿佛发生了很大的变化，特别是男孩子，一刻也不闲着。当家长不能满足孩子的要求时，孩子会表现出焦躁、愤怒等情绪，并伴随手脚不间断的活动。看到孩子这样，某些家长就会非常惊慌，认为孩子是不是有多动症。实际上家长对儿童多动的过度惊慌是没有必要的，孩子的好动与多动症还有相当远的距离。

一、好动与多动症的区别

好动与多动症有显著的区别：多动症是与学习困难密切相关的，发生于儿童时期，以长期持续、显著的注意力不集中和活动过度为主要特征的一组综合征。正确区分多动症与孩子的多动，对于孩子的培养具有重要意义。儿童的行为至少要具备下列行为中的四条，才可以被称之为多动症。

1. 需要静坐的场合难以静坐，常常动个不停。
2. 容易兴奋和冲动。
3. 常常干扰其他儿童的活动。
4. 做事粗心大意，常常有始无终。
5. 很难集中思想听课、做作业或其他需要持久注意的事情。
6. 要求必须立即得到满足，否则就产生情绪反应。
7. 经常话多，好插话或喧闹。
8. 难以遵守集体活动的秩序和纪律。
9. 学习困难，成绩差，但不是由于智能障碍所引起。
10. 动作笨拙，技巧和协调动作较差。

好动与多动症形成的原因也有区别。专家认为多动症形成的原因不是由单一因素造成的，而是由生物、心理和社会多种因素协同作用而产生的综合症状。假期过后孩子好动形成的原因更多要归因于假期特殊的环境时段。心理学家指出，活泼好动是儿童的天性，父母没有必要对孩子表现出的好动行为过于担心。至于孩子假期表现出的过度活动和多动倾向，分析原因我们认为：假期孩子空闲的时间过多。据统计，假期里孩子看电视的时间每天超过 5 个小时，孩子在电脑面前的时间也明显增多。如果没有家长陪伴，孩子玩电脑游戏的时间会达到 3 至 4 个小时。众所周知，孩子感兴趣的电脑游戏，大多充满暴力、厮杀，网络游戏种类最多的也是这种游戏。孩子每天接触带有暴力倾向的动画片、电视连续剧，孩子沉浸在打斗与厮杀的氛围中，难免会表现出一定的暴力倾向。如模仿暴力行为表现为：孩子多动、挑衅、对家长无理，与其他儿童打斗等。

二、多动对于孩子的不良影响——攻击性行为

如果孩子过度沉迷于这些暴力的电视、电影以及网络游戏，那么就应该引起家长的高度重视，因为它们对孩子的影响是很大的。一些家长在假期往往会忽视对孩子进行严格的教育，认为好不容易过个暑假于是尽量满足孩子的要求，对于孩子过度的顽皮和游戏也不加斥责，于是，导致某些孩子持续受这些不良因素的影响，具有一定的攻击性行为倾向。

家长识别孩子行为是否为攻击性行为，要先了解一下什么是攻击性行为。所谓的攻击性行为是指基于愤怒、敌意、憎恨和不满等情绪，对他人、自身或其他目标所采取的破坏性行为。它可以是具体行动，也可以是语言文字。攻击性行为分为良性和恶性两种。良性攻击性行为是指在种族或个体生存受到威胁，或者荣誉尊严和正当权益受到损害时发生的防御性行为。恶性攻击性行为是一种侵害性行为，它在客观上导致物品的损毁、肉体的伤害和心灵的苦痛。年幼儿童的侵犯行为较常见，主要表现为受到挫折时出现焦虑不安、暴怒、伤人毁物，特别是对父母蛮横无理等行为。此种行为往往可造成对其他人的伤害或物品损害。

三、家长的预防措施

家长对孩子的行为要进行区分，如果您的孩子好动的行为已经超出一定程度，即已经不是纯粹的爱玩的天性，行为已经影响到其他儿童或者其他人的利益，这时候您的孩子已经具有了一定的攻击性行为的倾向。因此，家长就应该有意识地教育儿童远离这些引起攻击行为的诱因。家长可采取的方式方法有：（1）合理安排儿童的活动，使儿童有正确的途径发挥自身的精力。如定期陪孩子锻炼身体及参与孩子感兴趣的体育运动。（2）对孩子某些正确的行为要给予肯定，满足孩子对于创造和成功的渴望。（3）对于孩子的正当要求（如游戏）家长要予以满足，但家长要与孩子协商决定游戏时间长度和游戏的种类等。（4）家长对待孩子的态度要耐心、坚决、不迁就。（5）家

长要尽量使孩子避免接触带有暴力、凶杀和其他对孩子造成不良影响的视觉和听觉媒介。

　　好动是孩子的天性，孩子好动的天性没有得到满足，会引发焦虑、暴躁的情绪，为了发泄这些情绪就会导致儿童攻击性行为的发生。因此家长要正确对待孩子的好动天性，满足孩子正当的要求，并预防孩子攻击性行为的发生。这些对于孩子一生的成长都很关键。

学习雷锋活动要从小事抓起　持之以恒

　　摘　要　什么是雷锋精神？新时代怎样弘扬雷锋精神？这是一个十分现实的问题。在当前，最重要的是学校组织开展丰富多彩的活动，让学生了解雷锋，了解雷锋精神，而且在现实生活中从小事做起，持之以恒，自觉践行学习雷锋精神，逐步养成全心全意为人民服务、助人为乐的好习惯，并内化为自己的自觉行动。

　　关键词　雷锋精神；学习雷锋；从小事做起

　　由于时代的变迁，现在的小学生的意识形态和思想观念里对雷锋这个名字是比较陌生的。许多学生仅仅只知道有雷锋这一个人。他是一个什么样的人？为什么要向他学习？向他学习什么？雷锋精神的本质是什么？这些问题很多小学生搞不明白，这是一个非常关键的问题。因此，我们首先解决的问题是让每一个学生认识雷锋、知道雷锋、了解雷锋精神，充分认识到雷锋精神在现阶段社会生活中的重要意义。真正感受什么是雷锋精神，才能在今后的学习生活中逐步养成全心全意为人民服务、助人为乐的美德，并内化为自己的自觉行动。因此，每年三月份的学"雷锋活动月"里，我们从一年级开始，把重点活动放在对雷锋和雷锋精神的认识上，放在对学雷锋活动的意义和理解上。我们组织开展了各种形式的主题班会、讲座等，利用每周一、周四少先队固定活动时间，由辅导员教师或聘请师范的领导、教师和同学到校讲雷锋的故事，组织观看有关雷锋的影片、图书，宣读雷锋的日记，搜集、展示雷锋的奖状、图片、物品、文物，听、唱《学习雷锋好榜样》等有关学雷锋的歌曲等，让学生真正知道雷锋是一个什么样的人。同时。我们以"雷锋精神永存""学雷锋，促班风"等为主题，在黑板报、宣传栏刊发相关题材的文章、诗歌，在红领巾广播站播放有关雷锋同志先进事迹材料和学雷锋好人好事，在各中队开展火热的"学雷锋事迹、背雷锋日记、出学雷锋专刊"等学教活动；另外，向学生推荐学雷锋网站两个，大力宣传雷锋精神，大力营造学雷锋的良好氛围。

　　在学生逐渐明确了学雷锋的意义和雷锋精神的实质后，我们以三月份"学雷锋活动月"为契机，定期组织开展丰富多彩的学雷锋活动。

　　以"雏鹰假日小队"为载体，组织开展了各种送温暖活动。学校先后有多个班级成立了"雷锋班"和"雷锋组"，这些班、组的少先队员定期走访区军干所和老干所以及定点的孤寡老人家庭，帮助老人们清理卫生、整理内务。学校还与特教中心建立长期合作关系，定期组织全体师生为特殊教育学校开展"献爱心，手拉手"活动。

指导少先队员积极参加各种公益活动。定期组织少先队员对社区内的环境进行清理，用实际行动净化了校园环境、社区环境。学校有两条"学雷锋街道"，每个班级都有社会实践基地。我们还开展了"悄悄为老师做一件事"活动，为值周的老师送上一杯水……学生在实践中受到教育，得到锻炼，进一步增强了社会责任感和使命感，充分体现了新时期的雷锋精神。

学雷锋活动和绿色环保活动结合起来。大队部定期组织学生到社区内捡拾白色垃圾，在校内成立了红领巾再生资源回收站，组织绿色环保手拉手夏令营，号召队员杜绝乱丢垃圾的行为。同时，每个班级都成立了爱绿、护绿小队，学校的每一片绿地、每一棵树都有专人管理，建立绿色学校、生态学校、环保学校的意识已扎根于全体队员的心中。

团队携手与时俱进学雷锋。在全校青年教师中间开展了把学雷锋活动与学习和贯彻《公民道德建设实施纲要》有机结合的教育学习活动，深入开展职业道德教育。本着服务学生、服务社会的原则，激励广大青年教师立足岗位、无私奉献，树立了良好的职业道德风尚，展现了新时期青年教师的风采。

让"知情意行"走在快乐旅程上

——家校共育案例

摘 要 当下的教育，已步入新时代。构建孩子"支撑一生的生活，启迪享用一生的智慧，夯实伴随一生的学识，培养享用一生的习惯，增强恩泽一生的体质，打造幸福一生的个性"，已经成为共识。如今，"打造孩子健康体魄与博爱情怀、协作能力与创新精神，完善人格和社会责任感已成为教育的重点。单一领域的教育已无法满足孩子成长的需要，未来社会的需要。"家校教育联合互动，让孩子的"知情意行"通过家校共育走过一段快乐旅程。培养孩子的核心素养，已经成为我们班主任的首要任务。

关键词 家校联合教育；知情意行；班主任教学

一、案例描述与分析

自从接任班主任以来，我发现班里孩子的"知情意行"很不统一，存在很多问题。甲，成绩特别好，各方面表现突出，是班干部，工作认真负责，威信很高，我特别喜欢他，也很信任他，可是，有一次他的妈妈告诉我，他在家里非常任性，经常和家长顶嘴，要钱买零食。乙，在家长眼里是乖乖女，可是，在学校里却经常和同学吵嘴，很自私，从来不知道去帮助他人，只知道以自我为中心。丙，脾气暴躁，偏执，不尊敬长辈，不热爱劳动，我行我素，有时候和同学打闹，还经常指责别人，属于常有理型的。丁，由于家庭离异，家长陪孩子的时间很少，更别说与孩子沟通了，爱的缺失让孩子变得郁郁寡欢，也懒得与人交流。针对班里孩子的种种状况，我心中异常焦急，如何与家长联手，让孩子的"知情意行"行走过一段快乐旅程，成为我担任班主任工作的重中之重。

二、开展"雏鹰奋飞"行动

为了能够进行有效的家校沟通，我首先组建起了班里的家委会。经过探讨，感觉应该让家长和孩子共同参加活动，让孩子在活动中锻炼、成长。于是，我们开始利用节假日展开"雏鹰奋飞"行动。

（一）走进敬老院，尊老爱老

2014年重阳节将至，孩子们去淄川留仙湖老人养生中心慰问老人，他们不仅给老人们送去了小礼物，还表演了精彩的节目。"祝老人们身体健康，万事如意！"稚嫩的童声在大厅里久久回荡，"老吾老以及人之老，幼吾幼以及人之幼"，愿孩子们从小做到敬老、爱老、孝老。

（二）雨天义卖，彰显真情

2015年4月19日，中队的孩子们去淄川鸿泰大厦一楼大厅，拿上分发的报纸，走向属于自己的天地，虽然细雨绵绵，却掩饰不住他们脸上的喜悦之情。银座广场、服装城处处留下了他们的足迹，稚嫩的呼唤里掩饰不住的是内心的纯真与善良。虽是短短的几个小时，但是孩子用自己的行动感动着路人，共筹集善款2489.8元。

（三）亲子拓展训练，实践中成长

2015年9月20日，中队的孩子们去博山参加拓展训练。训练从组建团队开始，孩子们被分成两队，在教练的指导下，选举队长，起队名，定口号，编队歌，设计队旗，小队风采展示。各队队员分工合作，顺利完成。接着，孩子们进行了有轨电车、亲子背摔、高空泸定桥等体验式拓展项目训练。拓展训练让孩子们更加自信，学会了承担责任，学会了包容和理解，学会了团结合作，更懂得了感恩。一次体验，一次收获，让孩子们在不断体验中快乐成长。

（四）救助贫困老人，爱心在行动

2016年3月6日，乍暖还寒，学雷锋志愿队的孩子们去淄川区西河镇西槐峪村一位贫困老人家里。老爷爷已是耄耋之年，老奶奶神经异常，膝下一子，身患残疾。他们由于没有经济来源，家庭非常困难。孩子们给他们带去了日常生活必需品。辞别老爷爷一家，孩子们似乎一下子长大了许多，"纸上得来终觉浅，绝知此事要躬行"。西槐峪村之行，让孩子们明白了什么是责任，什么是奉献。"赠人玫瑰，手有余香"，他们将一直与爱同行，让更多的人沐浴阳光雨露。

（五）"处女作"拍卖会，品尝辛劳与自豪

2016年9月5日，中队的孩子们组织了一场别开生面的拍卖会，这场拍卖的作品全是孩子的呕心沥血之作，虽显稚嫩，却浸透着无数的心血和汗水。拍卖会现场热闹非凡，你方唱罢，我登场，3元、5元、10元、11元、20元，孩子们的"处女作"都已登台亮相，且名花有主。拍卖会结束后，班级又组织孩子们开设了"图书超市"，推销声、叫卖声、讲价声，声声入耳，你一本、我一本、他一本，本本留香。孩子们流连其间，收获着自信，收获着快乐，收获着成功。

（六）绿色出行，助力成长

2016年9月25日，中队的孩子们走进淄川区交通运输局、公交总站，参加了"城市的窗口，流动的教室，实践的课堂，成长的旅程"系列课程。课程中，孩子们通过进行公交车司机一天生活职业体验、听取交通发展的历史讲座等，提高了对自然美的感知，培养了感恩之心⋯⋯

班级还以假期雏鹰小队活动为契机，开展丰富多彩的趣味性活动："大手拉小手，相约中国梦"社会实践体验营，学特色工艺扎染，参观"原山艰苦创业基地"，"618战备电台国防教育基地"，环保小卫士，学做糕点，宣传科学用盐，帮着社区老人打扫卫生，植树节种树活动，文明春节我承诺我传播活动，寻找英雄活动……

家长、孩子、教师携手走在构建孩子幸福一生的路上。

【结语】

一次次活动，一次次合作，让孩子们学会了换位思考，不再固执己见。他们学会了尊重他人，不再我行我素；学会了宽容大度，不再自私自利；学会了爱护他人，不再自以为是；学会了交流分享，不再郁郁寡欢；学会了主动担当，不再推诿指责；学会了诚实友爱，不再撒谎欺瞒；学会了勇敢无畏，不再胆小怯懦……

爱孩子，就要给孩子一双奋飞的翅膀，这需要班主任和家长共同联手打造。孩子在一次次活动中羽翼渐丰，在流动的世界中，构建起孩子"支撑一生的生活，启迪享用一生的智慧，夯实伴随一生的学识，培养享用一生的习惯，增强恩泽一生的体质，打造幸福一生的个性"，让孩子的"知情意行"行走在快乐旅程上。

浅谈班级集体的创新管理

摘　要　创新是一个民族的灵魂，教育管理同样担负着培养民族创新精神、培育创造性人才的重要使命。培育学生创新精神，必须改进传统的班级管理模式和传统的评价模式，引入一系列适合班级、适合学生的教育管理方式和方法，为学生健康成长构建良好的学习、生活环境。

关键词　班主任；班级集体；创新管理

江泽民总书记指出："创新是一个民族的灵魂，是国家兴旺发达的不竭动力。""面对世界科技飞速发展的挑战，我们必须把增强民族创新能力提到关系到中华民族兴衰存亡的高度来认识。教育在培育民族创新精神和培育创造性人才方面，肩负着特殊使命。"作为一名班主任，应该怎样培养学生的创新意识呢？培育创新精神必须改进传统的班级管理模式与传统的评价模式。

一、改革班干部选举办法，因事择人，全面培养

在班级管理过程中，人是第一要素。在素质教育形势下，班主任工作必须确立"以人为本"的思想。班级管理的过程重要的是强化学生的主体地位，让学生成为班级工作的主人、班级活动的主角、班级管理的主力。挑选、培养和使用好学生班干部，是实现这一目标的关键的一步。

以往的班干部，教师大多会选择那些学习成绩优秀、听话的"乖"孩子担任，这些学生往往只是教师的传声筒，其中个别干部，除学习成绩好、听话以外，自身存在不足，与班级中的其他同学有隔阂，在同学中威信不高，缺乏一定的影响力和号召力，起不到协助班主任管理班级的作用。因此，必须首先以班干部的选拔为突破口。在班干部如何产生的问题上，要坚决摒弃过去那种指定人选的做法，通过学生自我推荐和他人推荐相结合，然后由学生投票决定正式人选。通过参与竞选，使学生有自我表现的机会，有获得成功的机会，使一些学习成绩不太优秀但工作能力强的学生脱颖而出，更使成绩优秀的孩子开始注重提高自己的全面素质与能力。

二、打破班干部任职的"终身制"，采用干部轮流制

让所有学生都有机会担任班干部的角色，参与班级活动的策划、准备、实施和评

价，充分体现学生的自主性，使学生真正成为班级的主人。在任期过程中，定期组织学生进行自评、互评，优胜劣汰。让每个学生明确，谁都有能力成为班干部。

三、人人有事干，事事有人管

提倡人人是班级的管理者。每个学生都有为班级服务的岗位，在岗位上提高自己的工作能力，使班级管理充满创意，每个人既是管理者，又是被管理者。这样，班级的荣辱与每个成员息息相关，学生的主人翁责任感、集体荣誉感得到普遍的增强。学生能够干的，班主任大胆放手，把一些具体事务派下去，让学生自己干。班主任从各种琐事中解脱出来，做好顾问，为学生干部出谋划策、辅导、服务，由原来的学生为教师服务改成教师是小干部的参谋和帮手，为学生主体意识的形成和组织能力的提高创造广阔的空间。教师要充分调动学生主动性，引导学生参与管理，逐步锻炼和培养学生的自我教育和自我管理能力。

四、引入竞争机制，增强危机意识与合作意识

当今社会是一个充满竞争的社会，让学生在班级管理中参与竞争，使学生在竞争中既培养竞争意识，又提高竞争能力，同时养成自强自立、自信向上、坚忍顽强的品格。无论是对班干部的选用，还是班级管理、服务岗位的确定，都引入竞争机制，使每个参与管理的学生有一种危机感，使他们知难而上，不断提高工作质量。同时，在竞争中，强调一种合作意识，使他们看到只有合作、团结，才能取得更大的成绩，尝试建立一种民主、和谐、平等的人际关系，为培养他们全面发展打下良好的基础。

五、及时对学生干部提出富有激励性的目标

每一次班干部竞选以后，每轮换一次管理服务岗位，班主任应及时向他们提出恰当的目标要求，让学生通过自身的努力，不断完成阶段性目标，使班集体建设在一个个目标实现的过程中不断完善和发展。

六、有意设置障碍，提高学生战胜挫折的能力

班主任在班级管理工作中应有意识地为学生设置障碍，锻炼学生自我解决问题的能力。现在的小学生大多是独生子女，他们在长期的娇生惯养中形成了孤僻、任性、怯懦、吃不起苦、经不起挫折、心理承受能力差等缺点。这样的学生将来在激烈竞争的社会很难立足。因此，有意识地为学生创设一些困境，设置一些经过努力可以克服的困难，使他们在老师的引导帮助下，不断克服遇到的一个个挫折，体验到失败的痛苦和成功的喜悦，从而增长智慧，提高勇气，磨炼意志。

七、要创设良好的班风

一个民主、平等、和谐、严谨的班级氛围，有利于学生创新精神和创造能力的培养，有利于学生的个性得以很好的发展，使学生的"知情意行"得到全面发展。这样

的班风充满民主风气，学生没有压抑感，有利于学生智力因素和非智力因素的发展，有利于学生在活动和学习中创新意识的发挥。

班主任工作五字真"经"

摘 要 班主任工作千头万绪，如何在琐碎的工作中做到有张有弛、忙而不乱、忙而有效、忙中有乐、忙里偷闲，特总结做好班主任工作的五字真"经"。

关键词 班主任；静；法；才；责；借

小学班主任的工作性质，在今天这个繁杂的社会状态下，有了很大的变化。其不仅仅需要具备最基本的教育功能，更大程度上还是联系社会、家庭的结合点。面对社会，面对家庭、面对教育、面对生命，做好班主任工作，责无旁贷。结合自己多年的班主任工作，总结以下几点：

静：心静则一切皆不乱，使自己能有序有效地开展工作。静包含两个方面内容：

一是宠辱不惊、淡泊名利，则心神俱定，故能达到以其无私成其私的境界。

二是面对千头万绪之琐事，心不急不乱，分清主次，妥善解决。这是一种主导思想，可以让自己驱除不良情绪，欣赏学生，让学生按自己的心理规律成长。

法：就是用有效的方法管理。我有两条得心应手且效果不错的定律。

一是制定班级法则，用班规约束学生。我们班老师与学生共同制定了一套以激励为目的的班规。具体的操作方法是学生所有的作业、课堂表现、课下纪律等方面的情况，都量化为数字，表现形式为得分卡，以两周为单位进行总结表彰奖励。奖励的方式为担当班干部，免除相应作业、组织活动时优先考虑以及期末评奖加分等。这种做法能调动大部分学生的积极性，每个人只要努力都可以在得分卡领域获得认可，形成一种竞争向上的局面。

二是以其人之道还治其人之身（攻心为上）。具体做法是用学生最喜欢的东西或活动方式作为交换条件约束他，从另一个角度刺激他成长。如这一段时间学生都在大玩陀螺，我跟他们制定一个交换条件，完成相应任务就可以在学校随便玩，有效约束与刺激他们。

才：有两种含义，一是班主任本身要有才，以才服生，让其对他的老师敬佩甚至崇拜。二是管理学生要人尽其才，也就是班干部的任用。从管理层面看，不用多，一个班有这么几个人就够了。一个是能带好队伍的，主管纪律。一个是能写会画的，主管与艺术有关的事情。一个是有时间、勤劳的，主管卫生。一个班有此三人足矣。人选可以更换，让更多的人得到锻炼。从学习层面来划分，按每七或八人分成一组，把班内分成几个组，任命几个学习组长，组长有相应的权利或奖励，由他们帮助老师完成一些相应的学习任务检查。

责：就是得有一份责任心。目前我们的工作状态是忙于处理各种纷繁凌乱的事务，搞得心态不平，有点失衡。但静下心来想一想，如果一天不给学生上节课、不看作业、不找几个学生谈谈心，就会觉得心中空落落的，似乎想不起干什么来。这应该是对学生负责的一种工作状态。责任心有时还会表现为一种情感状态，长时间不关注某些态度好却成绩上不去的学生，心中有时会产生一种愧疚，觉得没尽到一位教育者的责任。

借：荀子在他的《劝学》说："吾尝终日而思矣，不如须臾之所学也。吾尝跂而望矣，不如登高之博见也。登高而招，臂非加长也，而见者远。顺风而呼，声非加疾也，而闻者彰。假舆马者，非利足也，而致千里。假舟楫者，非能水也，而绝江河。君子生非异也，善假于物也。"这段话告诉我们，需要借助外部有效的力量，达成我们想要的目标。

一是可以借助家长的力量帮助我们完成教育拓展学习任务。如我班建了有效的家长委员会，利用他们的力量与资源，建立了班级图书馆、班级群；组建了班级游泳队、轮滑队、跆拳道队、篮球队等学生活动群体。

二是开办家长学校，建立一个家长与家长交流的平台，每个家庭有效的教育方式互相共享，有效地促进了家庭教育的配合落实。每个学期我都会开办两次家长学校，交流情况。这里面有一点很重要，及时向家长通报孩子的变化情况，特别是报喜以调整家长心态，帮助孩子成长。班内有一个小女孩，原来的学习状态不好，智力也不属于上等，这个学期的变化很大，作业质量很高，现在能背诵必背古诗70首，也能背诵长篇的古文，如《醉翁亭记》等。在她态度有变化时，我及时与她的家长电话汇报，家长在家里也用一种欣赏的目光看待自己的孩子，结果她有了一个脱胎换骨的变化。

三是可以借助家长委员会的力量组织大量有益身心的活动，培养学生意志，陶冶学生情操。我们班组织到滑雪场滑雪，到天上王城滑冰，到峨庄爬山。记得滑雪时，开始同学们都小心翼翼心里没底，在大多数人的鼓励与尝试下，都迈出了勇敢的第一步。在这些活动中，学生们锻炼了意志，愉悦了身心。这种群体的活动与家长个人带着自己的孩子出去是不一样的，孩子们在这样的群体中更能培养合作意识、欣赏意识。

"攻心为上"为班级管理的主旨

摘　要　科学有效的管理是一门高智慧的艺术，从宏观上来看，科学的管理与时代要求紧密和谐地结合在一起，会使社会飞速发展；从微观上看，科学的管理会使工作事半功倍。多年来，学校班级管理中存在一些心理上的误区，造成了种种不良现象以及不必要的教育资源浪费。本文以"攻心为上"为班级管理的主旨，结合实际工作中的管理经验，提出了五条"攻心"原则：先礼后兵，调整与学生之间的情感距离；言出必行，一诺千金，与学生建立良好的信誉关系；抓大放小，给学生时间、空间，做到亲密，但不可无间；谈天说地，注入"活水"，提高师生认识；笑谈学问，给学生思维的空间，启迪智慧的火花。

关键词　教育；班级管理；心理

作为一名班主任，管理的对象是一群未成年的活泼可爱的孩子，他们有各自的个性特点，这为班级的管理者造成了很大的困难，同时也为管理者提供了新的管理天地。

《孙子兵法》开篇即言：兵战，攻心为上。虽然，我们不是在战场上，但这个道理也同样适用于班级管理。管理者能使自己的管理对象从内心愿意干，这是一门高超的管理艺术，具体到班级，就是能使学生打心眼里愿意听从你的教导，非常愿意在你的教导下学习、生活。那么，这种氛围必然是和谐的，在这种氛围中所接受的教育势必是高效的。在几年的班主任管理实践中，总结了几条"攻心"的原则。

一、先礼后兵，调整与学生之间的情感距离

在日常的管理中，经常会遇到一些让人生气的事。记得我刚当班主任时，活动课上，有一名学生在大声叫嚷，我强压涌上来的火气，尽量平静地说："你嚷什么？"这个学生立刻把头低下了，但嘴里还在嘟囔："又不是光我自己。"这下，我可火了，大声说道："你嘟囔什么？给我站起来。"他站了起来，虽然不说话，但眼睛里分明还在重复他刚才嘟囔的那句话，我被他那种倔强的目光激怒了，带着一种至高无上的权威从嘴里挤出了四个字："请你出去！"他无动于衷，我仅有的一点理性被满腔的怒火淹没了，"给我滚。"他仍然没有开口，但他的胸脯分明在激烈地起伏。"滚，滚，你给我滚出去。"我近乎咆哮地吼着。"我不会滚，请你滚一个给我看看。"他说话了，从他的嘴里

飞快、倔强而又坚定地抛了出来，教室里的空气凝滞了，所有的学生都惊恐地看着我。我感到震惊的同时也意识到我太冲动了。

这一举动极大地伤害了我和学生之间的感情，经过了很长的时间才调整过来。在以后的日子里，每每遇到这样的事情，我总是先讲道理，分析什么是对的，什么是错的，自己有了过失也向他们做检讨。在双方的努力下，都能达到认识上的一致和心理上的平衡，班级工作和谐发展。疏导比硬堵要好得多，用自己的一颗包容之心、一颗爱心平等地对待学生，会使师生关系非常融洽。

二、言出必行，一诺千金，与学生建立良好的信誉关系

管理中有时会因为一时的气愤而说出一些难以实现的话，如：撵回家；再这样就如何如何等。我们的气愤之语对学生来说无异于圣旨，但我们又无权做出这样的决定，导致自己说出的话不能兑现，降低了教师在学生心目中的威信。所以，在说某些具体的要求之前，要充分考虑到事情的可能性，做到言出必行。

有一件事，至今还深深地印在我的脑海里：有一天中午，我告诉班里的学生高自强，晚上要去家访。由于是初次去他家进行家访，我不知道他家的确切地址，让他在岔路口等我。没想到，放学后却下起了雪，雪越下越大，我想，既然说过了，就得做到。于是，我便冒雪去了，高自强和他的妈妈一直在风雪中等着我。见面后，他妈妈告诉我说："我看到风雪这么大，以为你不会来了，几次劝高自强回去，可是，高自强却坚持说鹿老师一言九鼎，肯定会来的。"我深深地体会到，老师在学生心目中的位置，更深深地感到肩上的担子更重了。

三、抓大放小，给学生时间、空间，做到亲密，但不可无间

班级工作很琐碎，如果事无巨细，面面俱到，精力上不允许，也不能锻炼学生的自我管理能力。于是，在工作中，要抓重点，抓干部队伍。如学期初的班级目标制定、干部的选举、大型的活动，这些是需要老师亲自出面的；而出黑板报、零碎的卫生工作，老师只是抽查即可。在抓重点的过程中寻求突破（如：运动会），抓好了，可以增强集体的凝聚力。这样，给学生自我管理的时间、空间，让其自由发挥，自由支配，班主任只是暗中留心，宏观指导，让学生在实践中充分发挥自己的聪明才智。学生与老师亲密，但又有一定的距离，介乎远近之间。

四、谈天说地，注入"活水"，提高师生认识

课本上的知识是有限的，也是相对枯燥的。然而，如今的学生对新鲜的事物特别感兴趣，并且在了解中会产生一些极富想象力和创造力的想法。让其经常接触，会拓宽视野，提高能力。如我在社会课上谈到社会发展越来越快，并且倾向于简单化时，一名学生突然说了几句："要是能发明一种冬暖夏凉并且不用洗的衣服，我们的生活就更简便了。"众人觉得好笑。其实，这种所谓的"异想天开"不是没有实现可能的，很

多重大的发明都起源于幻想。这就要求教师多看书、看报、看电视，了解新信息，然后与学生共同交流，在他们觉得自己的老师知识渊博的同时，也提高自己的认知能力，他们又会用这种认知能力去了解更多的信息。在时代信息的共享中，提高师生交往能力，学会合作，消除存在师生之间的传道、授业、解惑的权威鸿沟。

五、笑谈学问，给学生思维的空间，启迪智慧的火花

有些老师说，我高兴时，路边的小草都是美的；我不高兴时，看着什么都不顺眼。这是一种不良的心境。特别是当面对学生时，又有一种至高无上的权威，就很容易视学生为自己的"私有财产"，随意处置。学生会产生畏惧、压抑、紧张、沉闷、无所适从的心理，教育也就失去了意义，也有损于教师的形象。相反，走上讲台后，一切都是身后事，笑语面对学生，课堂的气氛是愉快而和谐的，效率会大大提高。俗话说，一笑解千愁：学生不愁、"吃"得快，"消化"得快，思维广阔。教师也能在愉快的氛围中忘却烦恼。这样既增强了学生对学科的兴趣，更有利于教师非权力影响力作用的发挥。

心有灵犀一点通。这样作为一名教师，如果能把握学生的心理，那么举手、投足，一颦一笑，都会产生极大的教育效果。在管理中，还是得攻心为上啊！

第四编 >>>

教学科研

淄博市教育科学"十二五"规划课题

关于小学生"习字育人"教学实践的研究

（课题编号：2013ZJG074）

课题负责人：鹿纪林

课题承担单位：淄博师范高等专科学校附属小学

结 题 时 间：2015 年 11 月

课题组成员：高令峰　陈秀锦　刘　钢　张成丽　董雪梅

　　　　　　孙　帅　吕跟华　孟令兵　司　涛　崔玉涵

课题起止时间：2013 年 9 月—2015 年 11 月

目　录

摘 要

目前，对于中国的教育现状，人们的观点各有不同，看法不一。但无论是素质教育，还是应试教育，作为中国人，能写一手好字，是继承和发扬中国传统文化最基本的要求。中国书法源远流长，绚丽多彩，它不仅是一种交流的工具，也是一门高雅的艺术，是我们中华民族的骄傲。不仅如此，写好字还能使人做事沉稳、认真、有耐心，涵养人的心灵、培养高雅的气质。因此，教孩子从小练习书法、打好书写基本功就显得尤为重要。作为教师，我们有责任让我们的孩子爱上写字，把字写得规范、美观，为孩子的全面发展奠基。

本课题在国内外已有研究成果的基础上，在《教育部关于在中小学加强写字教学的若干意见》和《义务教育语文课程标准》的指导下，结合学校教育教学中存在的问题，确立研究内容和研究目标。从写字课堂教学模式的建构、小学生书写能力和汉字审美能力的提升等方面挖掘育人因素，以此促进学生综合素质的提高和健康人格的形成。

本课题围绕习字育人，结合日常的教育教学工作开展研究，确定了三大部分：第一，引言部分。从问题的提出、国内外主要研究成果与研究现状述评、课题研究的重点与突破点、课题研究的价值与意义、课题研究的目标与内容、课题研究的过程与方法等方面对课题研究进行了表述。第二，主体部分。从写字制度的建设、教师专业的发展、课程资源的开发与利用以及全方位育人的改革等方面对研究成果进行了表述。第三，注释和附录部分。使课题研究报告更加规范和科学。

关键词 小学生；习字；育人；教学实践

正 文

一、问题的提出

（一）问题研究的背景

《教育部关于在中小学加强写字教学的若干意见》（以下简称《意见》）中指出："中国书法将汉字的表意功能和造型艺术融为一体，有着悠久的历史和广泛的群众基础，汉字书写的美学价值得到了超越国界和超越汉字使用范畴的承认。因此，写字教学可以陶冶学生情感、培养审美能力和增强对祖国语言文字的热爱和文化的理解，既有利于写字技能的提高，也有利于增进学识修养。"

同时，《义务教育语文课程标准》（以下简称《标准》）也指出：九年义务教育阶段的语文课程，必须面向全体学生，使学生获得基本的语文素养。要通过识字、写字教学培养学生正确的书写习惯；按照课程标准开展书法教育，其中三至六年级的语文课程中，每周安排一课时的书法课……

从《意见》和《标准》中我们不难看出，小学生书写能力培养与评价的研究是义务教育课程改革的需要。如何依托语文教学，提高小学生的书写能力，挖掘汉字书写的实用价值和美学价值，是义务教育课程改革的主流方向之一。

（二）我校在习字育人方面的现状分析

综合以上认识，课题组围绕小学生的书写能力展开调研，通过调研主要发现以下几个方面的问题：

1. 信息技术的兴起，不同程度地削弱了对"书写能力"的重视程度。

当今时代可以说是"信息爆炸"的时代，"信息技术的应用"成为我校的主要特色之一，而传统的书写形式受到不同程度的冷遇。在关于学生写作工具的调查中，有90%的家长支持孩子用电脑写作，95%的学生喜欢用电脑写作。这种现状不同程度地阻碍了小学生书写能力的提高。我们学校虽然根据课标要求正常开设写字课，但是学生的书写能力却始终参差不齐，存在较大的提升空间。

2. 在写字教学中，师资力量严重匮乏。

结合对我校及周边兄弟学校教师汉字书写能力的调查发现：有85%的教师没有接受过专门的书法基础教育学习，书法素养普遍偏低，尤其是近几年毕业的年轻教师，学历都比较高，但是却不具备示范书写和科学指导书写的能力。

3. 对写字教学的研究不够系统。

写字教学作为语文教学的一部分，学校在根据义务教育课程设置标准开足、开全的基础上，每天为学生提供15分钟的练字时间。但是写字时间上的保证，并没有使学生的写字水平达到应有的水平。在对学生书写水平满意度调查中，只有40%的教师和家长"满意"，60%以上的教师和家长"基本满意"或"不满意"。反思其中的原因，写字教学的研究不够系统是重要原因之一。这主要表现在：对写字课堂教学的研究不够深入，没有形成高效的课堂教学模式；任课教师对写字教学认识不够，放任现象严重，导致写字水平提高缓慢；对学生的写字水平缺乏科学的评价，学生缺乏书写的兴趣和持之以恒的态度，存在"练字书写"和"作业书写"两张皮的现象。

另外，关于写字教学的教材及相关的参考资料不够完善，能科学、系统指导学生书写的写字教材更是"凤毛麟角"，严重阻碍了写字教学的改革。

4. 写字习惯与姿势严重影响学生的身心健康。

促进学生身心健康发展是我们的教育目标之一。然而，目前小学生的近视率仍有逐年增高的趋势。通过对我校1000名学生写字和读书姿势的调查发现：目前有75%以上的学生都存在写字、读书姿势不正确的现象。在这些学生中，90%的学生出现了不同程度的近视。由此我们也可以看出，不正确的写字习惯与姿势是影响学生身心发展的主要原因之一。

综上所述，课题组在原有写字教学的基础上提出的"关于小学生习字育人教学与实践的研究"，具有较强的现实意义，有利于进一步推进学校教育教学改革的深入发展。

二、本课题国内外主要研究成果与研究现状述评

（一）国外研究

在国外，对于汉字的书写仅局限于少部分国家，关于这方面的研究成果也存在很大局限性。但是"书法教育走向世界"的趋势却越来越明显，尤其是东南亚各国都十分重视书法教学。特别是日本，虽然由于受文字的障碍，书法的风格、书法的层次、书体的种类等尚不如中国，但书法教育的普及面远在中国之上，大有争夺书法霸主之势。1970年3月，日本书法教育协会在文部省的支持下编辑出版了《书写教育概要》一书，作为书法教师们执行教学的准则。自小学三年级起至中学二年级，书法写字课作为一门必修课程，为学习书法，必须认识汉字2000多个。每所学校还有专门的书法教室、专职的书法教师。全国书法杂志有五六百种，书法展也比较普遍，一个县（省）一年举办书法展就有百余次。

自1998年首届"汉字书法教育国际学术研讨会"在美国马里兰大学召开以来，近年来举办了一系列具有国际影响的书法教育国际研讨会议和书法作品国际交流展，汉字书法越来越受西方国家的喜爱。在不断关注海外书法教育发展的同时，也促进了我国书法教育自身的发展与提高。因为在书法传播与教育的过程中，不仅仅传播书法的历史、欣赏书写的技能，还要讲解书法所体现的文化与核心理念。

（二）国内研究

关于书写能力的研究已经不是一个全新的课题，自古至今都有许多教育家进行过这方面的阐述。据《礼记》等古代典籍记载，西周时期即设国学，"书"就是其教育内容之一；春秋时，孔子把书与诗放在同等的地位；唐朝时，京都国子监设"六学""书学"……在近现代，也有许多教育家都强调写字教学的意义与价值。如：郭沫若在为《人民教育》的题词中写道："培养中小学生写好字，不一定要人人成为书法家，总得把字写得合乎规格，比较端正、干净、容易认。这样养成习惯有好处，能够细心、集中意志、善于体贴人。草草了事，粗枝大叶，独断专横，最容易误事，练习写字可以逐渐免除这些毛病。"

教育部也先后在1998年和2002年颁发了《九年义务教育全日制小学写字教学指导纲要（试用）》和《关于在中小学加强写字教学的若干意见》。2011年，在《义务教育语文课程标准》修订版中，又进一步明确了关于学生书写的要求：第一学段（1、2年级）喜欢学习汉字，有主动识字、写字的愿望；掌握汉字的基本笔画和常用的偏旁部首，能按笔顺规则用硬笔写字，注意间架结构。初步感受汉字的形体美。第二学段（3、4年级）的学生对汉字学习有浓厚的兴趣；能使用硬笔熟练地书写正楷字，做到规范、端正、整洁。用毛笔临摹正楷字帖。第三学段（5、6年级）硬笔书写楷书，行款整齐，力求美观，有一定的速度；能用毛笔书写楷书，在书写中体会汉字的优美。

对于小学生写字方法的指导，前人也积累了丰富的研究成果。从唐朝人发明了"九宫格"到后来演变出的"米字格""田字格""井字格""回宫格"，都为小学生的

规范书写提供了多样的方法支持。

另外，关于"书写能力"的课题研究仅《中国基础教育》期刊数据库就录入了183篇文章。有的重点研究"写字育人功能"，如云南临沧市第一中学董大光老师，在《写字课德育功能例说》中从"以书正人"的角度，阐述了写字在培养学生团结协作的精神、助人为乐的社会公德、勤劳朴实的优良作风、为人正直的高尚人格等方面的作用；有的重点研究"写字教学的策略"，如江苏工业园区唯亭实验小学叶瑛在《提高学生整体写字水平教学策略》的研究中，从树立学生写字信心、榜样示范、多方引导、科学评价四个方面论述了提高学生整体水平的策略；有的重点研究"书法教育的现状"，如聊城大学向彬教授在《山东省中小学书法教育现状调查与分析》的研究中，从书法教育的课程设置、书法教育的教材、书法教育的师资三方面开展研究，提出了加大学校对书法教育的重视程度、课程设置符合学生的年龄特点、教材编写要注重书法审美、书法教师的培训要及时跟进等建议。

综上所述，我们可以发现无论国内还是国外都有关于"书写能力"的相关研究，这将是我们课题研究的起点。我们将结合学校教育教学实际，进一步明确课题研究方向，找准课题研究的重点和创新点，以此助推学校教育教学改革的深入开展。

（三）本课题与国内外研究的联系与区别

1. 本课题与目前国内外研究的联系。

本课题的研究离不开国内外关于写字教学的丰富研究成果，尤其离不开古今中外大量的书法教育资料、现行出版的写字教材、指导学生写字教学的策略等方面的研究。如，江苏工业园区唯亭实验小学叶瑛的《提高学生整体写字水平教学策略》，以及聊城大学向彬教授在《山东省中小学书法教育现状调查与分析》的研究成果等，都将为我们的研究提供丰富的研究理论和实践经验。

2. 本课题与目前国内外研究的区别。

本课题既继承了原有的研究成果，又与已有的研究成果有比较大的区别。主要表现在：

（1）在解决学生书写习惯和书写姿势方面，采用常规书写、写字课专题训练、家长配合指导相结合的方式。（2）依托鹿建民老师的《图形格写字法》，提高学生的书写能力，聘请鹿建民老师为专家顾问，定期组织教师培训，提高教师书写水平。（3）在课堂教学模式改革方面，以构建高效的写字课堂教学模式为突破。

三、课题研究的重点与突破点

（一）课题研究的重点

1. 解决学生书写习惯及书写姿势问题，通过常规书写、写字课专题训练、家长配合指导相结合的方式培养学生良好的书写习惯。

2. 解决写字教学中师资力量严重匮乏的问题，通过师资培训提高教师的汉字书写水平。

3. 解决写字教学研究不够系统的问题，构建高效的写字课堂教学模式。

（二）课题研究的突破点

1. 在写字教学改革方面开展研究，构建高效的写字课堂教学模式。

2. 在学生常规写字训练上开展研究，依托鹿建民老师的《图形格写字法》，提高学生的书写能力。

3. 从"习字育人"的角度开展研究，充分挖掘学生书写过程中的育人功能。

4. 提高学生的书写技能和汉字审美意识。

四、课题研究的价值与意义

本项课题研究，以小学语文课程改革的理念为指导，以写字教学和书法教学为抓手，重点从学生身心健康发展、小学生书写技能的培养、汉字审美意识的培养、高效写字教学模式的构建等方面开展研究，以此促进学生综合素质的提高和健康人格的形成。

五、课题研究的目标

1. 培养学生写字的兴趣，提高学生的书写水平，养成良好的写字习惯、写字品质，形成写字技能。

2. 通过加强写字教学，提高学生汉字审美的意识和能力，使学生德、智、体、美、劳等方面得到和谐的发展，达到育人的目的。

3. 通过写字教学的研究，构建高效的写字教学模式。

4. 在写字教学研究过程中，不断积累课程资源，开发以"习字育人"为特色的校本课程。

六、课题研究的内容

（一）核心概念界定

"习字育人"是一个开放性的概念，具有广义和狭义两种含义。广义上的"习字"是指小学生识字、写字、诵读、写作的过程；狭义上的"习字"更侧重于指向小学生的写字过程。因为本课题把写字作为研究的切入点，所以这里的核心概念界定就是指"习字"的狭义概念。

所谓"习字育人"是指教师在指导学生把汉字写得正确、端正、整洁、美观的过程中，在引导学生体验与写字、书法相关的综合实践活动过程中，不断提高学生的语文修养，促进学生的身心健康发展，磨炼学生的意志，陶冶学生的情操，帮助学生形成良好的学习习惯和坚强的意志品格，从而提升学生的综合素养。

所谓"教学实践"是指课堂教学与综合实践活动的有机整合。就本课题研究而言主要是指写字教学、书法教学以及与写字、书法相关的综合实践活动等。

（二）具体研究的内容

1. 通过问卷调查发现学生写字习惯、姿势等方面的问题，制定科学有效的改进措施。

2. 构建高效的写字课堂教学模式。

3. 开发写字校本课程资源，制作写字微课程视频。

4. 制定行之有效的写字评价标准。

七、课题研究的过程与方法

（一）研究思路

本课题由鹿纪林负责主持，以语文教研组为研究主体，全体教师协同参与。本课题以行动研究为主，课题组主要成员分工负责，依托课堂教学和综合实践活动，围绕高效写字教学模式的构建和学生汉字审美能力的提高开展研究，从而将写字教学的综合育人功能落实到日常教育教学工作中，促进师生的共同发展。

（二）研究方法

1. 文献资料法。通过中国知网广泛搜集和查阅文献资料，吸收其他学校在写字方面的经验和研究成果。通过整理、筛选，为课题研究提供科学的论证资料和研究方法，使本课题的研究与实践有更高的起点。

2. 调查法。在研究前、中、后期采用问卷、谈话等方法进行调查，为研究提供科学依据。

3. 行动研究法。针对课题研究目标，不断在教学实践基础上验证、修正教学行为，充实或修正方案，提出新的具体目标，以提高研究的价值。

4. 经验总结法。对在实践中搜集的材料进行归纳、提炼，进行分析、总结，总结出习字育人的方法和途径，让其具备推广价值。

（三）研究的理论依据

关于写字教学的研究已经不是一个新的课题。据《礼记》等典籍记载，我国西周时期即设国学，"书"就是教育内容之一；春秋时，孔子把书与诗放在同等的地位；唐朝，京都国子监设"六学"，"书学"列其中……在近现代，许多教育家都强调写字教学的意义与价值。如：郭沫若在为《人民教育》的题词中写道："培养中小学生写好字，不一定要人人成为书法家，总得把字写得合乎规格，比较端正、干净、容易认。这样养成习惯有好处，能够细心、集中意志、善于体贴人。草草了事，粗枝大叶，独断专横，最容易误事，练习写字可以逐渐免除这些毛病。"

关于写字教学，教育部先后在 1998 年和 2002 年颁发了《九年义务教育全日制小学写字教学指导纲要（试用）》和《关于在中小学加强写字教学的若干意见》。2012年，在小学语文课程标准修订版中，又把写字教学提升到书法教学的高度。

在国外，尤其是东南亚各国都十分重视书法教学，特别是日本，虽然由于受文字的障碍，书法的风格、书法的层次、书体的种类等尚不如中国，但书法教育的普及面远在中国之上，大有争夺书法霸主之势。日本对书法教育极为重视，自小学三年级起至中学二年级，书法写字课作为一门必修课程，为学习书法，必须认识汉字 2000 多个。每所学校还有专门的书法教室、专职的书法教师。全国书法杂志有五六百种，书法展也比较普遍，一个县（省）一年举办书法展就有百余次。

本课题在继承国内外写字教学研究成果的同时，重点挖掘练习写字过程中的"育人"因素，通过写字教学搭建学生素质发展的平台。

（四）研究的过程

1. 准备阶段：（2013 年 9 月—2014 年 3 月）（负责人：高令峰）

（1）进行课题调研，制定课题实施方案，组建课题组，申请课题立项。（2）筹备举行开题论证会、组织课题组骨干教师培训等工作。

2. 研究阶段：（2014 年 3 月—2015 年 9 月）（负责人：陈秀锦）

（1）制定、实施阶段性研究计划。（2）积累、汇总、展示课题研究成果，及时总结反思，撰写阶段性研究报告。

3. 总结阶段：（2015 年 9 月—2015 年 12 月）（负责人：陈秀锦）

汇总阶段性课题研究成果，撰写结题报告，筹备课题结题工作。

4. 推广阶段：（2016 年 1 月—2016 年 7 月）

在附小片区区域范围内推广研究成果。（负责人：高令峰）

八、课题研究的成果

（一）写字制度的建设促进了学校教学工作开展

让孩子"从小写好中国字，长大做好中国人"，这既是学校对写字教学的基本要求，也是我们不懈追求的目标。学校充分认识到写字教学的育德、益智、健体的功能，专门成立以校长任组长，分管副校长任副组长，教务处、教科室以及优秀骨干教师为成员的写字工作领导小组，统领学校写字教学工作的开展。

1. 强化课程管理。为了保证写字工作落实到位，学校把写字教学纳入教学管理之中，根据课程计划，排足写字课，每个级部都增设了一节写字课，做到专课专用。

2. 落实写字制度。每学期初，制订切实可行的工作计划，写字课题小组依据鹿建民老师的《图形格写字》制定各年级写字教学目标、写字教学内容及具体要求。目标的建立，使教师围绕目标开展写字课堂教学，做到有章可循，具体落实。为了营造一种认真写字的氛围，每天中午，学校广播站都播放舒缓、优雅的古典音乐，让学生在轻松舒适的环境中受到美的感染和熏陶，心情愉悦地练字。学生每天定时练字二十分钟，要求语文教师进堂辅导，落实练字内容，同时把学生习字作业作为考核教师的内容之一。

3. 严抓课堂教学。日常写字课是进行写字教学工作的保证，在课堂教学工作中着重体现在三个方面：一是激发学生写字的兴趣，使每个学生都爱写字。二是教给学生写字的方法、技巧，使每个学生都会写字。三是训练学生练字，做到"三会""三心""三常"。

4. 完善评价体系。为了提高学生的整体写字水平，从而达到学生综合素质的提高，学校充分调动语文教师及其他学科教师的工作积极性，发挥教师的主观能动性，形成了一套完善有效的评价体系。

（1）课堂评价方式灵活多样。只有科学评价，才能调动学生的积极性，促进他们书写水平的提高。许多老师都注意到了这一点。在写字课结束前几分钟，教师根据巡视时掌握的情况，采用"点面"结合的方法品评学生的练习情况，指导矫正。所谓"点"，就是抓住几份有代表性的优、差习字本进行品评。好的习字，品味其好在哪里，哪一笔、哪一字描得好、仿得像、临得神、写得美，鼓励其坚持下去，更进一步；较差的习字，评议其差在哪里，演示怎样矫正。所谓"面"，就是让学生同桌或前后交流习字本，互评品评，自我矫正或相互帮正。评价精到、适时、积极、方法灵活多样，有自评、师评、家长评等多种形式。（2）建立完善合理的写字等级考核制度。学校通过写字评价与写字习惯培养相结合、与学科作业评优相结合、与课内与课外书写相结合，建立了一套行之有效的考核机制。对每一堂课、每个学生的写字作品都制定出详细的写字标准，书写正确得一星，姿势正确得两星，笔画扎实得三星，结构匀称得四星，习惯良好、字体美观得五星，达到四星、五星的学生当选为"书法小状元"。每学期开展一次写字等级考试，给不同程度的学生分别颁发写字等级证书。此举大大激发了学生的习字积极性，倍受学生欢迎，"人人争当书法小状元"成为一种荣誉和风尚，我校掀起了习字的热潮。（3）与中考、高考完美接轨，认真对待卷面分。我们每个年级的语文、数学的期末试卷都会有卷面分的存在，满分五分。孩子们有了平时的着力扎实的练习，期末考试都铆足了劲争取获得五分，分数一出来，孩子们的自信心也就来了，而且还有部分同学因为书写的原因把自己的成绩提高了一个档次，这样一来，孩子们会更重视书写，真正地体会到书写的重要性和实用性，使习字育人的功效性得到了大大的提升。

（二）专家引领促进了教师的专业成长

我校依托淄博师专鹿建民老师发明的《图形格写字》，成立了写字教学课题实验小组，定期开展研究活动。根据学校的实际，制定了实施方案，明确了实验课题的总目标、总要求和具体措施，以及分阶段实施的步骤，指导各实验小组有效开展实验活动。

首先，加大师训力度，提高教师写字水平。要切实提高学生的写字水平，教师素质的提高是关键。近几年，我校结合师训工作的开展，狠抓教师的"三字"练习，要求每位教师每天练写一张钢笔字、一板粉笔字，每学期举办一次教师书法展览，要求全员参加，把测试成绩纳入教师的工作量考核，促使广大教师养成练字的习惯，提高教师整体写字水平。

其次，注重身教。教师要以自己正确的写字姿势和良好的书写习惯，在潜移默化中感染学生。进行个别辅导时，要求教师走到学生中去，握着学生的手写一写，让学生看着老师写一写，无形之中老师把自己变成了一面镜子。老师不但可以注意自身的写字姿势，提高写字水平，养成良好的写字习惯，对于学生来说更使他们看到了一个活生生的写字"标本"，使学生在潜移默化中受到了教育。

总之，在课题研究过程中，参与课题研究的教师深刻地体会到教科研在教学中的先导作用，逐步改变了旧有的教学观念，树立了"科研兴教"的意识。老师们系统地学习教学教育理论，不断探索教科研的一些基本方法，精心制作多媒体课件，录制微课，积极参与课题研讨活动，教学能力和课题研究能力有了很大的提高，成为学校的教学能手和教学骨干。同时，本课题的研究，促进了全体教师对教育理论、教材、教学方法的研究，学校已形成了较为浓厚的教科研气氛。目前，学校有省级子课题 2 项，市级课题 1 项，区级课题 1 项；多位老师的写字论文、课例在省市级刊物上发表或在各级比赛中获奖。

（三）习字课程促进了课程资源的开发与利用

1. 编写口诀，激发兴趣。

低年级学生天性好动，缺乏耐心，初学写字，写不好就容易灰心丧气，于是我们就根据学生的兴趣点进行写字教学。老师们就开动脑筋，把执笔方法和写字姿势要领编成朗朗上口的儿歌，把写字教学融在生动有趣的故事中，用口诀或儿歌概括书写规律和要领，易学易记，使其符合低年级学生的年龄特点。比如：低年级孩子都爱看《巴拉拉小魔仙》，里面的咒语孩子们几乎都耳熟能详，于是学写笔画时就把枯燥难懂的写法要领简化成了"写字秘诀"。横画，我们教给孩子用"顿、提、顿，左低右高，两头粗，中间细"来感受横画的运笔过程和其形态的变化。竖画，用"顿、走、提笔出尖或顿、走、收笔右顿向上回锋"来感受悬针竖和垂露竖的不同。平撇，"短而平，就像啄木鸟的嘴巴短而有力。"在学偏旁时，也编了一些口诀帮助学生避免容易出现的问题，如：言字旁，很多学生容易把言字旁写斜了，于是就用口诀"点要高，三点一线"。边念口诀边在黑板上做示范，用一条虚线来标示，学生再写时就不容易犯错了。三点水："三点一弧"用虚线一标，三个点的位置就搞清楚了。口字旁："上宽下窄，永远落在横中线上"，字形和位置清楚明了了。观察字形时，可以用不同的形状来概括，如："人、土"都是三角形。像这样的例子还有很多，每当写字时，学生边写边念叨，既掌握了要领，他们又觉得口诀念起来很好玩。

2. 制作写字微课程，实现写字教学一对一。

为深化课题研究，我们的老师依据课程改革的理念和要求积极开发写字教育课程资源，发挥学校的写字教育优势和先进的电教技术及资源优势，开发富有个性的写字微课程和写字教学软件，分别编写了山东省《书法练习指导》四年级上册和《诵读与写字》六年级上册。由刘钢老师制作的写字教学软件，重点对楷书笔画的特点与写法、常用汉字及其书写要点、汉字结字要点、汉字结构规律及临帖方法做了系统的讲解和演示。吕跟华、司涛两位老师制作的写字微课配合鲁教版语文教材已成体系；陈秀锦和刘钢两位老师做的书法微课程资源分别入围山东省优秀课程资源评选。多位教师开设了微信公众号，时时处处指导学生写字，真正实现了翻转课堂。写字微课程的开发和应用，为我校习字育人特色项目的深入实施奠定了坚实的基础。

3. 运用多媒体，研发写字教学的方法。

汉字讲究变化，其笔画与结构皆有规律可循，因此写字教学也是有法可循的。在图形格写字的基础上老师们又研究出了用《几何》学习中常用的"辅助线法"帮助孩子掌握字形结构及笔画间的变化。比如：学习"方"时，在中间画一条垂线，帮助孩子观察"点、撇的起笔、出钩"均在一条直线上；学习汉字"病"时，借助辅助线帮助孩子观察"两条横与横折钩"长度的变化。借助辅助线，直观形象地帮助孩子观察清楚每个字的书写要领。

（四）习字教学促进了全方位育人的改革

1. 搭建展示平台，创设育人环境。

每一幅书法作品都是一份美的作品，只要不时地对学生进行潜移默化的熏陶，他们就会对书法有进一步的爱好与兴趣。一学期来，我校充分利用学校的橱窗、展板等各种资源，定期刊展出老师及学生的优秀书法作品。各个班级也充分利用其"学习园地"和走廊文化，不断更新本班学生的书法作品，大大激发了学生学习书法的成就感，教室内外随处都能欣赏到同学们的墨迹。我们充分利用一切资源，让孩子们随时随地都能接触书法的美，感受祖国文字的无穷魅力。

2. 家校合一，家长与学生共同学写字。

我们会定期召开家长会，家长会的主要内容就是将写字姿势、写字习惯、写字笔法、写字评价等一系列要求与家长达成共识，让家长们也能明白怎样才能把字写好，怎样教孩子把字写好。因为我们发现，很多家长的执笔姿势和写字方法就不对，怎样在家时能把孩子指导好，所以当务之急，必需家校合力，统一要求和标准，齐抓共管，才能更好地提高孩子们的书写能力。经过我们几个学期下来的磨合，学生不论是在课堂上还是在家中，都能把字写好，书写水平得到了很好的提升和巩固，效果甚佳。

3. 通过习字育人，推进班级的凝聚力。

汉字之间正因为懂得谦让，所以结构才这么美，我们做人也一样。我们通过一个字一个字地给孩子们分析，比如"从"字左边的捺收紧缩短改为点，位置就空出来了，让右边的一撇充分舒展开来，这样才显得这个字有收有放，和谐美观。如果右边的撇没有伸过来，就显得太空，结构松散，在汉字的书写当中，这就叫"穿插"。而右边的"人"的一撇"穿插"到左边"人"字的一点下面，又离不开左边捺的"避让"，这也就是汉字之间的谦让。社会上人人讲谦让，这世界才是美好和谐的人间，班级中人人讲团结，人人懂谦让，大家就是相亲相爱的兄弟姐妹。这样一来，写好字的班级凝聚力、团结性就会大大提高。

4. 严把写字关，培养良好习惯。

汉字是一种形体优美的文字，书写时讲究结构、笔势和神韵。我们经常跟孩子们说写字是一项十分精细的活动，要求孩子们神情专注，注意力集中。长期培养学生的写字注意力，我们引导学生"静心、专心、细心"地写字。长时间坚持不懈地练字，写之前，我们还要让学生全面地分析，从结构到每一个笔画，认真地分析。写字之前垫好垫本、写错之后认真地擦好再写，卷面要整洁，这样下来孩子们就会养成一丝不苟、爱好整洁、做事条理的习惯。

5. 书法欣赏，提升审美情趣与能力。

在书法课上，我们会定期给孩子们展示或者搜集欣赏名家大作以及同学之间甚至学校范围内的优秀学生作品，借此来提升学生们的审美情趣，这样可以陶冶性情，提高自身涵养，受到美的感染与熏陶，提高审美情趣与能力；我们还会经常给孩子们讲书法大家的励志故事，学生们也会在听故事、讲故事的过程中学习书法家们的坚韧的毅力以及百折不挠的精神，进而将此精神运用到自己的学习和生活中去。

6. 传承汉字文化，弘扬民族精神。

文字是一个民族文化的载体。汉字是世界四大古文字之一，也是四大古文字中唯一延续使用至今的。其他的如两河流域的苏美尔文、古埃及文字、玛雅文字都不再使用。所以，这些文字的破解就很难，一位玛雅文字学家说："我无法假充解人。当我凝望着它们之时，我的想象力常常痛苦不堪。"而中国甲骨文的解读就简单得多。汉字也被称为最难的文字，外国人看见汉字就怕，那是因为人们看到的汉字就是一个个的抽象符号。汉字教学应该是高质、科学、有文化地进行，在我们的集体备课中老师们会认真地研究每个汉字的起源，了解其内在的本义，编成通俗易懂的汉字小故事，既方便学生记忆，又使学生真正了解了汉字的内涵，提高审美情趣。

例如："独（獨）"字为什么从犬？"群（羣）"字为什么从羊？《说文解字》讲得非常有意思。过去的狗有三种作用，守家的、放牧的、打猎的。放牧的狗一定是一只狗带着一群羊，所以说"群"字从羊，"独"字从犬。沉默的"默"为什么从犬？因为这里的犬指的是猎狗，猎狗是不叫的，形容它悄无声息地追逐。为什么突然的"突"字是从犬？这里的犬也是猎狗，因为狩猎的时候，猎狗会先在一个地方藏着，看见猎物的时候，会突然跳出。

又如我们经常听到这样的对话："您贵姓？""我姓章。""弓长张还是立早章？""立早章。"这其中就包含了对"张"和"章"两个字的构造的分析。这种分析是一种比较通俗的解释，是对一个汉字的书写结构的分析。《说文解字》："乐竟为一章，从音从十，十，数之终也。"按《说文解字》的分析，"章"从音，因此与音乐有关系，从"十"，是表示结束之意，由此我们知道"章"的本义就是音乐告一段落。我们现在常说的"第几乐章"，这个"章"就是最初的意义。

为了使孩子们更多地了解祖国语言文字的魅力，语文教研组制作了《有趣的汉字王国》微课系列，详细有趣地讲解了多个汉字的造字理据及趣味故事，此微课系列获淄博市微课大赛评比一等奖。

九、存在的问题及反思

写字是小学阶段一项重要的基本功训练，学生写字技能的形成，需要坚持不懈地重复、练写。写字教学要遵循技能形成的规律，要精讲多练，且反复练，直至达到自

动化的程度。

我们的实验坚持立足于校本研究，广泛吸纳各种相似实验的成功经验和方法，认真研究各个领域专家的成果，特别是新课程对实验所注入的活力使得我们能够把握方向。在经历了几年的摸索，也不乏困惑和迷茫中，我们逐渐理清了思路。但是，在研究的科学性、规范性、专业性上我们还存在很多问题：

课题研究不是一帆风顺的，进展情况也并不是我们所预设的一直呈螺旋上升的态势。客观来说近两年年轻教师的不断进入，书写水平得不到保证。课题组也因为各种因素，研究一度裹足不前，如：低年级孩子不正确执笔姿势的纠正还没有找到更有效的方法，提高小学生习字水平策略的研究也仅停留于浅层次，如何科学有效地进行深入研究缺乏相关理论的指导，加强教师的再培训工作刻不容缓；写字教学的评价体系需要进一步完善，如何让练字和生活联系起来，如何让写字活动常规化，校本课程的开发，等等。所有这些，都是我们接下去要努力探究的内容。

主观来说，教师对课题研究的真正价值认识不清，再加上书法教师大多都是班主任、语文教师，工作繁忙，往往事情一多就把写字教学暂且搁置一边，许多常规性的工作也就粗糙马虎了。在今后的课题研究中，要在课题管理规范化、操作有序高效上多下功夫，使写字教育能持之以恒向纵深发展。

不断完善教科研的奖励制度，给予一定物质奖励的同时，可以将优秀教师委以重任吸收为课题中心组成员、承担公开课、优先培训……让教师体验人生的价值，感受工作的美丽。尽可能争取家长、社会的支持，使家庭、学校、社会达成共识，形成"大家都来重视写字教育"的良好社会风尚。善于借鉴他人的先进经验，我们应充分利用这些有利资源，多学习、多交流、多吸收，在不断提升自身业务水平、科研能力、办学品位的同时，树立学校的写字教育新品牌。

【参考文献】

[1] 董大光．写字课德育功能例说［J］．语文教学通讯（D 刊），2012，04．

[2] 叶瑛．提高学生整体写字水平教学策略［J］．教育科研论坛，2007，12．

[3] 向彬，等．山东省中小学书法教育现状调查与分析［J］．聊城大学学报（社会科学版），2012，02．

致　谢

本课题的研究自 2013 年 9 月立项，历时两年的时间，终于得以圆满结束。课题组老师克服种种困难，在保证所承担的学校教育教学工作的前提下，积极投入课题研究，进行了扎扎实实的探索，为课题的最终结题付出了巨大努力，确保了课题的顺利完成。

本课题在研究过程中，得到了市区教科所专家的关注和支持，得到了淄博师范高等专科学校鹿建民教授和王琪教授的悉心指导，得到了区教研室田福深科长的多次指点和帮助，学校领导也给予了我们大力支持，在此谨向他们致以诚挚的谢意！

感谢所有为本课题研究默默付出的人！

本课题的研究取得了一定的成绩，积累了一定的经验，但是由于我们研究水平和能力有限，尤其是理论提升水平有限，课题研究中难免存在诸多问题和不足，恳请领导、专家批评指正。

淄博师专附小习字育人课题组全体人员

2015 年 11 月

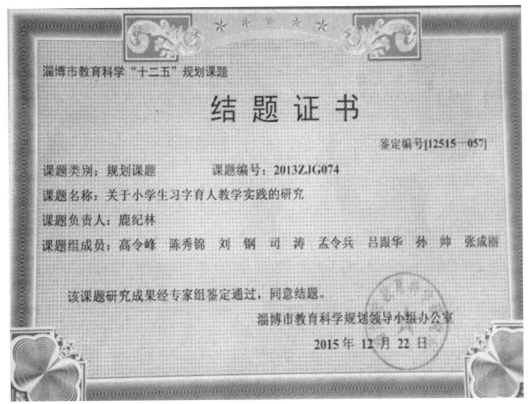

山东省 2012 年少先队工作重点课题 "运用新媒体开展爱国教育的实践研究"

摘　要　随着科学技术的不断进步以及新媒体、文化产业的蓬勃发展，网络等新媒体日渐成为影响少年儿童的思想道德和行为习惯的重要手段。爱国主义教育作为学校德育的重要部分，在新形势下切实加强教育的针对性和实效性，就应充分运用新媒体，为少先队员的成长创造和谐的环境，引领少先队员从小跟党走，培养他们对党和国家的朴素感情。

关键词　新媒体；少先队员；爱国主义教育

一、课题研究的背景

新媒体时代，精彩纷呈，因其具有交互性与即时性、海量性与共享性、多媒体与超文本、个性化与社群化等鲜明的特点，受到人们的喜爱，成为人们生活中不可缺少的一部分。随着互联网、移动通信等技术的迅猛发展，新媒体已经成为少年儿童的重要生活方式和成长环境。团省委副书记陈必昌在省少工委六届三次全体会议上的讲话中指出，要深入研究信息时代少年儿童新的沟通、交流、集聚方式和新媒体的规律和特点，积极开展少年儿童乐于参与的新媒体引导活动，探索实现少先队组织根本任务的新途径、新载体、新方式。

我校一直高度重视对少先队员的爱国主义教育，教育方式丰富多样，如思想品德课、主题班队会、参观纪念馆和博物馆、学唱革命歌曲、入队仪式、扫墓、升旗仪式等。在新媒体时期，面对新的挑战，怎样让爱国主义教育深入队员的心灵，如何踩到新媒体与爱国主义教育的契合点，使爱国主义教育找到土壤，蓬勃发展，已经成为我们面临的新课题和新任务。

二、课题研究的内容

1. 调查、研究我校少先队员接触新媒体的状况。
2. 探索新媒体与培养少先队员爱国情感的结合点。
3. 研究如何发挥新媒体的影响力，培养少先队员朴素的爱国主义情感。

三、课题研究的概况

我校充分认识到运用新媒体开展爱国主义教育将会成为教育工作新的渠道，于是成立"运用新媒体开展爱国教育的实践研究"课题组，研究的主要问题是少先队员接触新媒体的状况，探索新媒体与培养少先队员爱国情感的结合点，如何发挥新媒体的影响力培养少先队朴素的爱国主义情感。以行动研究法为主，辅以调查法、文献法、观察法，以三、四、五年级的 15 个中队、640 名队员为研究对象进行课题研究。

我们重点进行以下工作：

1. 广泛搜集、阅读、借鉴相关的文献，为课题研究打下理论基础。

2. 发放调查问卷，调查、搜集、整理队员接触多媒体的情况，为实施课题铺路搭桥。

3. 依托多媒体，立足少先队，结合实际，探索切实可行的贴近队员生活的爱国主义教育活动，凸显多媒体的优势。

四、课题研究成果

（一）我校少先队员接触新媒体的现状

课题组通过问卷的方式对三、四、五年级的 640 名队员接触新媒体的情况进行了调查。调查情况如下：

1. 调查问卷。

（1）你的年龄是：

    A：10 岁   B：11 岁   C：12 岁   D：13 岁

（2）你的性别是：

    A：男   B：女

（3）你的家中是否有电脑？

    A：有   B：没有

（4）你家中的电脑是否可以上网？

    A：可以   B：不可以

（5）学校的教室里是否有电脑？

    A：有   B：没有

（6）学校教室里的电脑是否可以上网？

    A：可以   B：不可以

（7）你有自己的 QQ 号吗？

    A：有   B：没有

（8）你是否加入过 QQ 群？

    A：加入过   B：没加入过

（9）你有自己的博客吗？

    A：有   B：没有

（10）你是否经常写博客？

    A：经常写   B：偶尔写   C：不写

（11）你有自己的微博吗？

    A：有   B：没有

（12）你是否经常写微博？

    A：经常写   B：偶尔写   C：不写

（13）你有自己的电子邮箱吗？

    A：有   B：没有

（14）你使用过百度搜索资料吗？

    A：用过   B：没用过

（15）你上网时看网络电视吗？

    A：看   B：不看

（16）你经常上网玩网络游戏吗？

    A：经常玩   B：偶尔玩   C：不玩

（17）你上网时经常逛论坛吗？

    A：经常   B：偶尔   C：从不

（18）你在网上看过关于爱国主义教育的视频吗？

    A：经常   B：偶尔   C：从不

（19）你用网络搜集过关于爱国主义教育的资料吗？

    A：经常   B：偶尔   C：从不

2. 问卷结果。

（1）年龄分布在 10～12 岁之间。男：350 人 女：290 人

（2）有电脑：640 人 没有电脑：0

（3）可以上网：610 人 不可以上网：30 人

（4）有电脑：640 人 没有电脑：0

（5）可以上网：640 人 不可以上网：0

（6）有自己的 QQ 号：640 人 没有：0

（7）加入过 QQ 群：640 人 没加入过：0

（8）有自己的博客：640 人 没有：0

（9）经常写博客：390 人 偶尔写：250 人 不写：0

（10）有微博：204 人 没有：436 人

（11）经常写微博：0 偶尔写：147 人 不写：493 人

（12）有邮箱：640 人 没有：0

（13）用过百度：640 人 没用过：0

（14）看网络电视：630 人 不看：10 人

（15）经常玩网络游戏：160 人　偶尔玩：480 人　不玩：0

（16）经常逛论坛：80 人　偶尔：330 人　从不：230 人

（17）经常看：98 人　偶尔看：215 人　从不：327 人

（18）经常用：467 人　偶尔用：134 人　从不：39 人

3. 问卷分析。

（1）学校处在城区，学生家庭经济状况良好，家庭电脑配备率达到100%，上网率95.3%，学校每个教室都配备电脑及电子白板，校内上网率达到100%。（2）学生对常用的网络沟通软件使用率较高，QQ、博客、电子邮箱、搜索引擎这些工具使用率达到100%，对微博、论坛的使用不高。（3）所有的学生都玩过网络游戏，经常玩的学生只占25%，需要进行恰当的引导，同时75%的学生偶尔玩，存在一定的隐患。（4）学校重视爱国主义教育在各学科的渗透，经常组织学生搜集相关资料，有73%的学生经常用网络搜集资料，仅有15%的学生会用网络观看爱国主义教育的视频资料。

综合以上分析，学校的硬件、软件为课题的开展提供了有力保障，同时我们发现学生利用新媒体接受爱国主义教育意识比较淡薄。而运用新媒体进行爱国主义教育与传统爱国主义教育方式相比有许多不同特点：新媒体的交互性特征可增加受教育者参与的主动性；新媒体的跨时空性使传播不受时间和空间的限制，它可以把教育信息24小时不间断地传到各地，受教育人数众多；运用新媒体进行爱国主义教育，能按照需要及时变更教育内容，实时灵活，方便快捷，易于使用，而且运行成本低；多媒体综合运用，表现形式多样，内容丰富；新媒体的人性化特征使受教育者和教育者更容易沟通。

针对学生接触新媒体的现状，迫切需要探索运用新媒体对学生进行爱国主义教育的方法与途径。

（二）我校运用新媒体开展爱国主义教育的探索

1. 建立"爱国主义教育网络活动室"。

我校是一所教育信息化示范学校，网络覆盖率达100%，校园内实现无线上网，每个教室配备电脑、投影、电子白板，现有网络教室3个，多媒体报告厅1个，信息技术课从三年级开始开设，每周1节。学校认识到仅仅让这些设备在课堂上发挥作用是远远不够的。为了更好地发挥新媒体的作用，实现信息化设备利用的最优化，打造信息时代少先队员爱国主义教育的主阵地，学校把网络教室、多媒体报告厅作为"爱国主义教育网络活动室"，每天定期向少先队员开放，有专门老师指导。

2. 观看爱国主义教育影片。

爱国主义教育电影是弘扬民族精神和时代精神、唱响时代旋律的精神文化产品，是进行爱国主义教育、建设社会主义核心价值体系的重要载体。各中队每周推荐一部适合少先队员年龄特点的影片，利用课余或下午活动观看。观影前，先向学生讲明影视片的历史背景、主要内容及其思想艺术价值，布置好征文题目，让学生带着求知欲望观看内容；观影后，通过召开主题班会、讲演会、座谈会、读观后感等形式激发学生的爱国热情。各中队紧紧围绕学校德育工作计划，紧紧围绕小学语文教学内容，推荐的影片异彩纷呈，如有的结合三月份"学雷锋"活动，中高年级推荐的影片是《离开雷锋的日子》，低年级推荐是动画版《雷锋》；有的中队结合语文课的学习，推荐与课文相关的影片，如《闪闪的红星》《小兵张嘎》《小英雄雨来》，高年级的中队推荐最新上映的影片，如《建国大业》《十月围城》《集结号》。在"爱国主义教育网络活动室"里，有的中队集体组织队员进行观看，有的队员约上好朋友一起看，通过一组组镜头，队员们感受到了革命英雄人物的英雄事迹带来的震撼和感动。

三（1）中队白婧月在观看了《闪闪的红星》后写道："冬子虽然失去了母亲，但是他以苦为乐，自强不息，在战斗中不断成长。而我们呢，生在新中国，长在红旗下，没有吃过苦，没有受过难，沐浴着阳光雨露，享受着幸福快乐，我们怎能不好好珍惜呢？冬子坚信苦难的日子不会太长，寒冷的冬天一定会过去，温暖的春天一定会来到！我们缺少的不正是这样的精神吗？每当我们遇到一点小困难，就畏缩不前，遇到学习中的'拦路虎'不去动脑筋想办法解决，而是推三推四，借口理由一大堆。比起潘冬子，我们实在是差远了。那颗熠熠生辉的红星，代表理想与希望，它指引潘冬子战胜了许多困难。这颗闪闪的红星，也将永远照亮我前进的道路，时时催促着我奋发向上，勇往直前，它是我心中最亮的一颗星，更是我心中的一颗启明星。"

五（5）中队的王毅政在观看了《集结号》后，发出了这样的感叹："电影结束了，我的心情却久久不能平静，我被一股精神深深地震撼着。'一切行动听指挥，一切以国家和集体利益为重'，那些战士们在重要关头没有为了保全性命违反军令，放弃阵地，而是在炮风弹雨中英勇献身，毫不退缩，我懂得了什么是'铁的纪律'，什么是'永不放弃'，深深感受到革命先烈们为国捐躯的英雄气概。'前事不忘，后事之师'，作为新时代的少年儿童，我们应该记住，今天的美好生活都是由先烈们用鲜血换回来的！我们不应该只享受不付出，不能成为温室里的花朵，只绽放美丽却耐不住严寒。我们要像《士兵突击》里的许三多那样，要像'胡杨树那样，能活九百年，三百年生而不死，三百年死而不倒，三百年倒而不朽'，要发奋学习，锻炼好身体，将来为祖国的建设出一份力。"

通过这样的方式进行爱国主义教育，受到队员的欢迎，极大地激发了少先队员的爱国主义热情，增强了队员为建设祖国而发奋学习的自觉性和为振兴中华做贡献的历史使命感，增强青少年学生对党和政府的信任感，增强学生对中国共产党的浓厚感情。

3. 积极参加网络主题活动。

由中央文明办、教育部、共青团中央、全国妇联共同举办的全国未成年人"向国旗敬礼、做一个有道德的人"网上签名寄语活动于 2012 年 9 月 15 日—10 月 15 日期间举行。各中队积极开展此项活动，引导少先队员通过向国旗敬礼、发表祝福寄语，借助网络表达爱国之情，争做一个有道德的人。队员们发表的寄语感情真挚，发自肺腑，令人鼓舞。

三（3）中队的李清禾写道："每当看到国旗升起，我心里就很激动，我为我的祖国感到自豪。"四（4）中队的许朝阳："我自豪因为我是中国人，我爱我的祖国，我爱五星红旗，我愿意在五星红旗下茁壮成长。我要好好读书，长大后我一定报效祖国。我向国旗敬礼。"

生活中的活动，一旦与网络相结合，学生的兴趣就大增。由此，我们通过"青少年爱国主义网"网站，开展了"微博祭英烈，共铸中华魂"活动。网站中既有队员们熟悉的领袖、先烈，也有陌生的英雄、模范。我们利用这个网站，通过瞻仰遗容、缅怀业绩、敬献鲜花、发表留言、微博寄语等活动，对队员进行革命传统教育和爱国主义教育，使他们体验民族精神的伟大内涵，接受民族精神的洗礼，陶冶情操。

4. 用好博客、论坛、QQ 等平台。

博客、论坛、QQ 等是队员常用的网络平台，我们利用这些平台举行了各种各样的具有爱国意义的活动。例如，五（5）中队在学习论坛里开展了"我眼中的李白——我国伟大的诗人李白网上研究"活动；有的中队在班级博客中交流了"为谁而学"，由语文老师发起帖子，队员们争先留言，其中有位同学这样写道："'为中华之崛起而读书！'这是周恩来小时候的铮铮誓言，今天我们应该'为中华之富强而读书！'"这些活动的举行，增强了队员的民族自尊心和民族自信心；使队员懂得了"国家兴亡，匹夫有责"，树立了队员的爱国主义思想。

5. 开展网络班队会。

随着信息社会进一步深入我们的生活，网络文化将渗透到学校教育的各个层面，为队员提供了越来越广阔的学习空间。在班队活动中利用网络文化对队员进行的德育教育能够使队员更容易接受。如组织队员开展"红领巾心向党""爱国知识网上测试"等主题队会，四（4）中队结合今年"全国优秀少先队员、优秀辅导员颁奖仪式"开展了"寻找最美少先队员"网络班队会，队员们首先一起观看了颁奖视频，然后通过 QQ群，争先发表自己的感言，最后通过制作电子小报或电脑绘画的形式把"最美少先队员"精神和事迹表达出来。通过开展这样的系列教育活动，使队员在集体活动中达到队员之间的互相感染，互相促进，通过具体、生动的教育素材，加上队员的亲身参与，加深他们对祖国的认识，深入发现他们的爱国情感。

五、课题研究的思考与问题

1. 挖掘现有的网络资源，拓宽教育阵地。

在课题的研究过程中，我们发现了很多优秀的教育网站，如"青少年爱国主义教育网"：包含了丰富的新媒体项目，不仅结合了视频、文字、图片，还有独立的爱国主义百科系统和爱国知识问答系统、网络祭奠、虚拟纪念馆等，整个网站建立了较为齐全的革命运动纪念馆和革命人物纪念馆，这些纪念馆内有完整的历史信息，整个馆藏是对民族历史的系统呈现和架构。再比如央视网"我的祖国——爱国主义教育基地网上展馆"：以中华五千年历史文化和自鸦片战争以来中国近代革命史为展陈结构，以实体博物馆、纪念馆的馆藏史料和珍贵文物为主体内容，网民可通过多种途径查询到自已感兴趣的网上展馆。另外还有"中国未成年人网""春苗网"等，这些资源还有待于我们更加深入去学习、使用，从而拓展教育阵地。

2. "新旧"结合，打造新篇章。

运用新媒体开展爱国主义教育必须和传统爱国主义教育相结合。我校开展的传统方式的爱国主义教育有着坚实的基础，积累了丰富的经验，拥有一大批有经验的中队辅导员，而运用新媒体开展爱国主义教育目前尚处于探索阶段，在一定程度上还只是对传统爱国主义教育方式的简单模仿和借鉴。这需要我们进一步探索和研究，将两种方式相结合，发挥各自的优势，相辅相成，定能使爱国主义教育更加生动活泼，更加形式多样，更容易为少先队员所接受。

3. 存在的问题。

虽然我们在研究过程中取得了些收获，但是也发现了一些问题。比如对利用新媒体进行爱国主义教育的作用认识不足，没有在思想上形成广泛的共识；用于网络爱国主义教育的信息内容较少，没有系统化；缺乏学术性探讨的氛围；缺少对现有网络爱国主义教育资源的优化和统一管理；缺乏自主开发和制作宣传爱国主义教育的新媒体作品的意识等等。

爱国主义是个永恒的话题，而爱国主义教育始终是学校教育的重点，爱国主义教育与新媒体相结合的课题将会继续深入下去。本文只是进行了浅显的分析，因研究者理论上的欠缺与实践上的浅表性，使得这个课题的研究在科学性、严谨性等方面有待于进一步的深化、开掘和提升，希冀得到专家、领导的不吝赐教，使本课题研究臻于完美，从而更好地为学校德育工作服务。

2012 年 12 月 6 日

附：课题组成员

    课题主持人：鹿纪林

    执　笔　人：李　萍

    课题组成员：贾　玲　李　萍　马翠芹　李鲁宁　司　涛

              李晨光　马　刚

附件：山东省少工委　山东省少先队工作学会文件

山 东 省 少 工 委
山东省少先队工作学会

鲁少联发〔2013〕2号

关于 2012 年山东省少先队工作重点课题
研究成果发布的通知

各市少工委、少先队工作学会：

根据《关于组织开展山东省 2012 年少先队工作重点课题研究评选的通知》（鲁少联发〔2012〕5 号）要求，各市少先队组织积极开展少先队课题申报，认真进行专项研究，形成了一批有价值的课题成果。经少先队工作专家、相关教授学者评审，省少工委、省少先队工作学会审定，共有 31 个立项课题获得结题。

获得结题的课题，围绕新形势下少先队组织履行根本任务的新路径新载体、少年儿童群体成长发展的新变化新特点新需求、"心愿直通车"少年儿童关爱行动的深入开展、新媒体与少先队活动创新、少先队辅导员队伍建设和少先队文化等主题进行了深入研究和系统阐述，主题明确，内容翔实，兼具时代意义和理论价值，对于推动我省少先队工作深入发展具有指导和借鉴意义。现将结题成果予以发布（见附件），并联合山东省青少年研究所结集汇编成册（《青少年研究》——山东省少先队工作理论研究专刊）。希望各级少先队组织广泛交流和借鉴课题成果，不断深化少先队活动的研究探索，大力加强少先队理论工作，为推动少先队事业创新发展提供理论支撑。

附件：2012 年山东省少先队工作重点课题研究成果名单

山东省少工委　山东省少先队工作学会
2013 年 5 月 2 日

附件

2012 年山东省少先队工作重点课题
研究成果名单

（共 31 个，以地市顺序为序）

1. 《七彩德育，雅行课程，成就阳光少年》
——济南市天桥区实验小学课题组

2. 《德育校本课程的构建及其活动实践研究》
——济南市无影山小学课题组

3. 《创新工作形式，丰富活动内容，推进"心愿直通车"少年儿童关爱行动深入开展的研究》
——青岛市北仲路第二小学课题组

4. 《灌输培养少年儿童对党和社会主义祖国朴素感情基本规律和有效载体的研究》
——山东省即墨市鳌山卫镇盘龙小学课题组

5. 《善的教育——少先队德育活动完善与创新研究》
——青岛市嘉峪关学校课题组

6. 《进城务工人员子女、农村留守儿童、贫困家庭子女群体特点和成长需求的研究》
——山东省胶州市中云小学课题组

7. 《创新工作形式，丰富活动内容，推进"心愿直通车"少年儿童关爱行动的深入开展》
——青岛市李沧区教体局课题组

8. 《增强少年儿童对团队组织的认同感和归属感初探》
——山东省即墨市长江路小学课题组

9. 《少先队辅导员队伍建设研究》
——山东省胶州市第二实验小学课题组

10. 《优秀典型在教育引导少年儿童中的重要作用》
——青岛市鞍山二路小学课题组

11. 《运用新媒体加强少年儿童团结、教育和引导工作的研究》
——青岛市平安路第二小学课题组

12. 《和谐　幸福　成长——少先队文化建设研究与探索》
——淄博市临淄区齐陵街道中心小学课题组

13. 《运用新媒体开展爱国教育的实践研究》
——淄博师范高等专科学校附属小学课题组

14.《爱心温暖童心——关于开展"心愿直通车"少年儿童关爱行动的研究》

——枣庄市立新小学课题组

15.《加强团、队组织与社会公益组织合作，深入推进"心愿直通车"少年儿童关爱行动》

——东营市东营区第三中学课题组

16.《少先队文化建设研究与探索》

——东营市河口区实验学校课题组

17.《进城务工人员子女群体特点和成长需求的研究》

——山东省昌邑市奎聚街道南隅小学课题组

18.《灌输培养少年儿童对党和社会主义祖国朴素感情有效载体的研究》

——潍坊市坊子区三马路小学课题组

19.《特殊群体学生——单亲家庭学生群体特点和成长需求的研究》

——山东省青州市邵庄镇邵庄小学课题组

20.《新媒体和现代时尚元素在教育引导少年儿童中的影响作用研究》

——济宁市北湖小学课题组

21.《发挥少先队作用 培养农村留守儿童学习习惯的实验研究》

——山东省兖州市大安镇唐庄小学课题组

22.《灌输培养少年儿童对党和社会主义祖国朴素感情基本规律和有效载体的研究》

——泰安市第一实验学校课题组

23.《农村留守儿童群体特点和成长需求的研究》

——山东省肥城市安驾庄镇中心小学课题组

24.《农村留守儿童关爱形式创新研究》

——山东省宁阳县东疏镇第一小学课题组

25.《少先队德育主题活动的实践与研究》

——泰安市岱岳区岳峰小学课题组

26.《中队文化建设研究与探索》 ——山东省新泰市第一实验小学课题组

27.《特殊群体少年儿童特点与成长需求的探究》

——山东省荣成市东山完小课题组

28.《感恩教育的实践与研究》 ——莱芜市莱城区莲河学校课题组

29.《留守儿童现状分析与对应策略》

——山东省沂南县岱庄中心小学课题组

30.《探索如何在农村留守儿童中开展"心愿直通车"》

——山东省沂水县蓝天希望小学课题组

31.《小学生良好习惯养成研究》 ——山东省阳信县第一实验小学课题组

山东省少工委办公室 2013 年 5 月 2 日印发

全国教育科学"十二五"规划"中国中小学生英语
分级阅读体系标准研制"课题子课题

小学英语分级读物教学研究

课题负责人：鹿纪林

课题组成员：李菲菲　宋学瑾　王庆云　孟　乔

　　　　　　张　程　齐姗姗　杨　聃

一、研究背景

（一）课题背景

随着社会的发展和课改的深入，我们都普遍认识到阅读的重要性。然而，教材中的课文不能给孩子完整的语篇输入，老师们也缺乏必要的阅读策略的指导，以至于阅读局面很难有进一步的开展。我们申请绘本分级读物的课堂教学的研究，希望能有效地整合课本和课外阅读资源，引导孩子学会阅读，能"走进文本"感知故事，获取信息，梳理结构，亦能"走出文本"，创编故事，运用语言。希望能通过"读前—读中—读后"的学习，帮助孩子养成阅读的良好习惯，提高阅读技能，达到自主阅读和自由运用语言的目的。

（二）课题意义

1. 教师层面。

（1）通过本课题的研究，使课题组成员对小学英语阅读教学的策略和指导方法有更深入的理解和实践。（2）通过本课题的研究，教师自身的英语阅读水平、理论水平、专业素养和教科研能力将会有所提高。（3）先进的阅读教学模式有利于提高英语教学质量。

2. 学生层面。

（1）使学生养成热爱读书的好习惯，形成良好的阅读策略，让自觉、快乐阅读成为学生日常生活的常态。（2）在阅读中获取大量的生活经验和信息，使学生的综合运用语言能力、审美能力和自主学习能力得到提高。（3）帮助学生了解中西方文化差异，拓宽视野，培养爱国主义精神，形成健康的人生观，为终身学习和发展打下良好的基础。

二、研究目的与研究内容

（一）绘本阅读与教材的整合

教材提供的内容都是片段，不是完整的语言输入，而绘本则是完整的语言输入，绘本阅读能够补充教材的缺陷，完善语言输入。如果在教材的基础上能整合与教材话题一致的绘本，更能拓展孩子们的语言、知识面，了解更多关于语言和文化的知识。

（二）通过阅读巩固自然拼读规则

在课堂中已经渗透了部分自然拼读的内容，但是只是学习，还没有真正用到阅读中。通过阅读可以巩固自然拼读的规则，在使用中加强规则的练习，反之，更能促进阅读的有效性，促进学生阅读速度的提高。

（三）阅读结果的反馈和评价。

阅读自然是好的，但是学生的阅读量与其语言知识储备、语言运用能力以及思维能力是否成正比，个人认为除了课堂教师的引导，还与阅读结果的反馈与评价有很大的关系，因此，这也会是我们研究的一个方面，如何反馈和评价能够更好地促进孩子

们的阅读。

三、实验设计

（一）研究问题

阅读能够为学生提供完整的情境，提供完整、有效的输入，在正确阅读策略的引导下，能够引发孩子的思维，从而形成学生运用语言的能力。

（二）研究过程

1. 检测学生的现有水平，并确定读物的选择范围。

2. 安排每周一次的阅读课，在教师的引领下能够掌握简单的阅读策略，培养阅读兴趣和习惯，并通过自制书引导学生输出。

3. 扩充课外阅读的数量，增加学生的阅读量。

4. 定期根据学生的状态撰写调查报告、搜集数据等。

（三）研究方法

1. 通过前期检测，对学生、家长的调查问卷、访谈等，了解孩子的阅读能力和阅读量。

2. 根据实验数据和分析，随时调整教学内容。

四、实施计划

课堂阅读教学记录表（2016 年春季学期）

班级名称	班级性质	班额	英语教师	教学用书名称	课时安排及具体方案
三年 5 班	实验班	54	李菲菲	大猫 2 级 1 大猫 2 级 2	本学期讲 11 本书，根据教材情况为每本书分配一课时或两课时
二年 2 班	实验班	54	齐姗姗	X 计划 大猫 2 级 2	本学期讲 11 本书，根据教材情况为每本书分配一课时或两课时

持续默读记录表（2016 年春季学期）

班级名称	班级性质	班额	英语教师	每周 SSR 次数	课时安排及具体方案
五年 6 班	实验班	53	王庆云	3	每节课前 10 分钟

五、实验执行过程以及完成的任务

我校的子课题实验包括课堂阅读教学和持续默读两种实验方式。课堂阅读教学主要由李菲菲和齐姗姗两位老师分别在三年级 5 班和二年级 2 班进行，持续默读教学由王庆云老师在五年级 6 班展开。

以下主要先介绍两位老师在课堂阅读教学中的执行情况：

（一）课堂阅读教学的教材的选择

根据前测成绩，三年级 5 班的部分孩子都在二级水平，所以三年级 5 班选定了大猫系列的二级 1 和二级 2，二年级 2 班选定了 X 计划的第二级和第三级。但是在实际的操作过程中，二年级 2 班完成了 X 计划第二级，三年级 5 班完成了大猫二级 1 和两本二级 2 的绘本。

1. 教学计划的执行情况。

班级不同，教学计划也不尽相同。

2. 具体教学计划如下。

本学期共有 19 周，16 本绘本，制订具体教学计划：

（1）每周一本绘本。（2）在绘本中巩固所学的 26 个字母的基本发音。（3）通过绘本学习，发展学生的思维，提高孩子的阅读兴趣和阅读能力。

但是，在具体的执行过程中，三年级 5 班没有完成既定的教学计划。一是因为一周一课时保证不了，二是因为孩子的水平参差不齐，老师尽量寻找到一个平衡点，让高水平的孩子能"吃饱"，也让低水平的孩子"吃上饭"。因此调整教学进度，有的绘本 1 个课时就能完成，有的绘本 2 课时才能完成，只完成了 11 本。但是这并不影响孩子们对于 26 个字母的巩固，遇到需要拼读的单词，百分之九十的孩子都能拼出 26 个字母的基本发音。当然孩子的阅读兴趣也有很大提高，只要看到我打开外研社的教学系统，就很兴奋地问我："今天我们学哪本？"每次到暑假打开盒子拿书的时候就会贪婪地多留一会，等到讲到这个绘本的时候，孩子们总会把故事情节猜得八九不离十，说"上次拿书的时候我早就看过了"。

（二）持续默读教学实验的教材选择

1. 平时学习的教材统一用山东科技版五年级英语。实验班开展持续默读的书籍主要来源于外语教学与研究出版社的绘本，还有部分其他出版社的英文绘本，总共 180 本书。教师依据图书出版号为每一本图书编号，便于学生借阅和记录时使用。为了便于借书和管理，全班分为 9 个小组，每个小组 6 人左右。在班里建设图书角。班级里的图书角是开放式的，学生可以自主从图书角选书，只需要在借阅本上登记上自己借阅的图书名称和借阅时间。每个小组的借阅本由阅读小组长管理，这就避免了学生排队登记，也可以让优生带动差生。班里的孩子按照学号先后顺序轮流做图书管理员，轮流对图书角进行整理，查看借阅记录并管理。并且，鼓励学生将自己的图书借给图书角，分享给大家阅读。

2. 实验改进和建议。

通过持续默读的开展，我发现孩子和老师们都有了一些显著变化。如学生的阅读兴趣明显提高，对已经习得的词汇又得到巩固，知道了他们更多的用法；提高了孩子的词汇量，培养了好的阅读习惯，注意力开始转移到对书本故事内容的整体理解，文本意识增强；而且还会利用图片帮助自己理解，开始学会猜测部分生词或句子的含义。在持续默读期间，老师也一点一滴地随着孩子进步，如教师的阅读兴趣提高，有了阅读英文绘本的习惯。老师通过书籍更好地和孩子沟通，更加了解孩子的世界，了解了更多好的故事，在平时的阅读教学中，发现了更多素材。

3. 但是在实验期间也有一些问题困扰着我们。如：

（1）部分孩子选的书太难，有一个孩子选的书过于简单。因为大家基本上是通过网络买书，所以有不少孩子书没有选好。过难或者过易都不利于孩子的阅读。（2）让孩子把重点放在故事的理解上。但是如果生词过多会直接影响阅读。所以部分孩子来找我问单词，这浪费了时间。生单词过多也影响了孩子的阅读乐趣。（3）部分孩子进入阅读状态慢一些，有些孩子阅读时间结束还想读。（4）有几本书是英汉都有，孩子容易把精力放在汉语上。孩子说先是读汉语的，读完了再读英语。但我个人认为，这可能降低了孩子直接阅读英语时带来的兴趣。

要想改进这些问题，持续默读还要继续。即使课题结束，老师依然坚持让孩子读书。另外，在买书的时候老师和家长一定把好关。召开家长会，老师会详细地说明如何选择一本合适的书。阅读完一本书后，可以在网上或者乐教乐学开展一些有意思的活动，让孩子课下交流，分享自己的阅读成果，这也间接地提高了孩子的兴趣。部分基础太差的孩子可以安排和成绩好的共同读一本书，这样两人共同读书，可以带动成绩差点的孩子的阅读水平。班级还开展共读一本好书的活动，看完后，大家互相交流，说一下自己的体会。

（三）教师专业能力培训

专业能力培训主要结合教研组的教研活动时间和外出学习两部分构成。教研活动主要是教研的听评课、课例学习和专家讲座、书籍学习。本学期我们主要围绕故事教学进行课例打磨，主要是由李菲菲老师执教的五年级的小故事 *Losing Weight*，在此基础上我们共同阅读李静纯老师的《小学英语故事教学》。外出学习主要有 2015 年到桓台实验学校听北京高菲菲老师的课，聆听其学校的英语学科和英语阅读室的建设情况；2016 年 3 月到桓台实验学校听北大附小霍文保老师的课，聆听王蔷教授关于中小学阅读分级体系的标准；2016 年 5 月到青岛城阳仲村街道小学听课，聆听马欣教授的讲座。

（四）学生阅读活动的组织

我们采取了课堂阅读与课外阅读、纸质绘本与电子绘本、名家绘本与原创绘本相结合的模式。课堂上一起学习绘本，课后一起作业网补充阅读，读完名家绘本，再相互分享同学的原创"mini - book"。

六、实验的主要成果

仅仅一个学期的实验，让我们收获颇丰。虽然我们预期目标还没有全部完成，在探索具体阅读评价体系上仍需继续努力，但我们一致认为我们打开了孩子阅读英语的大门，开拓了孩子们的视野，让阅读渐渐成为一种习惯。

老师们经过一个学期的实验，也从之前的懵懵懂懂，开始沉下心来阅读有关阅读、有关思维的书籍，安静地思考如何更好地开展阅读教学，更好地促进学生的语言、思维的发展，老师们的阅读水平、理论水平和专业素养呈现上升趋势。同时，在自己的课堂教学中，老师不仅仅只是围着单词转，而是通过文本让孩子在语境中感知，作业的布置也不再仅仅局限于背单词、背课文，而是结合一起作业网中的绘本，按照主题、结合课本，为孩子们补充阅读材料。此外，还利用外研社教学系统中大量的绘本资源在课堂上开展绘本阅读，课堂教学由以前的一个一个点变成了现在的由点到面，孩子们的输入量更大、更广了。

七、实验的创新点和特色

实验的创新点和特色在于纸质绘本与电子绘本相结合、现实与虚拟相结合。纸质绘本与一起作业网、互动教学系统中的电子绘本相结合，扩大了学生的阅读量。在语言输出方面主要是课堂朗读、mini－book 制作与乐教乐学平台相结合，促进孩子的输出，并且也为其他孩子提供了参考、学习的范例，提高了孩子想说、能说，想做、能做的欲望。

八、实验中出现的问题及有待改进的地方

1. 自然拼读的学习还需要深入和加强，有一部分孩子因为生词畏惧阅读，不敢阅读。

2. 课时需要增加。三、四年级一周只有两个课时，能完成教材中的内容已经是捉襟见肘，再加上一个课时的阅读时间，会有一部分孩子非常吃力，如果一周四节课，就会相对容易些。

3. 持续默读中的选书问题。因为学校没有英语图书室，班级没有英语读书角，大部分英语书都是孩子们自己带来的，这就导致了选书出现不符合学生情况的问题，偏难或者偏容易，都极大地影响了学生的阅读积极性。

4. 关于阅读，教师的理论和经验相对匮乏，缺少专家的引领和指导。

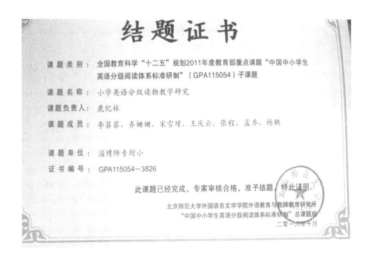

全国教育科学"十二五"规划 2014 年度国家一般课题

智慧学习环境的建构与应用研究

（课题批准号：BCA140051）

子课题　基于大数据的教学和学习行为研究

一、学校概况

淄博师范高等专科学校附属小学，建于1987年，学校占地13543平方米，建筑面积5284平方米，28个教学班。现有教职工83人，高级讲师6人，研究生学历4人，本科及以上学历占比100%，36%以上的教师执教过省级及以上公开课，近20人被授予省市特级教师、师德标兵、优秀教师、学科带头人、教学能手、优秀班主任等称号。

学校坚持"一切为了学生的发展，让学校充满生命活力"的办学理念，以"创办理念先进、特色鲜明、质量一流的山东省品牌学校"为目标，深入实施素质教育，形成了以"双语教育、国际交流、信息化教育、艺术教育"为代表的办学特色。学校先后荣获少先队全国雏鹰大队、山东省文明单位、山东省规范化学校、山东省教学示范学校、山东省艺术教育示范学校、山东省电化教育示范学校等近百项荣誉称号。中央电视台、山东电视台、《中国教育报》、《现代教育导报》等媒体多次报道学校的办学成果。

二、课题论证

（一）学校信息化建设与应用的情况

学校为淄博市首批数字化校园。学校校园网百兆光纤进校园、百兆到桌面，建设有网管中心，承载着学校门户网站服务、微课程平台、备课平台、虚拟机器人等各种服务。在有线网络基础上，学校全面部署无线网络，实现无线Wi-Fi覆盖教学办公区，搭建"一对一数字化学习"环境。学校建有动漫实验室、3D打印实验室、机器人实验室、互动录播教室等门类齐全的功能教室。

教师整体信息化素养较高，在教育教学应用方面基本能做到"轻车熟路"。学校在全市最早将电子白板引进课堂，课堂应用电子白板成为常态，信息技术支持下的小学语文读写项目开展近十年，多个基于平板应用的一对一数字化教学班正走在创新的大道上。目前，正在积极探索应用优秀的社会化软件为教育教学服务。

（二）子课题的意义及价值

1. 了解每个学生的特质。

利用大数据思维分析学生在校的学习情况，结合学生日常单元测验成绩、期中期末成绩、学习习惯与态度，辅之以科学的问卷调研分析、主题化的模拟课堂实验，从学生个体特质的角度出发，反观传统课堂下的教师教学策略和学生学习效果将会带来不一样的教学分析视角。从教师个人层面来讲，每一个教师个体从中解读自己班级学生的不同特质进行反思，自己应当如何有针对性地进行改变才能更加符合学生学习的要求，逐渐形成从"解读学生需求"出发、进而思考教育教学行为的意识与能力。由此可见，无论是教师还是学生，了解学生特质都对学生的发展有着非凡的意义，也是教育研究者研究的当务之急。同时，了解每一个学生的特质，也是实现个性化教育的必经之路。

2. 明确学校的定位与发展方向。

对于学校来说，学生各方面水平是反映其质量的最重要指标之一。一个完备的、包含各个维度的学生数据库，能够帮助学校更好地定位自己。而通过不同数据指标的监测与比对，学校能够更好地了解自己的优势与劣势，有针对性地进行规划，从而更加发扬学校的长处，以及补足学校较为不足的地方，不断提升学校的综合实力。

3. 为教育决策提供依据。

学生学业质量评价指标体系参考国内外中小学生评价标准，结合学习基础素养、身心健康、学业进步、成长体验等方面的数据信息。学生数据的积累对教育决策者来说提供了准确的科学依据。不同于传统的教学调研，学生学业质量评价指标体系的建立让教育决策者能够随时了解学校的教学情况、学生的学习和生活情况。既可以从横向发展上比较研究学生发展状况，也可纵向跟踪学生整体的发展情况，为教育决策提供必要的数据支持。

（三）课题研究的主要内容和拟解决的关键问题

1. 课题研究的主要内容。

本课题从小学语文、数学、英语三个学科入手，开展"基于数据驱动的学科课堂教学策略"的研究，主要包括以下三方面的研究内容。

（1）结合学校信息化资源，搭建科学、高效的课堂教学数据信息收集、整理、分析平台。（2）研究基于数据驱动的学科课堂教学策略。（3）构建基于数据驱动的学科课堂评价体系。

2. 拟解决的关键问题。

本课题拟解决的关键问题是，通过信息技术与课堂教学的高效结合，优化课堂教学策略，构建科学的课堂评价体系，促进课堂教学质量的提升。

（四）课题研究实施步骤、阶段性目标和最终成果

1. 课题研究的实施步骤。

（1）2016 年 3 月确定子课题，撰写并申报"智慧教育实验学校"申报书。（2）2016 年 4 月，课题开题。聘请总课题专家为课题组骨干教师进行课题培训，确定研究方向和研究重点。（3）2016 年 4 月—2016 年 12 月，结合课堂教学开展课题研究。（4）2017 年 1 月—4 月，开展课题阶段性成果展示活动。（5）2017 年 4 月—9 月，结合课堂教学开展课题研究。（6）2017 年 10 月—12 月，课题研究成果的结题阶段。

2. 课题研究的阶段性目标。

（1）搭建好数据信息收集、整理、分析的平台。（2）构建基于数据驱动的学科课堂教学策略和评价体系。（3）形成《基于数据驱动的课堂教学策略研究报告和精品课例》。

3. 课题研究的最终成果。

（1）《基于数据驱动的课堂教学策略研究报告》。（2）《基于数据驱动的精品课堂教学课例》。

三、本课题的研究思路

2016 年 3 月，我校作为"智慧教育实验学校"，参与了全国教育科学十二五规划课题"智慧学习环境的构建与应用研究"，并结合学校教育教学实际，确定了研究子课题——"基于大数据的教学和学习行为的研究"（课题批准号：BCA140051）。

（一）子课题确立的理论依据

《周易·系辞下》中指出："穷则变，变则通，通则久。"随着当今科学技术的不断发展，信息化技术已经渗透到社会的各个方面，互联网科技与教育领域相结合已经成为一种新的教育形式。"互联网＋教育＝智慧教师"已经越来越得到人们的认可。教育领域中，一场信息化的颠覆性变革正在悄悄发生。互联网高效、快捷、方便等特点，在学生的学习生活中发挥着不可替代的重要作用，成为学生学习的好帮手。它不仅利于提高学生多维度交流的能力，帮助学生增长知识、开阔视野、启迪智慧，而且还能更有效地刺激学生的求知欲和好奇心，培养学生独立思考、勇于探索的良好行为习惯。

在"互联网＋"的教育背景下，随着信息技术与教育的深度融合，大数据在教育领域中拥有了更为广阔的应用空间，对教育教学方式的变革提出了"现代性"的挑战，促进了教师教学行为和学生学习行为的转变。

这种基于大数据的教学研究，使我们的聚焦点由"宏观群体"转向"微观个体"，为体现"因材施教"，实现教学实施、评价策略的多元化和人才培养的个性化提供了科学的数据支撑。

（二）子课题要解决的关键问题

学校课题组，结合目前教育教学改革的方向和我校的实际需要，确定了子课题需要解决的关键问题：

1. 构建基于大数据的网络化学业评价体系。
2. 开发基于大数据的校本课程资源。
3. 尝试基于大数据的课后作业改革。
4. 探索基于大数据的班级管理模式。

四、本课题的主要研究成果

（一）依托考试酷平台，构建基于大数据的网络化学业评价体系

对学生学业水平的评价是教学的主要环节之一，具有教学诊断和教学导向的功能，一般通过"纸质测试"的形式来完成。这种传统的测评方式，形式单一，教师批阅试卷的压力比较大，用于学情分析的时间和精力比较少，往往导致学业评价缺乏一定的针对性和科学性。针对这种现状，我校在纸质测试的基础上，依托考试酷平台，尝试"基于大数据的网络化学业测评方式"的改革。

考试酷平台是一个智能化、自动化的学业水平测试平台，主要包括自测练习、组织统一考试、开展知识竞赛、布置课外作业、智能组卷、答卷评阅与成绩管理等多项

功能。我们利用最多的是其在线测试与系统自动评分的功能。结合学校学科教学实际，项目组首先从语文学科开始，精选一部分语文骨干教师组成研究团队，并根据目前使用的语文教材初步完成了各年级的语文题库资源建设。从 2017 年下半年开始，尝试专项语文素养测评题库资源的建设，现已初步完成"三年级语文阅读素养"题库的建设。

　　课题组在开发题库资源的同时，逐步开始利用题库资源对学生进行网络化测评。学生可以利用电脑登录考试酷平台注册信息，参加学校统一组织的语文学业水平考核，也可利用手机客户端登录，利用手机进行在线练习。这种网络化的学业水平测试，可以使测评工作常态化，使学业水平测试变得快捷、高效、有趣，极大地提高了学生的参与热情。利用平台的智能分析功能，可以随时形成测评分析报告，利用真实的数据对学生的学业水平进行科学的分析。教师可以结合分析报告，了解学生某项语文素养的形成情况，为教师今后的教学起到定向、导航的作用。

　　以下是教师题库资源开发和学生网络化学业测评情况截图。在今后的研究过程中，项目组将把研究成果向其他学科推广。

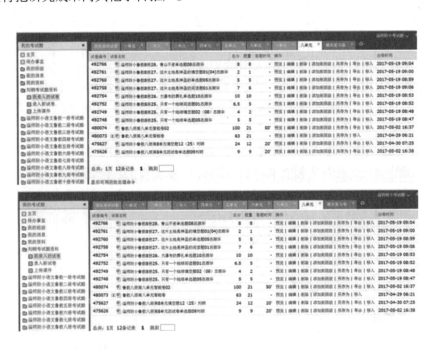

班级空间 >> 班级考试 >> 阅卷 / 查看考生的答卷和成绩　　返回

4 170522淄师附小鲁教8册第7单元所有知识汇总智能卷02

记录时间：	**2017-05-22 16:09**
试卷编号：	**494654**
试卷名称：	淄师附小鲁教8册第7单元所有知识汇总智能卷02
科目：	刘钢考试酷资料

总分：	100	试卷录入者：	[我自己]
答题时间：	1000分钟	题量：	48
		阅卷方式：	系统阅卷
当前是否允许 考生考试	允许考试	当前是否允许 考生查看答卷和成绩	仅允许查看成绩
是否允许考生 重复测试	不允许重复测试	考试倒计时 强制交卷	已关闭
考试说明：			

班级考试

成绩列表： ② 下载成绩表　成绩分析　试卷分析　通知考生查看成绩

序号	账号	姓名	性别	交卷时间	考试用时	得分	操作
1	2225374	130660杨舒涵	女	2017-05-22 18:21	13'11"	100	查看答卷｜导出答卷｜重新阅卷｜删除答卷｜位置信息
2	2224594	130643刘昱轩	女	2017-05-22 20:20	13'44"	100	查看答卷｜导出答卷｜重新阅卷｜删除答卷｜位置信息
3	2223571	130618王建烨	男	2017-05-22 17:38	34'47"	94	查看答卷｜导出答卷｜重新阅卷｜删除答卷｜位置信息
4	2224281	130663张越涵	女	2017-05-22 19:53	26'58"	93.5	查看答卷｜导出答卷｜重新阅卷｜删除答卷｜位置信息
5	2224368	130644路昕颖	男	2017-05-22 21:58	16'38"	93.5	查看答卷｜导出答卷｜重新阅卷｜删除答卷｜位置信息
6	2224319	130620王一正	男	2017-05-22 21:50	18'34"	91.5	查看答卷｜导出答卷｜重新阅卷｜删除答卷｜位置信息
7	2228088	130639李吉娜	女	2017-05-22 17:53	13'05"	91	查看答卷｜导出答卷｜重新阅卷｜删除答卷｜位置信息
8	2227951	130638贾丽杨	女	2017-05-22 19:19	15'17"	91	查看答卷｜导出答卷｜重新阅卷｜删除答卷｜位置信息

考试酷·成绩分析报告
170522淄师附小鲁教8册第7单元所有知识汇总智能卷02

班　级：淄师附小1306／179190
考试试卷：淄师附小鲁教8册第7单元所有知识汇总智能卷02／494654
科　目：刘钢考试酷资料
总　分：100
答题时间：1000分钟
统计人次：60

综合统计： 设置统计条件　　　　　　　　　　　　　　　　　　　　　　　　　　　　　　收起

统计条件：

高分	低分	优秀	优良	及格
90分或以上	40分或以下	85分或以上	75分或以上	60分或以上

统计结果：

最高分	最低分	平均分
100	41.5	82.1

	满分率	高分率	低分率	优秀率	优良率	及格率	不及格率
百分比	3.3%	20%	0%	46.7%	81.7%	95%	5%
人数	2	12	0	28	49	57	3

■ 及格率　■ 不及格率

按分数区间统计： 设置统计条件　　　　　　　　　　　　　　　　　　　　　　　　　　　　收起

（二）依托 UMU 互动平台，开发基于大数据的校本课程体系

UMU（优幕）是一个基于"互联网＋教育"，可以打通线上与线下，贯穿课前、课中与课后的互动学习平台。它可以与课堂教学高效融合在一起，提升教师课程开发能力，为学生创设个性化的学习模式，让快乐与学习相伴，让每个学生分享、融入和收获。

学校课题组依托 UMU 互动平台，从前置作业和课后拓展两个视角开发校本课程资源。经过一年半的研究，部分教师开发的课程资源得到学生的广泛认可。其中，吕跟华老师的"写字课程"得到广州部分学校的认可，实现了课程资源的异地交流。

以下网络资源，就是课题骨干教师开发的比较成熟的校本课程：

吕跟华老师：小学五年级语文学习 UMU 课程

https://m.umu.cn/model/groupShare? groupId＝1052910&sKey＝28e3f9dd48e9e27d5cf1a3cddbed2a52

吕跟华老师：小学四年级语文学习课程：

https://m.umu.cn/model/groupShare? groupId＝351466&sKey＝412b5efdec16092b17f1a6c4ba509c63

郭琳琳老师：小学三年级数学 UMU 课程

https://m.umu.cn/model/groupShare? groupId＝1072154&sKey＝8e53c3c1a1d3c8169b71cd50933df4b2

高令峰老师：小学数学思维拓展课程：

https://m.umu.cn/model/groupShare? groupId＝349552&sKey＝e1e5e3152e4029c0a061888f611721d1

董雪芹老师：小学数学易错问题分析课程：

https://m.umu.cn/model/groupShare? groupId＝469976&sKey＝178e515f857e6f5275c3d45114e5dbc1

司　涛老师：UMU 部编教材小学一年级上册写字课程：

https://m.umu.cn/model/groupShare? groupId＝1048775&sKey＝81f72341b8aaee4f408f9437a21e0438

吕跟华老师：楷书写字课程：

https://m.umu.cn/model/groupShare? groupId＝544797&sKey＝9199120a7e3b09c19ee0475f9419355f

吕舜昌老师：小学一年级练字指导课程：

https://m.umu.cn/model/groupShare? groupId＝339469&sKey＝deede47a780f98b0a4d1adb45a4e2114

（三）依托一起作业网，尝试基于大数据的课后作业改革

课后作业是课堂教学的有机组成部分，是诊断课堂教学效果的主要依据之一。但是，仅仅依靠传统的作业形式很难实现对课堂教学的诊断功能，很难激发学生对课后作业的兴趣。

如何使课后作业既能成为教师教学的"晴雨表"，又能减轻教师批阅作业的负担？如何使课后作业既有针对性又有趣味性？基于大数据的信息技术平台为解决这类问题提供了优质服务。课题组依托一起作业网，尝试基于大数据的课后作业改革，收到良好的教育教学效果。

在第一阶段的研究过程中，结合学科特点，此项改革主要从英语和数学两个学科开始。每周结合正常教学内容，通过一起作业平台为学生布置作业。学生通过电脑或手机客户端完成作业后，教师通过一起作业网提供的数据分析及时了解每位学生每次

作业或每个单元的知识掌握情况，进而及时诊断自己的教学，提出改进教学的具体措施。

以下截图，是课题骨干教师在日常教学对一起作业平台的使用情况：

【案例1】日常作业《因数和倍数》

检测形式：课后登录"一起作业网"完成。

检测结果：

同步习题		查看答题详情

53/55 已完成　　**73**/班平均分　　**14**分钟/平均时长

题号	正确率	操作
第1题	79%	详情
第2题	79%	详情
第3题	89%	详情
第4题	92%	详情
第5题	40%	详情
第6题	72%	详情
第7题	45%	详情
第8题	55%	详情
第9题	40%	详情
第10题	58%	详情
第11题	94%	详情
第12题	89%	详情
第13题	51%	详情

学情分析：

第5题，正确率40%

题目详情

$$2 \quad 4 \quad 7 \quad 9$$

(1)

　　　选择两张卡片，组成一个尽可能小的奇数：＿＿＿

(2)

　　　选择两张卡片，组成一个尽可能大的偶数：＿＿＿

(3)

　　　选择三张卡片，组成一个尽可能大的3的倍数：＿＿＿＿

学生出错情况：

答案	对应同学	答案	对应同学	答案	对应同学
27;94;479	唐骁韬	27;94;744	刘航瑜	27;42;972	董至礼
79;94;99	王丹悦	29;94;792	鲍铁文	29;94;972	王钰涵
27;94;729	周小意	27;94;924	李宸宇	27;92;924	高乐欣
24;74;429	郭锦君洋	27;92;972	于小艺	79;42;972	李浩威
247;974;999	仇廉智	27;94;92	胡峻豪	24;97;972	胡熙明
27;94;942	李鑫睿，张朔野	79;42;249	孙子良	729;444;999	陈波翰
27;44;99	王凌羽	27;94;97	郭佳蓓蓓		
2479;9742;9742	王智泽	29;42;749	赵雅琪		
27;94;749	宗佳一，牛姝曼	27;97;972	王圣翔，王玉彤		
2479;97;479	侯增豪	29;94;749	刘子桥		
27;94;974	杨昊宸，宋勃勋	24;97;974	张家诚		

原因分析：

1. 没有真正理解并掌握 3 的倍数的特点。（第 3 小题出错最多）

2. 没有养成认真审题的习惯。比如，题目要求写出一个三位数，有的同学写成两位数或者四位数。

3. 没有关注到"尽可能大"这个条件，这里既有审题习惯的原因，更有思维条理性的关系。

改进措施：

1. 教学中加强学生对"3 的倍数特征"本质的理解，淡化机械记忆。

2. 教学中加强"3 的倍数特征"的训练，做到熟能生巧。

3. 在日常教学中加强学生审题习惯的培养。

针对第 3 小题，在课堂上进行专题交流，使学生掌握解决此类问题的方法，提高学生的逻辑推理能力，培养学生的思维条理性。

【案例 2】单元报告《长方体和正方体》

第三单元 包装盒——长方体和正方体   全部单元

本单元共布置6次作业   下载

学生	按时完成	补做	未做	平均分	总作业时长	出勤率
陈波翰	4	2	0	82	1小时14分	100%
陈金升	5	1	0	78	1小时20分	100%
董俊宏	5	1	0	82	2小时2分	100%
董至礼	5	1	0	85	1小时59分	100%
郭锦君洋	5	1	0	91	1小时37分	100%
胡峻豪	6	0	0	74	0小时42分	100%
贾铭瑜	5	1	0	89	0小时54分	100%
李宸宇	5	1	0	76	1小时58分	100%
李浩威	4	2	0	85	3小时57分	100%

此项作业改革，可以让教师从烦琐的试卷批阅中解脱出来，有更多的精力去分析学情、挖掘教材、改进教学；可以借助平台的数据分析功能，提高学业测评的科学化、个性化，为教师调整教学思路、开展教学研究提供科学而翔实的研究资料；可以提高学生对课后作业的兴趣；从教师专业成长的角度来看，可以为教师专业成长提供更为广阔的空间。

（四）依托班级优化大师，探索基于大数据的班级管理模式

对于班主任而言，班级管理最头疼的就是对每位学生学习行为表现的过程性管理。类似"积分卡"等传统的班级管理方式，已经暴露出越来越多的弊端：比如，统计效率低，占用了师生大量的时间，得不偿失；很难关注到学生的个性化发展，学生究竟在哪方面表现比较好，哪方面需要进步，与别人的差距有多大等，很难客观公正地体现出来；反馈不够及时，不能及时了解学生的表现，从而延误最佳的教育时机等。

班级优化大师是国内第一款信息化、智能化课堂管理软件，老师可以根据学生的日常表现个性化地设定加分、减分项目：比如学生表现好、积极发言、回答问题有新意等，都能获得加分；相反地，假如学生在课堂上捣蛋、开小差等等，就可以随手减分。它不但完全具备了积分卡管理制度的功能，而且还具有更多的优点：

1. 管理效率提高。不用一张一张地发给学生积分卡，只需要在电脑端或者手机端点一点孩子的头像，就可以加分。加分完成后，系统自动进行云端更新，及时呈现统计结果，节省了教师的大量时间与精力。

2. 数据真实可靠。所有的数据都存储在云端，只有教师有操作权限，学生无法自己加分。

3. 能够关注到学生的个性化发展。班级优化大师后台自动统计，把每个加减分项目进行统计，可以明确地知道在某个项目上，谁表现最好，谁表现最差。对家长来说，点开班级优化大师，能够看到自己的孩子在各个项目上加、减了多少分，能够知道孩子的闪光点在哪里，知道孩子的不足在哪里。

4. 反馈及时。教师在课堂上发送的点评，家长当即就能在客户端上收到，能够及时知道孩子在学校里表现怎样，见到孩子之后能够及时进行交流沟通，有利于家校合力共同教育孩子。

总之，在班级优化大师的使用过程中，教师的教学行为在变化：教师能够及时给予学生评价，并能根据需要进行实时统计排序，便于及时掌控班级各种状态信息。当需要了解特定学生的表现情况时，可以查看他的所有评价，便于有针对性地与家长沟通。学生的学习行为在变化：学生由于知道每个加、减分项目，在这些项目上格外注意自己的言行，努力约束自己的言行，使评价的激励作用随时都在发生。家长的教育行为在变化：家长由于可以随时了解孩子在校的表现，当出现问题时能够及时发现并与班主任进行沟通，有利于家校合力共同教育学生。

以下是一年级 5 班使用班级优化大师的评价情况截图：

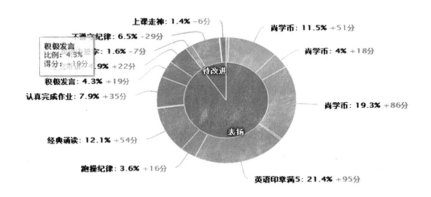

报表图示

| 06李锦鸿烨报表 +257分 -10分

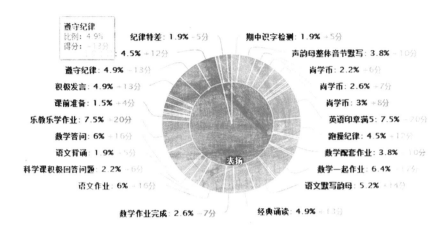

综上所述，课题组从"大数据"出发尝试了教师教学行为和学生学习行为方式转变的研究。虽然从某些方面取得了一定的研究成果，但是对这些成果的论证和推广还需要教学实践的进一步检验。如果此项成果能够顺利通过本次结题，能够得到各评审专家的认可，这说明我们课题组的研究方向是正确的，我们将以此为契机，投身到第二阶段的研究过程中，探究智慧教育的真谛，真正实现信息技术为教学服务、为学生发展服务的目标。

2017 年 11 月 20 日

淄博师范高等专科学校附属小学课题组

第五编 >>>

学习、培训、提高

参加淄博市第二期名校长建设人选
高级研修班研修日志选

（一）董君武校长：一定要做两个报告

今天我们听取的是上海市重点中学市西中学校长、上海市特级教师、拔尖人才董君武博士的报告《教育变革与学校改进》。董君武校长对教育管理有他自己特有的理解、认识和看法。其中我最感佩服的是他对学校情况的精熟，课间跟他交谈，他谈起学校情况，眉飞色舞、侃侃而谈，无论是教育方面、教学方面、教师情况，还是学生情况，随手拈来，如数家珍。而说得最多的，还是他的校长必须要做的两个报告。

他说，校长最少有两个报告一定要做：

第一个报告是新生报到的家长会。第一次跟学生家长见面、沟通特别重要。作为知名高中学校的校长，跟家长谈什么呢？话题很广泛，要跟家长交流：高中跟初中不一样。怎么不一样？市西中学的学生应该怎样学习，应该怎样做？要解决好五个问题：什么是知识，知识的来源是什么？什么是学习，学习的本质是什么？什么是教育，教育的使命和目的是什么？什么是学校，学校的任务是什么？什么是学生，学生的特点是什么？校长要让学生和家长都明白，学习是自己的事情，是为自己而学，不是为学校而学，不是为老师而学。教师的首要问题在于激发学生学习的内生动力，让学生喜欢学习，喜爱学校。学习是人类与生俱来的天性，是一种本能，一种遗传本能。还要对家长们进行追问：学校、学校教育就是为了一个高升学率而生存么？不是，学校教育应该是让学生成为更好的自己，成为更好的社会人，成为对社会更有意义和价值的人。不上课不等于不学习，无作业不等于不学习。比如现在的市西中学，一天上7节课，坚决反对学生补课，提倡基于教学质量分析下的个别化辅导，做好关注人的发展，关注人的能力与素养的提升。这样做的结果，是学校始终保持着非常高的升学率，高升学率应该是按照教育规律办学的必然结果。素质教育需要专业素质和能力，提高能力和素养才能转化为高考的能力、素质和基础。

第二个报告放在高二的暑假前。告诉学生高三和高一高二不一样，高三应该怎样学习。高三的质量分析会校长每次都要参加，周考、月考，结束后马上进行考试分析。校长要求教师要分析到每道题目、每位学生，告诉学生下一阶段的复习重点内容。备课组要分析每份试卷，什么方面有欠缺。班主任召集所有高三的教师开会，一个学生一个学生地过，学生学习时间不够用的时候，什么学科优先，也要有所分析和考虑，建立总分效应。在时间配置上，科学分配，要总分。学校不仅要成为课程教学管理改革的典范，还要成为民主科学规范管理的典范。

可能董君武校长还有很多经典的教育教学管理的经验，单单从他介绍的这样两次校长必须要组织召开的家长会的举动上来看，一位既有先进的教育理念、丰富的教学管理智慧，更是亲力亲为真抓实干的知名校长的形象跃然纸上。

（2017 年 9 月 23 日）

（二）我眼中的"后茶馆式教学"

有一种教学方法号称"课堂发生的'哥白尼式革命'"，对我来说震撼很大。什么方法能称得起这么一个称号？我满怀好奇的心情迎来了上海市静安区教育学院附属学校副校长高燕的讲座。

随着讲座的逐渐展开，对"后茶馆式教学"也有了越来越多的了解。

所谓后茶馆式教学，就是指遵循学生认知（或学习）规律，由教师帮助，学生自己学习的教学。它有其自身的基本特征，归纳起来主要是：

1. 学生自己能学会的，教师不讲。

过去的教学方法，强调教师要讲好重点、难点，要讲清、讲明、讲深、讲透。"后茶馆式教学"则强调学生自己会的教师就不讲，教师讲学生自己不能学会的。因为，"后茶馆式教学"认为：我们老师认为的"重点"不一定是学生自己不能学会的，教师认为的"难点"也不一定是学生学习的"难点"。"学生自己能学会的"，不是"学生会的"，因此，教师应该让学生自己先学，在学生先学的基础上，对于那些学生自己学不会的才有老师来讲。

2. 关注"相异构想"的发现与解决。

"后茶馆式教学"认为：学生在学习某一知识之前，有他们原有的知识、经历，这些知识、经历，有的能帮助新知识的掌握，有的却与新知识的掌握相悖。如果不管学生在想什么，只在乎教师讲得正确，是灌输。关注学生的"相异构想"，让学生、教师充分对话，才是启发。

通过学习培训，使自己真正明白了"后茶馆式教学"的内涵是什么，也了解了"后茶馆式教学"的基本的教学方式，即：它既是学生个体的独立学习，在教师帮助下，学生自己学习；还是学生之间的合作学习，在教师帮助下，学生群体学习，可以小组，也可以全班。它既有"书中学"，即学生通过阅读等，获得前人已总结出的间接知识；也有"做中学"，即学生通过实践性、研究性学习获得直接知识，更是"书中学"与"做中学"并举。

后茶馆教学不同于其他模式，它没有具体的模式，提倡课堂教学方式、方法、手段多样，灵活应用，它以各种方式构建教学"脚手架"，让学生不但在书中学，也在做中学，突出学生独立思考与合作交流合理配置，学生可以与自己对话，与他人对话，也可以与客观世界对话。强调学生自己能学会的不讲，强调教师只有关注学生"相异构想"的发现与解决，才能呵护学生的创新素养。总的来说，后茶馆式教学是一种成熟的教学方式，是遵循学生认知规律，由教师帮助，学生自己学习的教学方式。

了解了"后茶馆式教学"的真正内涵，关键是我们怎样在今后的教学中应用。我们应该有一颗真正为学生负责的态度，勇于站在教育教学改革的前沿，保持积极的研究态度，积极投身教学研究和教学改革，将研究与改革成果运用于日常教学，努力提高课堂教学效率，让学生从过重的课业负担中解脱出来，真正推进素质教育的全面实施。

(2017 年 9 月 23 日)

（三）对学校教育科研的认识

几年前，一位领导到学校调研工作，在听取完学校的工作汇报后，她曾意味深长地说过一句话："你们小学，搞什么课题研究，只要老老实实地搞好课堂教学，教会学生应该掌握的知识就行了……"当她说完这些话的时候，现场一片哗然，什么意思？小学不能搞科研么？小学不能进行课题研究么？

一所学校什么最可怕？一所学校没有问题是很可怕的，一所学校没有教育科研是更可怕的！

过去，甚至是现在，也有一些教师可能存在一些想法，诸如：科研是虚的，我们要实的。我们的目标是学业质量，科研我们学校做不来。科研就是报课题、做课题。科研不用做，最后交篇论文即可。教师都不愿意做，我也没办法……

如果是个别教师有这样的想法，那就罢了。如果学校里的教师都这么认为，那就可怕了！我始终坚定地认为：作为校长，我们不一定成为教科研专家，但要成为教科研的领队，要做教师们教育科研方面的旗帜。作为一名合格的校长，校长专业标准是什么？是引领教师成长。在"校长专业标准之专业知识与方法"中，第 35 条明确规定："校长要掌握教师专业发展的理论以及指导教师开展教育教学实践与研究的方法。"说的何其明确。

校长带头搞科研，不只代表本人，不一定为了取得多高的成果，不一定为了评奖、获奖，是营造一种氛围（投入），是形成一种文化（钻研），是提倡一种精神（专业）。例如：上海市西中学校长认为：教育科研，是学校持续发展的原动力。上海一师附小校长认为：科研是学校发展的发动机和火车头。上海西南幼儿园园长认为：科研为游戏课程发展保驾护航。总之一句话：科研助力学校提速赶超，科研助力学校的品牌打造。一名教师会通过持续研究形成自己的风格，许多特级教师的成长与发展都是基于多年的深入研究。学校通过持续研究也会形成自己的品牌，其中上海所有的知名学校都有自己的课程体系和教育科研课题就是明证。

因此，我们必须坚定不移地树立一种意识：学校必须抓好教育科研。

（2017 年 9 月 25 日）

（四）听《学校管理的实践和思考》有感

今天我们听取了上海市双名工程培养对象、上海市第一中学校长朱立宏的报告——《学校管理的实践和思考》。他通过自身的经历，结合自己工作的实际，从多个方面跟我们交流了做一名好校长应该从哪些方面入手，应该怎样去做。既有理论高度，又有实践经验，获益匪浅，感触良多。

朱立宏校长认为，作为校长，既要了解学校的历史现状，也要了解学校的制度、规划，课程规划和学校管理，等等。更重要的，是他通过自己的管理经历和经验与我们进行了深入的交流。

他认为：学校一定要制定好制度，用制度来管理人。建章立制，是现代学校得以成功运行的前提和保证。制度的制定，必须经过慎重考虑、反复推敲、充分调研（比如绩效工资、监考制度等），切勿朝令夕改。制度的内容必须得到全体教师的认同，制定时必须体现人文精神。制度的执行，必须有铁的纪律保证，执行力最重要。用制度管理人，一定做到四条：建制度、讲落实、重反馈、勤考察。

运行好民主进程，程序规范，流程合法。他认为至少包括以下几个环节：

1. 家委会。努力征得家长的支持，确保学生的切身利益（比如：校服、学校开放、四年规划等），学校发展方向等都要征求家委会的意见和建议。

2. 教代会。开好教代会，维护好教师的切身利益（工资、晋升、评优、提干等），同时做好工会主席的选举。

3. 校务会。三重一大的事项一律要经过校务会的决出，比如学校重大决策、干部任免、重要项目安排、大额度资金使用。

4. 校聘任委员会。主要完成评聘、晋级、晋升、评优、评先、评职等工作。

5. 学生学术委员会。抓住两个关键词：学生、学术。促进学生成长。

关于怎样开好行政会，朱校长强调：行政会实行的是校长负责制，主要来讨论、贯彻、定论学校的重大事情。因此一定要把握好几个环节：（1）选好议题。（2）互通信息。会前讨论，和书记形成统一意见。会上不能产生特别大的分歧。（3）会上充分的讨论。（4）统一，和而不同。（5）贯彻实施。（6）做好监督。

打造好教师队伍，为学校发展提供不竭力量。他讲了两个方面：

1. 关于教师队伍建设。（1）把握教师进口关，提高起点质量（要关注引进教师的学历、引进效果、校区测试、一年试用）。（2）关注教师入职期，让新教师尽快适应环境，融入新集体（其间经常组织诸如区域培训、校内带教、青年沙龙等活动，帮助新教师成长）。（3）完善校本研修机制，让学校成为教师成长的乐园。积极搭建交流平台，聚焦项目研究，坚持开门办学，倡导资源共享。

2. 关于干部队伍建设。（1）怎样选好人：要选拔那些真才实学、沟通能力强、情商高、敢于担当的老师担任管理岗位。（2）怎样用好人：要用人之长、容人之短。频繁谈心，拉近距离。认同目标，形成合力。适时轮岗、调岗。（3）怎样带好人：自身正。擦亮眼睛，不能人云亦云。

建设好学校的课程，为丰富学生学习经历提供保障。他认为：

1. 依据学校办学理念和学校发展规划，确定课程目标和结构。

2. 融合多方资源，包括教师、家长、社会资源，丰富课程体系。

3. 创新实施课程，展现学校特色。

4. 加强课程评价，提高课程质量。

作为上海市双名工程培养对象的朱立宏校长，他所经历过的几所学校的办学经验告诉我们，作为校长，只要按照他上面所说的去做了，管理好一所学校是没有任何问题的。感谢朱立宏校长无私的交流。

（2017 年 9 月 26 日）

参加第 85 期全国小学骨干校长高级研修班
学习心得选

（一）安全责任重于泰山

"请问余老师，当学校发生安全事故时，学生家长不愿意走法律程序怎么办？"

"余老师，当学校发生安全事故时怎样认定法律责任？"

"余老师，……"

这是今天上午在听取余雅风老师做《创建安全的学校——学校事故的法律责任与防范》讲座课间休息时，众多校长围绕着余老师就各自学校的一些安全敏感问题向余老师请教时的一个场景。

今天，余雅风老师从法律视角讨论学校事故法律责任的必要性、坚持以法律确立的归责原则为学校事故处理的分析基础、认识学校事故的免责事由、积极维护学校权利、创建安全的学校——学校事故的防范等几个方面，结合大量的具体学校安全事故的实际案例，深入浅出，运用理论与实践相结合的方法给我们做了一个很好的讲座。

近年来，安全事故一直是困扰学校发展的一个很重要的问题，也是很多学校迫切需要破解的一个难题。究其原因，一是学生家长的法律意识和维权意识不断增强；二是有个别的家长确实不讲道理，一旦发生安全事故，不是积极想办法解决问题，而是通过"闹"达到他们讹诈、敲诈的目的。一些学校和地方教育行政部门，本着不惹麻烦、怕找麻烦、息事宁人的心理，不管是否是学校的责任，最终由学校买单。久而久之，形成了一种非常不好的现象——"校闹"。

今天，在余老师讲完课以后，一位参加这次培训学习的校长也和我们讲述了他们学校遇到的一个案例。因为缺少对法律知识的了解、认识，也因为种种方面的压力和原因，虽然不是学校的责任，但最终还是由学校花钱了结，花了冤枉钱不说，还给上级部门、社会、家长落下了学校管理不利的口实。

通过学习，我自己感触颇多！学校没有良好的工作环境，怎能安心工作安心教学？怎能有好的教育教学成绩？作为学校来说，最主要的是要牢固树立安全责任第一的思想，要把抓好安全工作放在学校所有工作之上的思想意识。这几年，我们学校积极应对各种安全隐患，摸索出一系列行之有效的安全教育经验。具体来说，要建立健全安全工作领导小组和工作机制，建立安全工作管理长效机制，形成科学的安全工作流程。对于学校来说，首要是抓好安全教育。在教师层面上，抓好管理骨干、重点人员、专业人员、一般人员的安全教育，抓好校干、教职工、新教师三级安全教育，抓好特种作业人员的安全教育、新设备安全教育、调岗安全教育、安全活动月教育和日常安全教育。安全教育的内容重点要放在思想政治教育、安全生产政策和法纪教育、安全技术知识教育、先进经验和事故教训教育等。在学生层面上，要常抓不懈、持之以恒，使安全教育主题化、课程化、动态化，做"小"安全教育，要将教育关注的目光"小"到每一个学生个体，"小"到每一个环节和时段，这样才能保证教育效果，确保不留死角。在形式安排上，上好安全教育课，校会、班会、课堂教学渗透安全教育。在内容安排上，重点关注安全防范和安全自我保护技能教育，主要是防溺水、防火、防交通事故、防食物中毒、防暴力伤害、防传染病、防自然灾害、防网络成瘾等方面的安全防范教育，使学生掌握避险、逃生、自救、自护等知识和技能，能够应对意外伤害和不法侵害。在时间安排上，抓住关键节点，在新生入校后、开学初、期中、放假前，有针对性地对学生集中开展安全教育。对安全教育工作的具体要求要明确到位，有切实可行的安全教育计划；根据气候、地理、社会等不同环境及年龄特点，确定相应的安全教育内容；保证专业安全知识教育的正确性和规范性，邀请或联合公安、交通、卫生、消防、工商、司法等部门专业人员对师生进行专业的安全知识培训学习。同时，要制定完善各项安全工作制度、安全工作职责、安全活动制度、安全检查制度、安全奖惩制度、设备检查制度、劳动防护用品制度、安全学习教育和培训制度、岗位安全技术操作规程、安全会议记录、电话记录、事故档案管理制度等，做到有法可依。同时，学校各项工作要做到随时、随地同安全教育工作挂钩，在计划教育教学工作的同时计划安全工作，在布置教育教学工作的同时布置安全工作，在检查教育教学工作的同时检查安全工作，在总结教育教学工作的同时总结安全工作，在评比教育教学工作的同时评比安全工作。同时，特别注意安全隐患检查治理能力，建立安全工作台账，建立校园安全"防火墙"，加强自我督促、强化管理，以此作为学校安全综治管理目标考核依据。同时，要高度重视基于学校安全的硬件建设，基于学校安全的信息化设计，完善校园安全管理系统、学生管理系统、校园建设安全系统。

今天听取了佘老师的讲座，又增加了一项新的本领，即拿起法律武器捍卫学校的正当权益不受侵害。依法治校、依法治教，通过法律途径，合理合法表达诉求，妥善解决各类教育纠纷，让我们的学校尽可能地减少各类消耗，把主要的精力专注于教育教学研究，让我们的学生在自由的天空中尽情翱翔。

（2017 年 3 月 16 日）

（二）火星碰地球——思维的碰撞

今天下午，根据学习安排，进行分组研讨活动，研讨的主题是"如何面对课程整合"。

下午三点，我们第五小组的全体成员满怀期待，准时来到会议室，开始精彩的思想碰撞。全组成员围绕"课程整合"这个主题展开了热烈的研讨，各位校长争相发言，讨论气氛非常热烈。

关于各校如何开展课程整合，上海宝山区淞滨路小学的顾蓉校长重点介绍了自己学校结合开展书法特色教育，如何与语文、数学、英语课程、信息课程、隐形课程、教师队伍打造等几个方面进行的整合做了介绍，有很强的参考价值。湖北省宜昌市绿萝路小学谭娟校长的经验是：将课程整合分为三大板块，一是学科课程的整合，二是主题课程的整合，三是红领巾课程的整合，并详细介绍了每一种课程整合是如何操作的，同时提出了在进行课程整合过程中的一些困惑，比如：在进行红领巾课程整合的时候走出校门，学生学习时间的有效安排问题，学生校外集体活动的安全保障问题，游学课程如何引导家长委员会有效配合和沟通等。江西省赣州市章贡区滨江第二小学的苏丽华校长介绍说，通过一下午的研讨，对于将来如何搞好课程整合思路越来越清晰，课程整合的目标聚焦在哪里？是为了完成上级安排的任务？是为了迎接检查？还是其他什么目的？这些都不是。课程整合应该最终落实到学生的核心素养——学生素质的提高上来，应该是去功利化、去行政化，是与学生素质的提高紧密结合的。随后介绍了自己学校的四类课程整合：一是水润年华课程，主要进行的是四节三礼、少先队活动、微社团活动、知行活动四个方面。二是经典阅读课程：主要以部颁课程为主，结合国学课程（由专门的教材）和课外海量阅读进行。三是创客课程，分别从低年级段和高年级段分别进行。四是励志课程，主要通过研学励志课程（结合地域资源的专题式游学、结合课程资源的课程式游学、结合家委会组织的社团式游学）、榜样励志（学生榜样、教师榜样、名人榜样）、先贤励志（地方先贤、历史上的名人先贤）三个方面进行。

其他几个校长也纷纷结合自己学校实际情况进行了发言交流后，校长们形成了一致的看法：无论课程怎么整合，但是落脚点一定要放在学生身上，放到培养学生的能力、提高学生的素质上来。让学生先学会做人，再学会做事。只要这样做了，无论采用什么方法，无论叫什么名字，方向是不会错的。只要坚持下去，改革实验就一定能够成功。

听完各位校长的发言，自己感触良深：和兄弟学校相比，自己的理念、思想、做法包括学校的许多工作都显得落后。具体到课程整合上来说，很多工作，我们学校也做了，比如学科课程的整合——习字育人，活动课程的整合——学校社团活动的开展，环境育人课程的整合——学校文化的开展，等等，而且也做了很多年了，也取得了一定的阶段性的成果。但是，我们只是零散地去做，没有形成系列化，没有有机地融合起来，没有将它上升到一定的理论高度总结提炼出来。我们学校也有很多好的资源，比如我们淄博师专强大的教授专家队伍、科研队伍，我们没有很好地利用起来，我们完全可以请他们到学校进行课堂教学的指导；请他们帮助我们对已有的教育教学工作系统化、条理化、理论化；也可以请他们到校进行教育科研的指导，帮助我们制定并规划研究课题等。

在谈论完课程整合以后，我们的谈话内容又转移到学校老师的任课安排，特别是低年级的任课教师安排，这是很长时间以来一直困扰我的一件大事。我们学校由于一些历史的原因，教师编制非常紧张，每年在教师任课安排和班主任安排的时候都会遇到很多问题。为此，我特别虚心地向有关校长进行了请教，各位校长不吝赐教，纷纷建言献策，为我支招。经过消化，我归纳出了下列几种解决问题的办法：一是包班制。一个班安排两名老师，由他们完成除音乐、英语以外的其他全部课程。一是班主任包班制。安排一名班主任负责一个班级，这名老师同时还要完成语文数学两门课程的教学任务，其他课程安排专任教师完成。一是三二制，即安排三位老师（两个语文一个数学）来完成两个班的教学任务，他们同时还要完成除音乐、英语以外的其他全部课程……这样，就能在一定时间内、一定程度上有效地缓解教师编制紧张，特别是因为二孩问题而产生的教师紧张问题。

碰撞就能出火花，而且是璀璨明亮的火花！小组研讨收获确实很大，启发很大。感谢培训班为我提供了这样一个很好的学习提高的机会，我一定不放过任何一个提高自己的机会，认真学习、虚心学习，争取在理论水平和学校管理方面有更多的收获，掌握更多更好学校管理的理论、经验、技巧和方法，并且学以致用，为学校将来更好更快地发展努力积累知识储备，争取成为学校管理的行家能手。

（2017 年 3 月 21 日）

学习、反思、提高

——赴江苏跟岗培训体会

2016 年 10 月 31 日—11 月 11 日，历时两周，我有幸参加了市教育局教师教育办公室组织的赴江苏跟岗培训。期间，在扬州市育才小学和梅岭小学两个学校进行了跟岗学习，收获很大。

我们跟岗的两所学校——扬州市育才小学和梅岭小学都是当地名校，是全国、省级的知名学校，有着悠久的办学历史、独特的办学特色和卓越的办学成果。育才小学有 120 年的历史，以"仁爱求真"的办学理念、"培植人文精神"的办学思想、"自主学习、自我教育、自我发展"的办学特色成功跻身于"中国名校"之列。梅岭小学也有 60 多年的发展历史，底蕴丰厚、教育优质、特色鲜明，特别是在非常有思想的陈文艳校长的带领下，梅岭小学被授予江苏省模范学校的称号。在这样的学校跟岗学习，确实感受到了市教育局的良苦用心和对我们这期名校长建设人选成长的殷切期望！

其间，我们观看学校专题片，听取全学科的 10 多节观摩课，以及学校领导关于教研、管理、课程文化建设、学生特色活动等方面的经验介绍，观摩学校的特色社团活动，参与了教研组听课评课活动，参观了学校的文化建设、阵地建设，并就一些相关的话题与校领导展开了交流讨论。这样的跟岗学习真是大开眼界，也深受启发和教育。我深深感受到：不但要认真地学习好他们的经验做法，也要很好地消化吸收，并结合自己学校的实际情况，将学到的东西融入自己学校的教学、管理中，让学校的管理再上新层次、再登高台阶。下面，我就谈几点我的体会和反思感悟：

一、新时期的校长一定要做一名专家型的管理者，一定要有自己的思想

育才小学的上一任校长，是现任广陵区教育局局长陈世文，在做好学校行政管理的同时，多年潜心课题研究，以课题研究引领学校教育教学工作，出版了自己的教育专著，并将教师们的研究成果编辑成册。在他的引领下，整个学校形成了良好的教研氛围，学校的"智慧数学""主题作文""情趣水墨""地道英语""快乐体育"已经形成规模效应，成为学校的一面旗帜。现在学校的教师谈论起他们的老校长，都是一种崇拜、崇敬的语气。梅岭小学的陈文艳校长，是一位认真、执着、睿智、有思想的校长。陈校长与我们进行了深入细致的探讨，谈起她的治校方略，很精辟、很深刻。在育人理念、团队管理、对待校长这一职业的看法、教师队伍建设、校长的职业操守、

家庭观念等方面谈得都很到位。与这样的校长交谈，有很多话题都触及自己的心灵，能够很容易引起共鸣。反思自己，可能更多的是从行政管理的角度去开展工作，真正属于自己的东西很少，既没有像样的研究成果，也缺少对学校办学思想和理念的再思考、再提升！

二、要真正用心做课题研究

一所好的学校一定要有研究课题，并通过课题研究带动学校整体工作的开展。学校教育教学工作的开展不能单纯抓教学、抓成绩，在很大程度上还要得益于教育科研的开展。在育才小学和梅岭小学这两所学校，他们都能够把教研课题的开展当作学校主要的工作任务，安排专人管理。比如育才小学的"智慧数学"，梅岭小学的"常春藤工程"，课题研究持之以恒、常抓不懈、人人参与、良性竞争，带动学校整体工作充满朝气和活力。教师们紧紧围绕课题，从不同的侧面、方向进行研究。在做好研究的过程中，教师的授课水平、写作水平、管理能力都显著提高。要想成为一所名校，我们必须确定有助于学校发展的课题，要真正地进行研究，不能只搞皮毛的东西，不能只做表面文章，要有长远规划，扑下身子、静下心来，持之以恒潜心研究，认真探索、实验，形成自己的特色研究成果，并将研究成果应用到日常教学工作中，推动学校的教学工作。

三、精细化管理的集中体现

我每天都能感受到两所学校精细化管理的成果。比如：孩子们上课非常安静，都能够全身心地投入教师设置的情景里面去，与老师展开良好互动，很好地达成教学目标。梅岭小学的课间操，从带入、做操、带出，井然有序，就像是一场精彩的演出。这不是一天两天就能够做得到的，而是经过长期有效的管理和训练的结果。我们接触到的每一个人的工作都很到位，每一名教师也都知道自己该做什么、做到什么程度，各部门负责人都能独当一面，有自己的第一手材料，有自己的工作措施、考评标准、考核办法，能够在自己的领域内将大家团结起来，共同完成教书育人的目标。

四、社会资源的充分运用

这两所学校能够在教学、教育、科研、管理等方面取得如此巨大的成就，很大程度上得益于学校能够和所在地区的高校取得合作，借助高校专家、教授的帮助和支持。江苏、上海等地的学校，几乎每一所名校的崛起，都借助高校强大的教育科研力量：一个需要将研究成果落地，一个需要先进教育理念助力，双方能够很好地找寻到共同发展的契合点。在这一点上，我们师专附小自身做得很不够。本来我们有淄博师专丰厚的资源，特别是有那么多的教学法教授、博士的研究成果，但是我们没有很好地利用起来，不能不说是一大浪费。再一个是家长资源的运用。在育才小学，学校每周都要拿出半天的时间让那些在各个方面有专长的家长到校给孩子们上课，极大地弥补了学校专业教师人手缺乏的问题。同时，也极大地调动了广大家长参与学校管理，调动了家长以校为家的责任感和积极性，给学校的发展提供了强有力的支持和帮助。

五、绩效考核任重道远

在梅岭小学，我们和陈文艳校长探讨了学校的绩效考核问题。梅岭小学有自己一套独特的考核办法，实行月度工作目标，每月一次考核。他们实行的"三级一系统"管理，专人负责。学校制定了详细的量表，对每位教师都有细化管理到天的考核方案和结果成绩，每周一次考核，每月一次汇总，汇总结果作为当月绩效工资的依据。学校每年拿出120万元的名校发展基地资金，用于奖励管理者、优秀者和创新者。绩效工资分为三个等次，比例分别为15%、70%、15%，学校教师也有人拿不到这个绩效工资。学校实行待岗机制，达不到学校要求的教师需要待岗，待岗期间主要任务是学习，努力提高自身的业务水平。经过一段时间的学习，再经考核达标后重新上岗。否则，继续待岗，且待岗期间只发放基本工资。梅岭小学的绩效考核虽然是一个好的机制，但是陈校长也谈道：因为学校管理试行的是"因需而动"的管理模式，只要达不到学校要求的教师就要待岗。虽然也实行了，但阻力还是相当大的。更何况像我们这样的公办学校。我感觉是一件难度很大的工作。本来我们现有的师资就很紧张，再加上教师没有流动，实行起来难度一定会非常大。并且，在一定范围内这也是很伤感情的一件事，也是吃力不讨好的一件事。相关当事人不理解，难免出现这样那样的思想波动、过激的言语和举动。改革中我预计内部压力一定会特别大，给校长在精神上、感情上、心理上都会造成极大的压力。这也是多年来很多地方一直在说而没有去做的根本原因之一。

六、学以致用，融会贯通

学习的目的是为了提高，提高自身的能力和素质，提高管理学校的水平和能力。返校后，自己能够做到将学到的经验和做法与学校自身实际结合起来，不断发现问题和不足，努力修正并不断提高。我们先后多次召开相关人员会议，下大力气修改规章制度，完善学校管理体系。改进课间操，改进教研活动的方式方法，积极协调和师专有关人员的对接，争取尽可能多的支持。现在学校教师们的精神面貌、责任心、工作态度、业务水平、师德师风方等面都有了很大的提高。我们也正在积极探索学校管理、教育教学方面的一些改革，期待学校有更好更快的发展。

七、关于结对帮扶工作

按照市教育局关于与省定贫困学校结对帮扶的意见要求，2016年11月21日，我们组织了与岭子中学附属小学、岭子镇第一小学、黑旺镇中心小学结对帮扶启动仪式，邀请了两个镇中心学校的校长、书记，三个结对帮扶学校的校长参加了仪式，签署了《结对帮扶协议书》。根据协议，学校今后将通过持续多元化的交流，在学校教学管理、教育管理、名师培养、资源共享、师生互动等方面展开帮扶，促进三方教育交流融合、优势互补、共同发展。结对帮扶仪式上，我们还特别邀请了周村城北路石门小学的李宗颖校长做了专题讲座，详细介绍了"梦想中心"和"梦想课程"的有关内容，意图打开校本课程理念建构和课程开发的新思想、新思路。在时机成熟的时候，四所学校共同建设"梦想课堂"，为孩子们的发展再添新助力。仪式签署以后，我们积极开展了一系列帮扶交流：一是我们积极邀请帮扶学校的教师参加我们的片区教研活动，感受不同形式的教研活动开展。二是我们积极邀请帮扶学校的教师参加学校组织的讲座。2017年2月9日，新学期开学的第一天，我们邀请上海师范大学黎加厚教授到校为教师们做信息技术专题培训，邀请帮扶学校的教师到校听取讲座，共同提高。三是我们启动建设"梦想课堂"。到周村石门小学现场参观，统筹规划，在适当时机开启建设"梦想课堂"。四是我们邀请帮扶学校及其他有关学校的领导到北京农大附中、人大附中、民族小学等名校和中联公司、创而新公司等公司进行参观、学习、考察。五是在"世界读书日"到来之际，我们组织全校学生为帮扶学校和其他乡镇贫困学校组织捐书活动，共捐赠图书5000余册。我们严格按照市教育局关于与省定贫困学校结对帮扶的意见要求，扎扎实实地开展好这项工作。

江苏省扬州市育才小学跟岗培训研修日志选

（一）观摩育才小学德育及学生社团活动有感

今天下午，我们听取了学校领导关于学校德育工作开展情况的介绍，观摩了育才小学学生社团活动，并同分管校长高慧进行了座谈。育才小学德育工作的主要特色表现在以下几个方面：

一、构建活动课程，促进学生能力发展

1. 培德修身类活动课程：结合有关重大节日进行，如三·八节、六·一节、国庆节。

2. 典礼仪式类活动课程：入队成长礼（一年级）、十岁成长礼（三年级）、毕业成长礼（六年级）。邀请家长参加，家长和孩子共同演出。

3. 民俗地域类活动课程：结合传统节日活动进行，如元宵节、端午节、中秋节。

4. 童玩游戏类活动课程：亲子喜乐会、亲子运动会、亲子食乐会（比如包水饺、做粽子）、才艺组合秀、校园吉尼斯等。

5. 游学交往类课程：走出校门、走出国门。

二、重视常规管理，促进孩子品德养成

1. 道德行为评价与学校育人理念——"仁义礼智信"五人教育紧密结合。

仁：做一个善良的人。

义：做一个正直的人。

礼：做一个谦恭的人。

智：做一个聪慧的人。

信：做一个守信的人。

五人教育，要求按年级段设定各自不同的评价标准、评价办法，有的要求是小学阶段一以贯之，有的要求是螺旋式上升。

2. 班级实施"火车头班级"的评选。在年级内进行比较（横向比较），评比每周进行一次。

3. 优秀班主任评选。

三、实施多维评价，促进学生全面提升

评价的内容包括：学科评价、道德行为和能力素养评价、"仁爱求真"之星评价等。

四、丰富多彩的社团活动

育才小学的社团活动是每周每个年级拿出一个下午的时间专门组织学生活动，这个半天本年级的学生不上文化课，全部到指定的场所参加社团活动、培养兴趣和能力，时间上有了充足的保证。相比较而言，他们最值得我们学习的一点是社会资源的充分运用。在参观时，我们看到了很多显然不是学校教师的身影在教给学生不同的课程，比如：太极拳、武术、拔河、太阳能电池组装等等。经过介绍我们知道：这些都是有一技之长的家长来学校给孩子上课。每学期初，学校便向全体家长发出倡议，在某个方面有一定专长、有一定时间、有参与热情的家长可以到学校报名，然后学校根据家长报名情况和学校需求情况进行选拔、确认，经过认可的家长有资格在规定的时间内到校给学生上课。这就从根本上解决了学校专业教师短缺的问题，对于我们将来解决同类问题提供了很好的范例。

（2016 年 11 月 2 日）

（二）观摩育才小学"智慧教学课程"课例研讨

学校安排我们参加了一个数学教学研讨活动，那就是育才小学多年来一直坚持研究的江苏省前瞻性实验项目即"智慧教学课程"课例研究，来亲身感受育才小学是怎样开展小学数学教研活动的。

我们首先听取了由育才小学张玲老师执教的二年级数学课——《线段》。

张玲老师的课上得非常好。她从学生的生活经验入手，通过校园里面学生每天都接触到的跳绳、拔河、踢足球运动等项目入手，让学生感知绳子，进而感知线段；然后通过拉直毛线认识线段，了解线段的一些基本特点；然后通过各种几何图形去找线段，知道线段有长有短；然后再与学生探讨如何画线段。最后通过踢足球，想象将足球踢向广阔的宇宙，让学生展开想象的翅膀，为下一步学习射线等内容做了很好的铺垫。整堂课层次分明、条理清晰、重点突出、师生互动性强，很好地达成了预定的教学目标。

我们全程参与了育才小学数学教研组的教学研讨活动——听、评课活动。他们的评课活动很新颖，与我们学校的教研组活动比较起来主要体现在以下几个方面：一是庄重的仪式感。有主持、讲课教师、评课老师、专家指导，大家静下心来专心致志地

进行研讨。二是如何选择评课的老师。他们采用的是竞赛活动摇号的办法确定人选。这样每个人都有抽中的可能性，每个教师就必须做好认真准备。三是发言教师前面说过的优、缺点，后面的发言教师不得再重复。四是在点评时必须讲出优、缺点，而且要有自己的新意。这样的做法，对执教教师和评课者本人都有提高。听教师们的点评，讲得都很到位，对于听课者来说都是一个业务能力提升的过程。

最后，教研组邀请了已经退休了的省级特级教师丁赤光到校对教研组活动进行指导、点评。丁赤光老师凭借丰富的教学经验，对这节课的设计、教学过程、教学方法进行点评，同时回答老师们的疑问，并做了题为《核心素养视角下的智慧数学》的专题讲座。听这样的课，很享受教与学的整个过程。

（2016 年 11 月 3 日）

（三）育才小学核心素养视角下的"智慧数学"

昨天，有机会听取了育才小学退休教师、江苏省特级教师丁赤光老师关于学校"智慧数学"方面的一个讲座，并与丁老师进行了深入交谈，受益匪浅。

"智慧数学"已经成为育才小学的一张名片，一个品牌。学校的数学教学工作，均以"智慧数学"为引领，研究课题独到精辟，研究成果丰富卓著，是一个值得我们认真研究学习的课题研究的典型范本。

通过学习和交谈，我认识到"智慧数学"真的是开启学生智慧的一把金钥匙。

一、"智慧数学"始于知识，让学习真正发生

"智慧数学"从根本上来说，是以生为本的教育。其最大的特点就是满足内需，即满足学生自主探索的内需，满足学生自我建构的内需，满足学生自我展示的内需，让静态的学习内容变成动态的学习知识，在生活实例中提炼数学元素，使学生学得扎实、记得牢固。

二、融于智慧，开启心智，促进人的智慧的转化

"智慧数学"让教学在奇中生智，在趣中生智，在理中生智，在智中生慧。

三、达于素养

教育的最终目的是让学生身心素养得到最大程度的提高，使人文浸润成为一种教育的境界。在课例《线段》教学中，教师设计的点动成线的环节，既为学生留下了教育的伏笔，也培养了学生空间想象的能力；既让学生巩固了线段的基本特点，又融入了几何的知识、空间的特点、哲学的意义。学生的素养在一节一节的数学教学中得到了积累提高。同时，对于教师来说，也让教师在备课、上课的过程中，明确知识是素养的载体，使每一堂课都有鲜明的价值取向和素养要求。

四、"智慧数学"的四个特质

1. 板块结构。设计时站在一个整体的高度，起点在哪里，终点是什么，用一条线把它完整地串联起来，给学生建立起一个完整的知识结构。

2. 智慧心语。穿插于教学环节之间的总结、提炼、引起学生深思的短语。教师的目光不能仅局限于知识点上，还要有自己独特的眼光、视角。教师要遵循学生的成长规律和智慧生长规律，适时地给予点拨、追问，从而启迪学生的智慧。

3. 独立思考活动。每一个教学环节特别注重给学生留有独立思考、独立操作、独立活动的时间，让学生自己真正去想，为小组合作打好基础。否则，学生没有经过思考，合作交流时便无话可说。

4. 问题思索。我感觉这是给我印象最深的一个特质。他们倡导不满足于、不停留于数学课上一道道题目的圆满答案，而是经常给学生一点猜想、质疑，多一点从整体上设计数学问题，多一点具有开创意义、发展意义的大问题，这对于学生创造创新能力的培养有着莫大的作用。

"智慧数学"和20世纪90年代邱学华教授倡导的"尝试教学法"有异曲同工之妙，又在它的基础上有了新的发展和提高，是教育思想、教学内容、教学方法高度综合的一种更新、更好的教学模式。

（2016 年 11 月 4 日）

江苏省扬州市梅岭小学跟岗培训研修日志选

（一）走进梅岭小学的常春藤学院

这几天一直在思考江苏省扬州市梅岭小学的常春藤学院。梅岭小学的特色之一是致力于打造德艺双馨的教师队伍。陈文艳校长不遗余力地打造高水平的教师队伍，主要的依托就是学校实施的"常春藤学院计划"。

梅岭小学的教师来源主要有三类：一是调入的，二是招聘的临时教师（大约有五六十人），三是中学转岗进来的。新老师加入后，很多人保持着原先单位固有的管理模式、管理方法和学校文化，进入新学校后如何很快地将他们融合起来，难度很大，带来了很多管理上的困难。基于此，常春藤学院应运而生。它分设四个学院：教师专业发展学院、班主任学院、管理团队发展学院、家长教育学院。常春藤学院从一开始就锁定以教师专业素养为核心，从年度、日常、暑期三个层面展开主题探究，为教师发展提供如影随形的学院式的管理发展。四个学院均有独立的教材课程，每年暑假组织教师们回到学院，总结、汇报、研讨、展示、提炼，重新研究新的目标和主题。在教师专业发展上，以"文化自觉，学术自由"为核心，强调选择性、独立性，追求教师们的个性化发展，强调教育与研究的统一，追求教师们的可持续化发展。如：课堂上学生形成什么样的能力？如果只有课程标准怎么办？学校想到教师们的前面，有意识地改变教师们存在的价值，让学习真正发生，是一种深度的学习。这种学习效果取决于教师本身的自觉，短时间内可能没有很多显性的成绩或状态，但教师们经过几年的专业培养，从能够胜任基本的教学任务，到内质性、主动性的发展，在实践中获得了智慧的成长，开始了向精品教师、专家教师的发展。这样成长起来的教师队伍，每一个人都是能够独当一面的行家里手。

我们用什么抓手来培养自己学校的教师队伍呢？梅岭小学的常春藤学院培养方法给了我们最好的答案。作为校长，我要好好研究一下常春藤学院。

（2016 年 11 月 8 日）

（二）梅岭小学校长的治校之道

江苏省扬州市梅岭小学是一所知名学校。它之所以办得好，很重要的一个原因就是它有一个好校长。梅岭小学的现任校长陈文艳，是全国优秀教育工作者，认真、执着、睿智、有思想。难得有机会来到梅岭小学，心中充满了期待，渴望能够有机会聆听陈校长关于治校管理的做法。

如何培养和使用教师？陈校长认为最成功的做法就是学校的常春藤学院。教师队伍的建设，从一开始就要根植于名师发展，提高到一个很高的层次上来。教师队伍不乏人才，但是学校用什么方法和途径发现他们、留下他们，让他们对学校产生深厚的认同感，关键看学校固本的东西是什么？在哪里？——那就是在价值观的认同上。在人的使用上，要因人而异，不能苛求千篇一律，人是有变化的，变化是有原因的。我们不能要求所有人都是一样的想法，要允许教师有不同的想法。在教师和干部的使用上，看工作的实际、实绩，用事实说话，校长要超脱出来，不要与教师们争名利。

陈校长认为，校长是学校的管理者，正在做一种高强度的劳动。校长要做的是一项蓄力工程，心里只能想着学校、团体的未来发展。既要改革，又要规避风险，充分争取政策，把学校这个平台做到最大化，辐射全国，请到想请的所有的专家。校长对教育教学的改革不能是陌生的，要做好顶层设计，对教学改革最关键的方式和内容是熟悉的，虽然说不一定是教学最好的，但是一定要身体力行。

陈校长认为，一所学校的管理生态很重要。什么是学校的管理生态？就是校长要营造一个什么样的学校环境。生态好了，一切都好。学校不能让教师们感到沉闷、压抑，要给教师提供发展的平台。作为校长，她一直在不遗余力地培育新人。

陈校长认为，老一代的人（校长、老师），思想比较单纯，一切为了学校，工作起来不计报酬。自己从小到大，家庭给她灌输的思想是：自己去奋斗，自己去努力，不要想不劳而获。学校、家庭给予自己更多的是精神的力量，精神的支持。这种传承下来的精神怎么样才能移植到现在的年轻教师身上，很困难。因此，文化引领也好，价值观统一也好，说起来容易做起来难。一段时间以后，团队中也有矛盾，也有冲突，也很伤感情。但是，校长不能放弃，学校、老师、班级、家长每天都有新问题，也有新希望，校长要做最大的引擎、最温暖的阳光，让教师时时感受到校长的存在。

感慨：做一个知名校长真的很不容易。

（2016 年 11 月 9 日）

（三）梅岭小学的常态课——"四了三不"

这几天在江苏省扬州市梅岭小学连续听了 4 节常态课。其授课教师全部为年轻教师，但依然让我们充分感受到了梅岭小学教师们深厚的教学功底。他们都能非常自如地驾驭教材和课堂，课堂组织教学的能力很强。特别是两个上一年级课堂的老师，能很快地将学生的注意力集中到学习上来。整堂课学生和教师之间的互动一直很畅通，课堂节奏很快，密度很大，效率很高。

其中，这几节课有一个共性：不留书面家庭作业。

梅岭小学课堂教学最大的特色是课后不留作业，学生作业全部在课堂上完成。课堂教学实行"四了三不"，"四了"即课堂上教师该讲的讲了，学生该练的练了，练习之后评了，下课前把学生的作业本收了；"三不"即不上"黑课"（课表以外的课），不拖堂，不布置家庭作业。这是很了不起的做法，梅岭小学已经实施很多年了。从一开始家长的不理解、担心，到现在的理解、认可，梅岭小学可是下足了功夫，说起来简单，但是其中的历程岂能一言而尽。要做到这一点，最主要的就是教师们辛苦，将功夫用在课前、课下。一个教师工作的重心重点只有放在研究教材、研究孩子、研究教法上，才能充分提高课堂 40 分钟的效率。只有这样，才能对课堂上可能出现的一系列情况了然于胸，对学生的学习状况摸得清清楚楚，才有胆气和底气来完成课堂教学。

（2016 年 11 月 10 日）

试论学校管理中校长领导力的提升

摘 要 2018年暑假，参加了为期一周的初中校长培训班。其间，听取了全国部分著名校长的讲座报告，受益匪浅。结合各位校长的讲座和自己学校的实际情况，对于作为一名初中学校新校长的我来说，有了更多的关于校长领导力的思考。

关键词 学校管理；校长；领导力

2018年8月6日—8月10日，历时一周的时间，我参加了淄博市教育局举办的"2018年淄博市初中校长培训班"。期间，听取了山东大学附属中学校长赵勇、上海市青浦区教师进修学院副院长关景双、北京教育学院原院长陈丽、上海市静安区教育学院干训中心主任曹兵、上海市静安区教育学院附属学校语文教研组组长陈美、北京十一学校一分校校长刘艳萍、上海市崇明区堡镇中学校长严锦石、临淄区第一中学校长孙正军、青岛市教育局政策法规处处长张丽萍、青岛实验中学校长孙睿等专家、校长的讲座报告，受益匪浅。

作为一名初中校长中的新兵，自己更是抓住这难得的学习机会，认真聆听报告，仔细品味专家的每一句话，吸收着校长们的每一个成功经验，并结合自己三个多月以来对学校情况的了解，及时构思着学校未来的发展方向和思路。越学习越感觉惶恐，自己距离一名合格中学校长的距离还很远。

思考这次培训的作业题目：校长在学校管理中如何提升管理的领导力，我自己感觉最主要的一点——那就是做一个有思想的校长。

从山东大学附中赵勇校长的报告《共享生命成长》中，我感受到：作为校长，要站在文化的高度思考教育，专注于研究教育。教育是什么？学校教育是什么？生命是什么？校长要实现从教育到文化的提升，从而提升做校长的境界。同时，要站在教育的高度思考教学，实现从教学到教育的提高和转变；站在整体育人的高度，站在对生命价值思考的高度去思考教学、研究教学，要让学生发生真实性的学习！

从北京教育学院原院长陈丽教授的报告《一校一品，学校发展的高境界》中，我认识到：当今时代，时处信息时代，社会的核心竞争力是品牌的竞争。一所学校，要想真正有所成就，必须有自己独特的品牌，有一个让社会、家长、学生认可和肯定的学校品牌，才能在激烈的竞争中保持强大的竞争力，让更多的孩子享受到学校更优质的教育资源，为社会培养更多、更好的建设者和接班人。什么是学校品牌？学校品牌就是学校在创建、发展过程中逐步形成并被公众认可、具有特定质量水准与文化底蕴及识别符号的一种重要无形资产。

静下心来思考我们学校自身发展的历程，我认识到，经过多年的发展，我们学校的发展道路早已走过了规范化发展的过程，目前学校正处于特色化发展的阶段。在未来不长的时间内，学校发展品牌化已成为大势所趋。因此从现在开始，学校所有的人、所有的部门、所有的事情都要未雨绸缪，为创建品牌化的学校做好各项工作，势在必行。

创建学校品牌，首先要清晰学校要建设什么品牌。纵观各地名校品牌建设的过程，我认为学校品牌建设一开始往往是从非品牌开始的，比如：体育品牌，如篮球、田径；音乐品牌，如器乐、声乐等单项。所以，学校的中心工作是教学，归根结底，长远看还是要靠学校的教育教学质量赢得社会的认可。因此，学校品牌建设是一个系统的过程，应该是学校的办学目标（定位、愿景）、办学理念（思想、策略）、培养目标、教育理念（思想）、学校核心价值（校训、精神）等诸多方面综合建设的过程，包括显性因素和隐性因素等方面。

陈丽教授在讲座过程中列举了大量的名校品牌建设的实例，让我切身感受到：一所名校之所以能够成为名校，必然要有一整套经过精雕细琢、长期沉淀下来的显性因素和隐性因素代表的品牌系统体系。这些品牌，有的是经过学校领导老师，甚至诸多名家精心设计出来的，而有一些不是靠设计出来的，而是多年办学经验得失沉淀下来逐渐形成的，比如学校的校训、"三风"建设等。学校品牌是一种文化价值追求，质量是学校品牌的生命线，任何时候都不能丢掉学校赖以生存的生命线。我们既要重视学校品牌的建设，更要重视学校教育教学质量的稳步提升，两者是相辅相成的关系，不能为了打造学校品牌而打造品牌。

在学校发展的过程中，形成高效执行文化非常关键。一个校长必须统一班子成员的思想，确保学校机器高效运转，真正做到在执行学校决议时，在态度上、动作上要快速执行。

北京十一学校一分校校长、书记刘艳萍所做的题为《点亮教师，照亮教育》的报告对我启发更大，因为这所学校的发展、刘校长的经历，与我现在的处境、与我们师专附中的经历很相似，有很多共鸣之处。刘校长能在短短的四年时间里，将一个由两所很乱、很差拼凑起来的学校带到了一所赢得社会、领导、家长认可的学校，她的经验对我有太多的借鉴之处。刘校长拿什么改变学校？关键的撬动点在哪里？学校如何让教师爱上自己的职业？

经验之一：带着教师们出去看看。走出去，带老师看看更大的世界。上海、江苏、重庆……通过走出去，让老师们看见学生，接纳每个孩子都是独一无二的生命个体的理念。因为每个孩子都是鲜活的，都是宝贵的生命。让老师们看见了课程，理解了好的课程就要服务于学生成长的基本准则。让老师们看见了教育，领悟了一所学校的终极生命就是为了成就每一个孩子的根本立场。她认为成就孩子、成就老师，也就成就了校长、成就了学校。

经验之二：着力于课程建设。课程改变，学校随之改变。课程建设的支撑点在于构建"为培养目标服务"的九年一贯课程体系，不是为了中考的成绩（但成绩不能下滑），而是让学生个体的个性绽放。建立相呼应的课程、相应的课堂，探索课堂变革，启动"基于标准的学习，"寻找从"教"走向"学"的策略、工具和脚手架，让学习真正发生。为此制定了明确的培养目标，即围绕核心素养，构建九年一贯的课程体系。一、二年级，跨学科主题课程；三、四、五年级，主题课程下的分科＋跨科；六、七、八、九年级，分层分类的可选择性课程。让学生每天在学校感受到生活的意义感，学习的价值感。低段综合、高段选择、九年一贯的课程设计，让孩子们身心舒展地行走在自我成长的路上，过一个完整的校园生活。

经验三：教师队伍自我迭代更新。学校私人订制教师发展路径，激励师者素养的自我迭代更新，以学术力量不断引领教师的专业发展，以职业成就持续激发教师的内在动力，成立教师发展中心，帮助教师解决实际困难。例如：有的老师会干不会说，会做不会写，怎么办？学校教师发展中心帮助教师写出来，让老教师讲出来、分享出来，学校给他记录学术积分，在评优晋级的时候有所体现。在教师成长上，学校没有时间等一个人十年、八年的成长期，3 年内一定成长起来，出头露面。特殊情况下可以适当地拔苗助长，给教师引荐教研员、名师等，帮助他们备课、上课、写作等，帮助教师建立工作室、让他们搞项目研究。通过这样的方式，逼着他们成长。

这次学习，让我认识到了自己的差距，同时也激发了我内心的斗志。要做一个好的校长，做一个有思想的校长，就得像这次报告的诸位校长们那样，扑下身子，整理思绪，逼着自己学会学习、学会思考，带领班子和队伍，建立好的机制、好的制度、好的环境，进而形成好的文化认同，让全体教师有强烈的团队归属感，让每个人对组织的未来有一个乐观的预期、对学校充满信心，只有这样，才会有美好的明天。

赴浙江省宁波市四眼碶小学跟岗培训总结

2018 年 3 月 25 日至 3 月 30 日，非常有幸参加了在浙江省宁波市四眼碶小学举办的淄博市第二期名校长建设人选跟岗培训班的学习。其间，听取了周建达主任所做的题为《国际视野下的教育改革与校长的使命》的专题报告，分别听取了钱妍成老师的数学课《推理》，乐滢滢老师的科学课《物质发生了什么变化——观察白糖的变化》，胡甘慧老师的音乐教研活动——新秀磨课，以及正在四眼碶小学交流访问的加拿大教授 Ms. Ntay 上的数学游戏课。同时，听取了校长刘光霞所做的题为《"和教育"——我的教育追求》的主题演讲，分别听取了学校关于课程建设、教研组建设、智慧教育、德育工作、教师队伍建设、科研师训工作、菜单课程等方面的介绍，对学校的整体情况有了初步的了解。

四眼碶小学是一所百年传统名校，创建于 1913 年 2 月，学校现有两个校区，分别是新河校区和樱花校区，52 个教学班，2000 余名学生，近 100 名教职工，师资力量列宁波市江东区前茅。学校采用"内和"与"外和"相结合的方式。对于"内和"，一直实践全息、全员、全程的"三全"管理模式。对于"外和"，学校创办了"改革发展理事会"，利用各种培训基地和平台，实现强强联手。推行"有移动能力的中国人"工程，师生跨出国门，进行文化体验和艺术交流，追求"和而不同"的价值观。倡导"和美"德育，主打青少年法制教育的特色牌。提倡"和乐"教学，推出了 30 多个菜单式课程、20 多个社团，推出了"快乐周四"活动。近几年，学校被评为"省最适合学生发展的学校""省依法治校先进学校""省首批校本科研先进学校""省现代教育技术实验学校""省绿色学校""省科研先进单位"等荣誉称号，在当地享有很高的社会声誉。

校长刘光霞，是一名专家型的校长。是宁波市教育管理名家培养对象、宁波市名校长，是教育部"中国移动中小学影子校长培训项目"和"浙江省领雁工程"骨干校长培训实践导师，著有多本教育教学专著，发表了多篇教育教学管理论文。刘校长秉承了陶行知先生的"用整个心去做校长"的理念，形成了自己的"和教育"的办学理念和教育追求。她强调先做好人，才能做好事，才能当好官。刘校长能够根据学校的资源优势、环境特点和历史传统，逐渐形成了自己的办学风格和学校特色，成为宁波市义务教育阶段的教育品牌。她的办学思想是学校整体教育优势的体现，是对现行的标准化教育的一种超越，从而提高了学校的品位，提升了学校的办学质量，发展了学校的内涵，促进了学生整体素质的全面提高。

四眼碶小学是一所充满幸福的学校。在校园里，无论是老师还是孩子，脸上洋溢的是快乐的笑容。老师快乐地教学，学生快乐地学习。整个校园里不时听到爽朗的笑声，和着朗朗的读书声，显得是那么和谐，那么温馨。这是一个幸福的"家"，所有这一切，都是刘光霞校长教育思想、教育追求的集中体现。

四眼碶小学是一所和谐的学校。所有的老师和学生团结合作，每个人都在各自的岗位上发挥着自己的极致。接待我们的老师、介绍学校情况的老师、每一个上课的老师、每一个服务的老师，都用他们高效的教育、教学、管理方法和行动，发挥着各自的作用，又都能互相协同，人人都在为这个和谐的校园努力着。

四眼碶小学是一所精致的学校。每一处校园文化、每一园花草树木、每一个雕塑造型、每一个温馨的提示、老师学生的每一个微笑每一个动作，都在悄无声息地向你传递着成功的信号，管理精致至极。

四眼碶小学是一所成功的学校。我们每天早上都会看到相同的场景：国歌响起、国旗升起的那一刻，无论在学校哪个位置的老师学生，无论他们在做什么，都会立刻自觉主动庄严地看向国旗的地方，向国旗敬礼。阳光、快乐、自信、文明、健康、勤奋……所有的词语都是四眼碶小学教育成功的阐释。

手捧《霞思悠悠至臻追求》，看到了刘光霞作为一个名校长的思想光辉，也看到了学校老师、学生、家长、全国各地教育同仁对刘校长、对四眼碶小学的敬意。至于学校的办学思想、教育理念、教育管理、教学管理、家校共育、特色办学、管理制度等，都需要认真地品味、体会、吸收、借鉴。

赴浙江省宁波市四眼碶小学跟岗培训研修日志选

（一）从美国幼儿家长状告幼儿园想到的

今天，我们听取了周建达主任所做的《国际视野下的教育改革与校长的使命》的专题报告，受益匪浅。

周建达主任在讲座中再次讲到了一个著名的案例：1968 年美国内华达州一幼儿园家长状告幼儿园的一场著名的官司，发人深省。

1968 年，内华达州一位 3 岁的小女孩伊迪斯告诉妈妈，她认识礼品盒上的字母"O"，是老师教的。妈妈在表扬了女儿以后，一纸诉状把女儿所在的幼儿园告上了法庭，因为她认为女儿在以前能把"O"说成苹果、太阳、足球等，然而，自从幼儿园教女儿认识了 26 个字母之后，女儿便失去了想象的能力，幼儿园让她的女儿失去了成为科学家的想象力。这位妈妈要求幼儿园对这种后果负责，幼儿园要向她道歉，并赔偿精神损失费 1000 万美元。

诉状递上去以后，在内华达州引起了轩然大波，所有人都认为这位母亲小题大做，简直是疯了，连她的律师都认为这场官司她一定赢不了。然而，这位母亲坚持要打官司，并说，如果没有人替她辩护，那她自己来打这场官司。

最后的结果出乎所有人的意外，最后法院判决幼儿园败诉。法院判决幼儿园向她道歉，赔偿她的精神损失费 1000 万美元，并修改了内华达州《公民教育法》。法律规定：幼儿在学校拥有玩的权利，幼儿有提问的权利。随后，美国很多州也相继修改了自己的法律。由此产生的积极意义是，美国在很长的时间内在科技教育方面始终走在了世界的前列。

再看当代，美国以及一些发达国家，教育改革的步伐一步接着一步，越走越坚定。比如：1991 年，老布什上任的第二天就提出了《2000 年美国教育发展战略》，提出所有的美国儿童入学是乐意学习的……毕业时必须证明有能力在英语、数学、自然科学、历史和地理学科内容方面应付挑战并将承担起在全球经济中进行竞争的责任。克林顿上任后将其演变成《2000 年目标：美国教育法》。2001 年小布什公布了名为《不让一个孩子掉队》（No Child Left Behind）的教育蓝图。2009 年 3 月，奥巴马上任两个月后又提出了新的教育改革计划，对小布什的教育规划进行进一步的完善……正是有着这一系列的具有相互延续性的教育法律法规的保证，确保了美国的教育始终占据世界教育的制高点。在这一点上，我们必须认真反思我们的教育。

毋庸置疑，在中国，很多幼儿园的老师在教孩子学习拼音、汉字、单词、计算……而家长认为这是好幼儿园的标准之一、这是幼儿园认真负责的表现。而外国的幼儿园同期却是在教他们的孩子玩、拆东西……

这样的现状下，我大胆地试问：我们的家长认可伊迪斯妈妈的理念吗？有没有人像伊迪斯妈妈那样去勇敢地向一些不符合孩子发展规律的教育现象说"不"？如果有这样的妈妈，我们的法院会不会判决孩子的妈妈胜诉？

我记得曾经看过这样的一些资料：当我们的孩子坐在世界奥林匹克竞赛的赛场上时，他们两眼放光，精神抖擞，意气风发，挥斥方遒！最终的考试结果，我们的孩子大获全胜。而当竞赛结束后的联欢会上，当外国的孩子载歌载舞、尽情展示自己的才艺和才华的时候，我们的孩子只会默默地坐在场边给他们鼓掌、加油……这真是令我们作为教育工作者最揪心的场面。

谁来改变这样的结果？怎么样才能让我们的孩子在未来能像那些外国的孩子一样尽情展示我们泱泱大国的风采？要靠我们党和政府的政策，靠我们教育工作者持之以恒的教育和改变。

今天周主任的报告再次为我们吹响了二次教育创新、创业的号角。

（2018 年 3 月 25 日）

（二）听课有感

今天，我们在宁波市四眼碶小学跟岗学习。在樱花校区，我们分别听取了钱妍成老师的数学课《推理》，乐滢滢老师的科学课《物质发生了什么变化——观察白糖的变化》，同时我们还很有幸地听取了正在这里交流访问的加拿大教授 Ms. Ntay 所上的一节趣味数学课。

平心而论，这三位老师的课上得都非常精彩。

钱妍成作为一名年轻的老师，今年是她入职的第二年。在授课过程中，她能够很耐心地引导学生一步一步地读懂题目要求，引导学生将自己的想法完整地说出来，特别注意细节。其提出的每一个问题虽小，但是都能够引导学生认真思考，逐渐地将"看行或看列""看行和看列""找关键点"等环节一一展现出来，学生最后能够完整地将相关的"数独""三宫格""四宫格""六宫格""九宫格"的相关知识融会贯通。

乐滢滢老师的科学课，非常注重学生思考能力和动手能力的培养。通过提出问题，让学生进行猜想、实验验证、得出结论等一系列的教学环节，学生通过白糖的各种变化，知道了什么是物理变化、什么是化学变化，教学过程和学生获取知识的过程水到渠成，很自然，学生参与学习的热情很高！

加拿大教授 Ms. Ntay 的课，让我们感受到加拿大课堂教学和我们国内教学的不同之处。她通过三个游戏，让学生在快乐游戏中掌握相关的教学知识。Ms. Ntay 教授的课，没有我们中国课堂的正统（或者说叫标准），比较随意，更倾向于开放式的教学。她也有自己测试学生的标准，但是老师更多的是看孩子们在学习的过程中是怎样思考的，注重看孩子们的思路，看孩子们做了什么。老师更看重孩子们通过学习有没有建立起较强烈的社会责任感，有没有感到非常自豪。

我们目前的教育，还在受高考指挥棒的影响，短时间之内想有大的改变还是比较难的。可喜的是，我们现在已经看到了国家对未来祖国接班人素质和能力要求的不断提高，教育正在努力和世界接轨，正在和科技发展的需要接轨。我相信中国的教育一定会越来越好。

(2018 年 3 月 26 日)

（三）"和教育"

今天我们在四眼碶小学听取了校长刘光霞所做的题为《"和教育"——我的教育追求》的主题演讲。

刘校长深情地回顾了她成为这所百年学校的校长的过程，然后从为什么钟情于"和教育"、"和教育"的理念和核心内涵、"和教育"的实施三个发面阐述了她对"和教育"的理解。

刘校长说，她非常崇尚"和"的思想，古代很多著作和历史名人有很多关于"和"的阐述：《中庸》讲"发而中节谓之和"，贾谊说"刚柔得适谓之和"，《国语·郑语》讲"和实生物，同则不"。同时，"和"也有很强的现实意义，比如孙中山先生的"天下为公""大同世界"；邓小平同志的"中国社会要从和谐稳定出发"；胡锦涛同志的"构建社会主义和谐社会"；习近平同志的"推动中华文明与世界不同文明的对话交流，推动建设和而不同的和谐世界"。对于四眼碶小学来说，"和"也有其浓厚的学校情节：办学初期，学校提出了"培养人的健全人格"的办学理念；20 世纪 50 年代提出了"全面发展"的办学理念；60 年代初提出了"和谐发展"的办学理念。学校的教育前辈们把培养学生健康人格、促进学生全面和谐发展为己任，力求达到以"和"为核心的和谐教育目标。

刘校长认为："和教育"的理念主要体现在"和"教育是"和"思想在学校教育中的一种体现，是一种"海纳百川，有容乃大"气度在学校文化中的彰显，是以尊重人、理解人、关心人，以人的终身发展为教育目标，是教育共性与教育个性的统一的思想。"和教育"具有三个方面的特征，即包容、独特、发展。包容即兼收并举，求同存异，海纳百川；独特即提倡个性、独创性，创新精神；发展即统一又对立，推动运动和变化。"和教育"的核心内涵体现在三个方面，即"和衷共济""和合包容""和而不同"十二个字上。对于学校教育而言，"和衷共济"指共同的精神愿景，是在各个时期、各个方面师生各尽所能，团结互助；"和合包容"指学校教育各子系统及各要素之间的协调运转，打造学校教育及社会教育、家庭教育和谐发展的教育合力；"和而不同"指求同存异、多样统一、各美其美、崇尚个性的学校发展价值观。

最后，刘校长重点介绍了"和教育"的实施。她从"和教育"提升和教育的高度、"和合包容"拓展和教育的宽度、"和而不同"挖掘和教育的深度等三个方面结合具体的实例，详细地阐述了她担任校长 18 年来如何一以贯之的实施"和教育"的。比如：如何摆脱 35 岁现象；星级教师评选条件（1～5 星级）办法；如何协调统筹实施好"内和"（校内各种教育因素的有机整合，互为融合）"外合"（校外资源的合理利用，合作互利）的关系；如何建立团队；如何做好"内和"，即如何使校内各种教育因素有机整合、互为融合；如何做好"外合"，即如何做好校外资源的合理利用，合作互利……

听取刘校长的报告，不但对她"和教育"思想有了更深刻的理解，同时感觉也是一次传统文化的学习。对于我本人今后更好地提高完善自己学校的办学思想、教育理念，提升学校文化是一个非常好的启发！

（2018 年 3 月 27 日）

（四）走班制教学

今天，我们在四眼碶小学分别听取了学校相关负责的老师就学校课程建设、教研组建设等方面所做的专题介绍《整体规划，触点变革》《让教师快乐教，让学生快乐学》，感觉大开眼界，深受启发。特别是他们在课程建设方面所提出的一些做法，感觉一些自己学校无法解决的问题在这里寻找到了答案。其中，在他们学校课程建设的实施中，他们对部分课程进行统整，将单学科、多学科、超学科知识进行统整，以使各种类型的课程功能达到最大化。我最感兴趣的是，他们在单学科课程实施中，同一年级同一学科的任课教师共同走班教学，是一个很大的亮点。他们学校认为：走班教学，能达到教师之间优势互补、教学相长的双赢效果。在一些课程中，比如语文拓展课、数学拓展课、综合实践课等，同一年级的老师实行走班教学，安排在某一方面有特长的老师集中讲一个方面的内容，比如：一、二年级的绘本故事，三、四年级的思维游戏，五年级的综合实践活动等，都实行走班制教学，集中了优质教育资源，集中了优秀教师的全部智慧，发挥了每个老师的特长。教师教得积极主动，学生学得兴趣盎然，教学效果非常显著。比如：在一年级拓展课程教学中，首先确定整个一年级的拓展课程的主题是遨游汉字王国，分别安排六名老师从六个方面进行走班教学：（1）叶洁芸老师主讲《儿童诗里的秘密》；（2）陈佳烨老师主讲《会变魔术的字宝宝》；（3）朱晓丽老师主讲《快乐识字读绘本》；（4）陈鲁赞老师主讲《无处不在的朋友》；（5）潘丽娜老师主讲《看图识字讲故事》；（6）李妙老师主讲《汉字笔画本领大》。六个老师每人讲一个小主题，很好地完成了教学任务。同年级老师的走班制教学，丰富了教学方式，发挥了老师的专长，提供了更好的优质资源，让全年级的学生领略了不同老师的教学风采，不失为一种很好的教学改革的成功典范。

（2018 年 3 月 28 日）

（五）参观浙江省宁波市实验小学

今天，我们来到宁波市实验小学参观学习。

陈巨开书记带领我们参观了校园，邸薇主任做了《基于 STEAM 的创客教育》的报告，陈巨开书记做了题为《"互联网＋"校园安全风险防控体系》的安全教育工作报告。虽然只有短短半天的参观时间，但是大家对宁波市实验小学留下了十分深刻的印象。

宁波市实验小学创办于 1922 年，前身是鄞州区私立鄮西小学、宁波市西郊路小学等。1981 年改名为宁波师范附属小学，1985 年同时定名为宁波市实验小学，隶属于宁波市教育局。

从 20 世纪 80 年代初开始进行教育科学研究，宁波市实验小学在全省率先开展整体教育改革实验，相继进行"审美教育""数学建模"和"选择教育"等国家或省级课题的实验研究，科研成果荣获省、市基础教育教学成果奖。他们与日本长冈井市和德国亚琛市缔结友好关系，进行教育交流，是宁波市最早对外开放的学校。以学生发展为本，充分发挥课堂教学的整体教育效能，在德、智、体、美和实践能力、自主能力的培养方面取得了突出的成效，培养了一批又一批个性特长鲜明、学习潜力充足、具有审美情操的高素养学生，为宁波师范学校提供了坚实的教育实验基地。学校曾被评为全国语言文字工作先进集体、浙江省教育科研和行风建设先进集体，荣获省"优秀家长学校"和"绿色学校"等称号。学校被确定为中国教育学会"德育实验学校"、省教育厅"现代教育技术实验学校"等。

"创客"教育是宁波市实验小学的一大办学特色活动。学校曾多次组织开展校园创客嘉年华（Science Hacker Carnival）。"创客"的核心是创新，活动以动手互动为主，以创新性为先，以学生为主体，以生活为背景，鼓励学生用微创新把幻想变为现实。据介绍，他们曾专门组织过学生"创客作品展示会"，同学们从寒假起就开始着手准备，充当小小创客，进行作品的设计构思和制作。各式各样的创客作品和奇思妙想异彩纷呈：有碰到障碍物可自动转向的扫地机器人，有可自由调节亮度的小灯泡，有自动浇花器，有冰箱关门提醒报警装置……只有想不到，没有做不到。设计者们兴致勃勃地介绍自己创作的作品，博得了观众同学们的阵阵掌声和喝彩，活动圆满成功。学校还与宁波工程学院电信学院的钟秋波教授签署了两校共建"创客空间"协议，未来宁波市实验小学的"创客空间"将得到更多的技术指导和专业支持，进行更多的学生培养方面的合作，共同培育出更多的"小创客"。他们有了这样强大的后盾支持，我们真羡慕，也坚信宁波市实验小学的创客活动会越来越好。

（2018 年 3 月 29 日）